总第28卷

Commercial Law Review
商事法论集

Volume. 28

清华大学商法研究中心·编
朱慈蕴·主编
汤　欣·副主编

法律出版社
LAW PRESS CHINA

商法的科学化与民法典的编纂

刘文科*

引　言

商法是私法的特别法,民法是私法的一般法。商法以民法为基础,或补充与变更民法的规定、或具体化民法的规定,并且在法律适用上优先于民法的规定。从这个角度而言,商法的科学化离不开民法的科学化。商法必须依赖于一个能够包容它的民法,换句话说,民法必须能够起到一般法的作用。本文通过对若干具体制度的研究,阐明民法典编纂的过程中,应当如何考虑商法的规范,并进而使民法成为私法的一般法。

一、作为私法一般法的民法

(一)民法的一般法地位

民法是私法的一般法,其含义是,就私法的有关问题,只要没有特别法,民法便具有正当性。[①] 民法规定的是私法中的一般规范,包括主体、法律行为、代理、物权、债权、侵权责任、婚姻、继承等。这些民法规范是整个私法体系的基础,是一般法。卡尔·拉伦茨认为,"民法调整那些原则上每一个'市民'(Bürger,civis,citoyen)都可参与的法律关系,它是关系到全体人的法"。[②]

民法的重要意义,除了作为一般法之外,还具有基本法的性质。日本学者山本敬三认为,民法中的规定,有用以构成私法关系的基本框架,和用以解决那般构成之问题的基本观点。从这个意义上说,民法具有私法基本法的性质。[③] 换句话说,民法的重要作用不仅是在法律适用上充当一般法,而且也作为其他特别法所发展出来的特别规则的基础而存在。诚如卡尔·拉伦茨所说:"民法是私法的核心部分……私法中其他领域的规定都是以这些一般的规则和

* 法学博士,法律出版社财经分社分社长助理,副编审。
① [日]山本敬三:《民法讲义Ⅰ:总则》(第3版),解亘译,北京大学出版社2012年版,第8页。
② [德]卡尔·拉伦茨:《德国民法通论》,王晓晔等译,谢怀栻校,法律出版社2003年版,第9页。
③ [日]山本敬三:《民法讲义Ⅰ:总则》(第3版),解亘译,北京大学出版社2012年版,第8页。

制度为基础建立来的。”[④]

（二）民法与商法在本质上的共通性

德国学者卡尔·拉伦茨认为：“私法是整个法律制度的一个组成部分，它以个人与个人之间的平等和自决（意思自治）为基础，规定个人与个人之间的关系。与私法相对，公法是法律制度中的另外一个部分，它规定国家同其他被赋予公权的团体相互之间、它们同它们的成员之间的关系以及这些团体的组织结构。国家以及被赋予公权的团体同它们的成员之间的关系，不是一种平等关系，而是一种隶属关系。”[⑤]虽然说平等关系与隶属关系的标准并不能完全准确地划分公法与私法，[⑥]但是，“以平等和自决为基础”却揭示了私法的真实意义。在平等的基础上，通常通过意思表示缔结契约来建立法律关系。而在不平等的基础上，往往不能通过契约来建立法律关系。私法的真实意义在于，平等的主体之间可以通过意思自治建立法律关系，进而对自己的事务按照符合自己利益的方式进行安排。

（三）我国学者有关民法与商法立法模式的观点

民法和商法之间存在一般法与特别法的关系，以及民法与商法在本质上具有共通性，从而导致民法和商法在立法模式上存在分歧。但目前我国学界的主流观点是民商合一的立法模式，即在民法典之外不再单独制定商法典，将民法的各单行法编纂为民法典，而商法以商事单行法的形式存在。[⑦] 有关这一点，民法学界和商法学界是有共识的。但是，在何为民商合一这一重大问题上，仍然存在分歧。

已故中国商法学研究会会长王保树教授曾提出制定“商事通则”的设想。他认为，“商事通则”不取代民法在私法领域中的一般法地位。“商事通则”需要填补民法和已有商事单行法律之间的空白；需要统率商事单行法律的规则；需要创设民法和其他单行商事法律所没有的规则。[⑧] 中国民法学研究会会长王利明教授则在其著作《民法典体系研究》（第2版）[⑨]中表示“对制定商事通则的可行性仍然持怀疑态度”。他认为，“民商合一是指民法和商法不能成为两个独立的法律部分，在我国法律体系中只存在着民法部门，所谓商法不过是民法的组成部分”。[⑩] 在王利明教授看来，“我国需要通过完善的民法典总则来涵盖传统商法的内容”。[⑪]

由于以上见解上的不同，直接导致了学者对立法模式的不同意见。王保树教授带领“‘商事通则’调研小组”，制定了《“商事通则”建议稿》。这部建议稿共分10章92条。第一章“总则”；第二章“商人”；第三章“商事登记”；第四章“商号”；第五章“营业转让”；第六章“商业账簿”；第七章“经理权与其他商事代理权”；第八章“代理商”；第九章“商行为”；第十章“附

④ ［德］卡尔·拉伦茨：《德国民法通论》，王晓晔等译，谢怀栻校，法律出版社2003年版，第10页。
⑤ 同上书，第3页。
⑥ 例如，家庭关系中存在隶属关系，而某些平级的公法人之间也属于平等关系。诚如拉伦茨所说：“我们充其量只能说，原则上，私法中主要是平等关系，公法中主要是隶属关系。”参见［德］卡尔·拉伦茨：《德国民法通论》，王晓晔等译，谢怀栻校，法律出版社2003年版，第5页。
⑦ 中国法学会张文显副会长曾极力主张制定商法典，并强调民法典与商法典是市场经济的车之两轮、鸟之两翼。
⑧ 王保树：《商事通则：超越民商合一与民商分立》，载《法学研究》2005年第1期。
⑨ 王利明：《民法典体系研究》（第2版），中国人民大学出版社2012年版，第193页。
⑩ 同上书，第169页。
⑪ 同上书，第201页。

则”。而王利明教授则率领中国民法学研究会制定了《“民法总则”建议稿》，并按照他的见解，将“传统商法的内容”点缀其中。

二、商法的民法根基

商法并不能脱离民法而单独适用。因为商法作为特别私法，其适用需要以民法为基础。德国学者卡纳里斯指出：“商法规范在解决案例中——无论是教学、考试还是在实务中都是如此——很少单独适用，而往往是和民法规范所有原则相结合的。”商法的科学化，首先需要有一个作为其根基的民法，否则商法也无从适用。下文将以若干制度为例具体分析。

（一）非公司制企业的主体资格问题

通说认为，权利能力是指民事主体享有权利、承担义务的资格。权利能力与主体资格是密不可分的范畴。权利能力既是具有主体的资格前提，又是其一种基本能力。[12] 但是，民法中的非法人团体，因其不具有主体地位，而常被否认其具有权利能力，也正因此又被称为无权利能力社团。

按照民法的基本原理，合伙企业在我国并不是一个法律上的主体，没有权利能力。德国学者指出，之所以否定无限公司（我国的合伙企业）这样的商事主体在民法上的人格，其理论基础是股东对无限公司的债务向第三人承担个人责任。[13] 但是法律上的规定并不是这样绝对。例如，第一，合伙企业有自己的财产和相关财产机制。我国《合伙企业法》第20条规定：“合伙人的出资、以合伙企业名义取得的收益和依法取得的其他财产，均为合伙企业的财产。”第8条规定：“合伙企业及其合伙人的合法财产及其权益受法律保护。”第21条规定：“合伙人在合伙企业清算前，不得请求分割合伙企业的财产。”第41条规定：“合伙人发生与合伙企业无关的债务，相关债权人不得以其债权抵销其对合伙企业的债务；也不得代位行使合伙人在合伙企业中的权利。”从以上规定来看，合伙企业有独立于合伙人的财产。第二，合伙企业有团体运营机制，包括作出决定、执行业务、代表企业的机制。第三，合伙企业有自己的名称，具备区别标志。合伙企业有自己的名称是其设立的条件，不仅如此，合伙企业还以其名义享有权利、承担义务，并在商事活动中区别于合伙人和其他商人。第四，合伙企业的合伙人的变动，适用入伙、退伙的规定，而不是简单地适用合同法的合同解除、终止的规定。第五，合伙企业的解散、清算与公司等企业法人的解散、清算类似。综合以上分析，合伙企业虽然不是法人，但是它同样有作为团体的维系机制。这些机制使合伙企业作为团体而持续存在。[14] 再如，我国《个人独资企业法》的规定也有类似的问题。第一，个人独资企业有不受他人侵害的权利。《个人独资企业法》第25条规定，任何单位和个人不得违反法律、行政法规的规定，以任何方式强制个人独资企业提供财力、物力、人力；对于违法强制提供财力、物力、人力的行为，个人独资企业有权拒绝。第二，个人独资企业可以依法申请贷款、取得土地使用权，并享有法

---

[12] 参见龙卫球：《民法总论》，中国法制出版社2001年版，第188页。
[13] ［德］卡尔·拉伦茨：《德国民法通论》（上册），王晓晔等译，法律出版社2003年版，第188页。
[14] 王保树：《商法总论》，清华大学出版社2007年版，第123～124页。

律、行政法规规定的其他权利。第三,个人独资企业可以设立分支机构,分支机构的民事责任由设立该分支机构的个人独资企业承担。第四,个人独资企业从事经营活动必须遵守法律、行政法规,遵守诚实信用原则,不得损害社会公共利益。个人独资企业应当依法履行纳税义务。第五,个人独资企业可以招用职工,并应当依法与职工签订劳动合同,保障职工的劳动安全,按时、足额发放职工工资。个人独资企业应当按照国家规定参加社会保险,为职工缴纳社会保险费。第六,个人独资企业应当依法设置会计账簿,进行会计核算。上述的权利享有、义务承担,其主体都不是投资者,而是个人独资企业。这些说明,个人独资企业可以作为区别于投资者的主体单独行使权利、承担义务。[15]

因而,权利能力的原理无法解释上述非公司制企业的相对独立性。

(二)董事与公司的关系问题

在我国,董事与公司之间究竟是何种法律关系,《公司法》中并没有明确的规定,理论中的明确表述也不多。

在日本,其《公司法》第330条规定,董事(以及监事、财务顾问、审计等)与公司之间是委托的法律关系,适用有关委托的法律规定。《日本民法典》第644条规定:"受托人有义务按照委托的本义,以善良管理人的注意处理受托事务。"委托合同中的这一义务被称为"善管注意义务"。

日本的公司实务,从董事的善管注意义务中引申并被判例与学说承认的还有两个重要的义务,即董事的监事义务及"体制"构建与运用义务。第一,根据判例,董事有义务监事其他董事的行为是否遵守法令和章程、是否合法且适当。[16] 第二,所谓"体制"构建与运用义务,是指在一定规模的公司中,为保障健全的公司经营,有必要根据其经营事业的规模、特性等构建风险管理体制[管理体制りすく,即公司法上的内部控制体系(内部統制システム)]并加以运用。[17]

除此之外,在我国,除了董事与公司之间的关系如何,经理与公司的关系如何等问题,都是需要通过商法的规定而回归到民法中。这些问题首先需要在民法中找到基础性的定位,并采取适用民法的一般规定抑或是适用商法的特别规定的立法政策。

(三)董事对第三人的责任

一般来说,董事作为公司的高级管理人员,其行为归属于公司。但是在特定情形下,董事需要直接对第三人承担责任。

例如,在日本的实务与学说上,均认可董事对第三人的责任,既可以依据民法的规定,也可以依据公司法的规定。《日本民法典》第709条规定:"故意或过失侵害他人权利或受法律保护的利益的行为人对其产生的损害承担赔偿责任。"这是日本侵权法的一般条款,同样也适用于经营事业的董事,即董事对于因"故意或过失"侵害公司以外的第三人的"权利或法律上

[15] 王保树:《商法总论》,清华大学出版社2007年版,第159页。
[16] 最判昭和48年5月22日民集27卷5号655页;最判昭和55年3月18日判时971号。
[17] 神田秀樹:『会社法』<第14版>、弘文堂、2012、頁211。

保护的利益"时，对所产生的损害承担赔偿责任。而日本《公司法》第429条第1款规定："公司负责人等就履行其职务有恶意或重大过失时，该公司负责人等承担由此给第三人造成损害的责任。"通说和判例认为，该条规定的旨趣以及适用范围是，公司董事的任务本来是对公司负有责任。对于第三人的责任，不构成民法有关侵权责任的规定要件的话不适用民法的规定。而公司法中规定的恶意或是重大过失（排除轻过失）违反公司任务的情况下，不问是否造成第三人权利的侵害以及故意过失的问题，都应承担损害赔偿责任。⑱

由此可见，在日本，董事对公司以外的第三人承担责任问题，首先依据民法承担责任。但是为了更好地保护第三人的利益，在民法之外，承担商法上的特例法的责任。这实际上也符合商法的加重责任原则的本义。

三、民法典编纂的再审视

通过对以上三个特别问题的研究，我们可以看出，商法的存在需要民法的根基。而实现这个根基，就需要对民法典编纂再审视一番。这里，首先要综合考察民商合一立法模式下如何统筹安排民法规范与商法规范。接下来要审视如何通过扩大民法自身的容量而成为商法的根基。

（一）民商合一立法模式下的民法规范与商法规范

商法是私法的先锋。因为商法要因应商事活动的变迁，随时做出调整。也正因如此，商法在建构上缺乏体系性，同时也在其自身的基础问题上，存在不科学的地方。例如，前文所述董事与公司的关系问题上，就没有考虑这一问题在民法上的基础。民法作为私法的一般法，其自身的体系性不能仅从民事关系去考虑，而应当从整个私的社会关系去考察。

1. 民事和商事的统一规则

在我国民商合一的立法体制下，许多具体的制度不区分民事和商事，对于这些制度，则需要充分考虑商事活动的特点，统一作出规定。

以留置为例。民法上的留置权产生于罗马法上的恶意抗辩，商事留置权起源于中世纪的意大利城市的事业习惯。我国关于留置权的规定主要集中在《物权法》第18章和《担保法》。《物权法》第230条规定："债务人不履行到期债务，债权人可以留置已经合法占有的债务人的动产，并有权就该动产优先受偿。"为了区别民事留置权和商事留置权，《物权法》第231条规定："债权人留置的动产，应当与债权属于同一法律关系，但企业之间留置的除外。"

对于商事留置权的意义，学者也有不同的评价。有德国学者认为，对商事留置权的实际意义，其价值评价不可太高。因为，对于一般法律行为来说，可以适用民法中的有关规定。关于留置权的形成，他们认为，民法中虽然规定了基于同一法律关系，但并未明示基于同一契约所产生的法律关系，因而留置权形成的前提条件不排除民法规定扩大解释的可能性，从而扩及商法所规定的部分内容。同时，对于留置标的物清偿来说，由于需要一种合法的执行名义，

⑱ 神田秀樹：『会社法』<第14版>、弘文堂、2012、頁208。

因而并不能迅速行使留置权。相反，留置权人可以同样有效地行使他的债权，基于支付的理由而对其被留置标的物实施强制执行。在这方面，他同样可以部分地适用民法中的有关规定。[19] 由此可见，民事留置权和商事留置权的区别意义已经不大，完全可以作出统一的规定。

2. 民事和商事的区分规则

部分商事制度，则有其独立存在的价值，如果不加区分地制定统一的规则，将不仅会丧失民法的特点，也丧失商法的特点。

以违约金为例。民法中的违约金，在功能上包含两个方面：一是督促债务人履行债务；二是在债务人违约时提供一种简便的赔偿方式。故而，民法中的违约金以赔偿性违约金为主。与之相对应的是惩罚性违约金。惩罚性违约金要求债务人不仅要支付违约金，还应当承担因违约而产生的损害赔偿责任。是否进一步在法律上承认惩罚性违约金，实属立法政策问题，取决于立法者的基本价值取向究竟是侧重私法自治（合同自由）还是侧重实质公平（合同正义）。[20] 我国《合同法》第114条规定的违约金也属于赔偿性违约金。但是我国《合同法》并不禁止惩罚性违约金。排除惩罚性违约金的典型立法例是法国。《法国民法典》第1229条规定："违约金条款是对债权人因主债务不履行所受到的损害赔偿的补偿。"在该条第2款规定，除了单纯债的迟延履行违约金外，不得同时请求履行主债务与违约金。既然民法中的违约金在性质上应当以赔偿性为主，故而，如果违约金超出了这一意义便超越了民法的界限。例如，《德国民法典》第343条第1款第1句："已发生失权的违约金数额过巨的，可以根据债务人的申请，以判决减少至适当数额。"这便是民法对违约金的司法调整的规定。民法之所以有此规定，其原因在于，过分地合同自由也会带来不适当的结果，不应完全放任。违约金的数额与损失额应大体一致，是合同正义的内容之一，是合同法追求的理想之一。[21] 我国《合同法》第114条第2款也有类似的规定。

商事活动的营利目的毫无疑问是人的理性行动的结果。而人的理性活动的原动力就是人的意志。商事交易关系中，人的意思自治的尊重，这种合乎理性的活动予以保障的情况下，商事交易获得最合理的进行。[22] 因而商法在一定程度上扩大了意思自治的范围。例如，《德国商法典》第348条规定："一个商人在自己的商事营业经营中所允诺的违约金，不得依《民法典》第343条的规定减少。"此项规定排除了依照《德国民法典》第343条对违约金的减少，只要它是商人于它的商事营业经营中所约定的。商法扩大意思自治的理由首先是商事交易对于灵活性和形式多样性的更强烈需要；其次是商人自身保护的能力更强以及他们对保护的必要性也因此降低，特别是考虑到他们的交易和法律的经验。所以，对于商人来说要避免私法自治强加过分的限制，这也是立法技术的要求。[23]

3. 以民事活动为基础的规则

民法典中有的制度是以民事活动为基础进行抽象的，对于这些制度，应当限缩在民事活动的领域内。

---

⑲ 范健：《德国商法》，中国大百科全书出版社1993年版，第226页。

⑳ 韩世远：《违约金散考》，载《清华大学学报》（哲学社会科学版）2003年第4期。

㉑ 韩世远：《合同法总论》（第2版），法律出版社2008年版，第592页。

㉒ 我妻栄：『民法案内1 私法の道しるべ』<第2版>、遠藤浩・川井健補訂、勁草書房、2013、頁87。

㉓ ［德］C. W. 卡纳里斯：《德国商法》，杨继译，法律出版社2006年版，第589页。

以表见代理制度为例。民法中的表见代理制度来自外观法理。虽然外观法理有着不同的称谓,但是归结起来有一点是相同的,即由于将权利的外观赋予真正的权利的效力。虽然是以保护第三人为出发点,但是却以呈现外观的人的可归责性为必要。换句话说,对于外观的呈现,本人是有责任的。我国《合同法》第49条规定:“行为人没有代理权、超越代理权或者代理权终止后以被代理人名义订立合同,相对人有理由相信行为人有代理权的,该代理行为有效。”我国的表见代理制度并不要求被代理人的过失或是可归责性,而只是要求相对人有理由相信行为人有代理权。相比较来说,我国关于表见代理的构成要件是比较宽松的,被代理人的主观方面不予考虑,而只是考虑第三人的主观认识。仅就这一点来说,我国《合同法》更倾向于保护第三人的利益。但这也使我国《合同法》中的表见代理制度超越了民法的界限而颇具商法的味道了。

从民法的本意上而言,在表见代理的各种形态中,虽然说存在保护善意第三人的倾向,但也仍然不能否认本人对权利外观发生责任。这也是和民法的过错责任原则相吻合的。在本人完全不知情的情况下,如果代理人全然没有代理权,就是对社会中所有的人来说都被认为拥有真实的代理权,表见代理也不能成立。这是为了本人的安全的保护的最少限度的条件。[24]因此,如果在这种情况仍然保护善意第三人的利益,则会明显地侵害本人的利益。作为以平等为基本精神的民法,是断然不可能这样做的。

商法中的表见商事代理权,并不直接依赖于本人的责任。表见商事代理权存在的实质理由在于外部第三人对于企业内部的权限分配常常不能得知,而商人原则上应被认为对相关的经营组织风险可被归责。所以,表见商事代理权作为商法上的制度,通常被用来设定商人的负担。[25]

由此可见,我国《合同法》作为我国未来民法典的一部分,应当将其表见代理制度限缩在民法的范围之内。而对于其他一些过于保护善意第三人,或者说是保护交易安全的制度,则应完全交给商法来完成。

4. 以商事活动为基础的规则

随着时代的变迁,民法典中的一些制度在民事活动的适用逐渐减少,而在商事活动中逐渐增多。

以委托合同为例。我国《合同法》中规定了5种不同类型的委托合同。这些委托合同既包括大陆法系商法中的辅助商人合同,也包括英美法系中的商事代理合同。第一,一般委

---

[24] [日]我妻荣:《新订民法总则》,于敏译,中国法制出版社2008年版,第343页。
[25] [德]C. W. 卡纳里斯:《德国商法》,杨继译,法律出版社2006年版,第404页。

托。[26] 第二，隐名代理。[27] 第三，不公开本人的代理。[28] 第四，行纪。[29] 第五，居间。[30] 除第一种外，其余 4 种都是典型的代理商合同。仅就典型意义的代理商合同而言，我国目前还不存在关于代理商的代理权范围的一般规定。

以接受特定商人的长期委托并以该商人的名义缔结契约的缔约代理商为例，他的代理权限来自商人的授予，从这一点来说与民事代理是一样的，即缔约代理商的行为应当在被代理人所授权的范围内。但如果超越代理权或是代理权欠缺，商事代理则不同于民事代理。为了保护与代理商订约的第三人的利益，如果缔约代理商的行为超出被代理人的授权，受权利外观责任的保护，对于第三人来说，缔约代理商具有与从事此项交易通常的权限。例如，《德国商法典》第 55 条规定，对于代理商而言，关于代办权的规定仍然适用。也就是《德国商法典》第 54 条的规定也适用于代理商。[31] 这是商法上的外观主义原则的又一体现。按照该条规定，缔约代理商的代理权范围虽然依其为概括代理、种类代理及特别代理而有不同，然其代理权均及于该等营业、该特定种类之营业或个别之法律行为时通常相伴而生之所有交易及法律上行为，[32]除非该第三人知悉或者应当知悉缔约代理商所受到的限制。这一规定与企业内部职员的代办权是相同的，对于缔约第三人来说，无论该人是隶属于企业的内部职员，还是独立于企业的缔约代理商，都因其被委托交易而产生代理权的权利外观，第三人可以凭借该外观推断代理权的存在。

再以接受特定商人的委托并为特定商人提供缔约媒介的媒介代理商为例。媒介代理商并不通过代理直接与第三人缔结契约，因而不具有代理权。但是商法规定媒介代理商在特定事项上具有拟制的代理权。[33] 除此之外，为了保护第三人的利益，在媒介代理商存在具有代理权的外观，作为委托人的特定商人又不予以及时否认时，法律拟制媒介代理商拥有代理权。[34]

在欠缺代理权的情况下，代理商所实施的代理行为，其效力如何，德国商法是给予正面规定的，即拥有与此项交易通常相伴而生的权限。这是从商事交易的角度出发的商法思维的结

---

[26] 《合同法》第 396 条规定："委托合同是委托人和受托人约定，由受托人处理委托人事务的合同。"第 397 条规定："委托人可以特别委托受托人处理一项或者数项事务，也可以概括委托受托人处理一切事务。"

[27] 《合同法》第 402 条规定："受托人以自己的名义，在委托人的授权范围内与第三人订立的合同，第三人在订立合同时知道受托人与委托人之间的代理关系的，该合同直接约束委托人和第三人，但有确切证据证明该合同只约束受托人和第三人的除外。"

[28] 《合同法》第 403 条规定："受托人以自己的名义与第三人订立合同时，第三人不知道受托人与委托人之间的代理关系的，受托人因第三人的原因对委托人不履行义务，受托人应当向委托人披露第三人，委托人因此可以行使受托人对第三人的权利，但第三人与受托人订立合同时如果知道该委托人就不会订立合同的除外。受托人因委托人的原因对第三人不履行义务，受托人应当向第三人披露委托人，第三人因此可以选择受托人或者委托人作为相对人主张其权利，但第三人不得变更选定的相对人。委托人行使受托人对第三人的权利的，第三人可以向委托人主张其对受托人的抗辩。第三人选定委托人作为其相对人的，委托人可以向第三人主张其对受托人的抗辩以及受托人对第三人的抗辩。"

[29] 《合同法》第 414 条规定："行纪合同是行纪人以自己的名义为委托人从事贸易活动，委托人支付报酬的合同。"

[30] 《合同法》第 424 条规定："居间合同是居间人向委托人报告订立合同的机会或者提供订立合同的媒介服务，委托人支付报酬的合同。"

[31] 《德国商法典》第 54 条第 1 款规定："某人不经授予经理权而被授权经营一项商事营利事业，或者实施属于一项商事营利事业的一定种类的行为，或者实施属于一项商事营利事业的个别行为的，代理权（代办权）扩及于由经营此种类的商事营利事业或者实施此种类的行为通常所产生的一切行为和法律行为。"

[32] 陈自强：《整合中之契约法》，北京大学出版社 2012 年版，第 115 页。

[33] 例如，《德国商法典》第 91 条第 2 款规定："一个代理商即使未被授予订立交易的代理权，仍然被视作为有权受领货物瑕疵的通知，有权受领货物已经交付于处分的意思表示，以及有权受领类似的、使第三人因瑕疵给付而主张或者保留自己权利的意思表示；代理商可以主张经营者享有的保全证据的权利。对这些权利进行限制的，第三人仅在自己知情或者应当知情时，始需要承受此种限制。"

[34] 《德国商法典》第 91a 条第 1 款规定："一个仅受托媒介交易的代理商，以经营者的名义订立交易，并且第三人不知道欠缺代理权的，在经营者于收到代理商或者第三人关于订立交易和实质性内容的通知之后，没有不迟延地向第三人拒绝该交易时，该交易视作为已经被经营者承认。"

果。而我国《合同法》则是通过表见代理来解决这个问题，但这是从民事活动角度出发的民法思维的结果，因为这是一种事后规制的做法。因而，这些典型的商事合同，应当逐渐脱离民法的体系，逐步按照商法思维进行规范。

（二）民法典编纂的体系性与商法：以民法总则为例

民法典是作为私法一般法的民法的法典化形态，它除了要考虑民法自身的体系之外，不能忽视作为特别私法的商法的存在。民法总则中的主体制度与商人制度密不可分。客体制度则必须考虑营业财产的特殊性。法律行为制度也应考虑到商行为的特点。民法物权编同样与营业财产制度有着密切的关联。债权总则编则与有价证券、商行为等关系密切。合同法编目前就包含了诸多具体商行为，同时也是公司与董事之间法律关系的基础。侵权责任编对于商事责任制度也同样具有基础性的地位。即便是婚姻家庭编与继承编，毫无疑问与公司股权等诸多商法上的制度有着不同程度的联系。因而，整个私法是一个体系，民法不能置身于外。下文将以民法总则中的主体制度与客体制度为例进行考察。

1. 主体制度与营业能力

如上文所述，通说认为，权利能力是指民事主体享有权利、承担义务的资格。权利能力与主体是密不可分的范畴。权利能力既是权利主体的前提，又是其一种基本能力。[35] 但是，民法中的非法人团体，因其不具有主体地位，而常被否认其具有权利能力，也正因此又被称为无权利能力社团。但学说与实务上又认为非法人团体具有部分权利能力。这一问题一直是民法中的难题。德国的无限公司（我国的普通合伙企业）在法律交往中是以公司自己的商号出现的，以商号的名义取得权利和承担义务，取得土地所有权和其他物权，能在法院起诉和被诉。但是无限公司在民法上依然是一个无权利能力社团。上述这些规定被认为仅仅是让无限公司的股东在法律交易和诉讼中作为一个统一体而出现。在这里，权利应归全体股东“公同共有”，债务也是由全体股东负连带责任，共同承担。[36] 之所以否定无限公司这样的商事主体在民法上的人格，其理论基础是股东对公司的债务向第三人承担个人责任。[37] 换句话说，在民法上，法人的本质是能够独立地承担责任，而不是可以成为权利与义务的主体。只要是需要由组成它的成员承担责任，它就无法独立地成为一个主体。但是，无论是德国法上的无限公司的股东，还是我国的合伙企业的合伙人，他们都不是债权人的直接债务人。只是当无限公司或是合伙企业的自身财产无法完全偿还债务时，才会承担连带责任。这与连带债务人的直接责任还是有区别的。

除此之外，还存在行为能力的问题。民法上的行为能力是抽象的，它以人的判断能力为基础。按照私法自治的理念，人无论其地位与理智高低，均被认为抽象地平等，因而具有同等的判断能力。而判断能力的有无与大小，仅与年龄和精神状态有关。因而，依据年龄和精神状态，区别行为能力为完全行为能力、限制行为能力和无行为能力。民法之所以做出这样的制度设计，一是为了保护无行为能力人和限制行为能力人的利益，二是为了保护与之交往的

---

[35] 参见龙卫球：《民法总论》，中国法制出版社 2001 年版，第 188 页。
[36] ［德］卡尔·拉伦茨：《德国民法通论》（上册），王晓晔等译，法律出版社 2003 年版，第 188 页。
[37] ［德］卡尔·拉伦茨：《德国民法通论》（上册），王晓晔等译，法律出版社 2003 年版，第 188 页。

相对人的利益。从自然人的行为能力为出发点，民法设计了法人的行为能力。但是这种类推出现了法人超越其目的的行为是否有效的问题，或者说法人的行为能力是否存在限制的问题。

关于非法人团体的权利能力和非自然人主体的行为能力问题，实际上属于商法的问题即商人的营业能力问题。商人具有不同于民法人的特殊能力。这种能力被概括为营业能力。营业能力不是一般的民事能力，而是为了一定的营利目的，采用一定的营业形式，运用有组织的财产进行商业活动的能力。营业能力不是偶尔的个别进行的交易的能力，而是反复的、不间断的、有计划的进行营业活动的能力。[38] 具体而言，营业能力包括商人的权利能力和行为能力。第一，营业能力使商人成为法律的主体，并以自己的名义营业。“以自己的名义”意味着行为人从事的活动所产生的权利和义务的归属主体是商人本人。[39] 商事主体在本质上具有法律拟制性。而作为一般民事主体的自然人，其成为法律主体更多的是因为因自然人的“自然”资格，法律只不过确认了这一点。而作为拟制的主体，商事主体从其成立、运营及终止，都是有法律加以规范的。[40] 总之，营业能力使商人获得权利主体和义务主体的权利能力。第二，营业能力是具体的行为能力。依据法定的营业准入条件，商人取得不同的营业能力，并在各自的营业能力范围内营业。

民法总则的制定应当统筹民事权利能力、民事行为能力与商事营业能力者三种能力，作出综合性的规定。

2. 客体制度与营业财产

在商法上，商人是主体意义上的概念，营业是客体意义上的概念。[41] 在客体意义上所称的营业，亦称为营业财产。各国商法对营业的范围界定并不相同，但是仍然能够了解其大致的范围和立法的旨趣。一般来说，客观意义上的营业包括积极财产和消极财产。积极财产包括物（动产和不动产）、权利（物权、债权、有价证券、专利权、商标权、著作权、商号权等）和商业秘密、商誉、地理条件、客户关系和其他无形财产等；消极财产包括营业上的各种债务形成的财产。[42] 在法国，关于商事营业资产（本文所谓的客观意义上的营业）的组成，伊夫·居荣认为包括无形构件与有形构件。前者包括租约权、顾客群体、商号、商业招牌、工业产权、行政批准书等，后者包括物资设备、工具与商品。[43] 不动产被排除在商法之外，[44]商事营业资产也不包括债权和债务。[45] 在日本，客观意义上的营业包括各种有形物与无形物，有形物如商品、机械、土地、楼宇、工厂等动产和不动产，无形物如物权、债权、有价证券、无形财产权等财产权利，此外还有经营秘密、主顾、商誉、特殊的区位等具有财产价值的事实等。债务作为消极财产也是客

---

[38] 王保树：《商法总论》，清华大学出版社 2007 年版，第 93 页。

[39] 近藤光男：『商法総則・商行為法』<第 6 版>、有斐閣、2006、頁 19。

[40] 徐强胜：《商法导论》，法律出版社 2013 年版，第 179 页。

[41] 関俊彦：「商法総論総則」、有斐閣、2003、頁 107。

[42] 王保树：《商法总论》，清华大学出版社 2007 年版，第 184 页。

[43] [法]伊夫·居荣：《法国商法》（第 1 卷），法律出版社 2004 年版，第 703、745 ~ 752 页。

[44] [法]伊夫·居荣：《法国商法》（第 1 卷），法律出版社 2004 年版，第 704 页；另参见沈达明编著：《法国商法引论》，对外经济贸易出版社 2001 年版，第 51 页；张民安：《商法总则制度研究》，法律出版社 2007 年版，第 329 页。

[45] [法]伊夫·居荣：《法国商法》（第 1 卷），法律出版社 2004 年版，第 753 页；另参见沈达明编著《法国商法引论》，对外经济贸易出版社 2001 年版，第 49 页；张民安：《商法总则制度研究》，法律出版社 2007 年版，第 327 ~ 328 页。

观意义上的营业的组成部分。[46]

营业作为一项特殊的客体，其范围难以用现有的民法体系来解释，也难以用现有的民法规则来调整。但是，民法学者也曾经尝试用现有的民法体系来解释这一特殊的法律概念。日本学者我妻荣教授指出，物的本质，是法律上为可排他性支配的生活资料。今天的法律理论考虑的是，法律上构成一体的集合物，在法律上也承认其为一体的是适合其目的的。[47] 起初，为了达到将营业作为一个整体来看待的目的，许多有体物及无体物被看作营业中主物的从物，进而按照从物随主物移转的规则，使营业上的财产逐渐整体化。[48]

商法将有体物、无体物、事实关系结合在一起，作为一个整体，不仅反映了商法的营利性的特点，也促进了将营业作为一个整体转让、租赁。它比单纯地在民法框架下的单独地出卖，具有制度优势。因而，民法应当突破以往的观念，将营业财产拟制为一个所有权客体，并在总则中作出规定。

结　语

虽然说目前学界主流的观点是民商合一的民法典编纂体制，但是，民法学者似乎又不希望在民法典中过多地去涉及商事制度，只是将一些零散的制度点缀于各种学者建议稿中。这种立法模式下的民法典，从某种程度上说，相当于造就了民商分立的局面，而没有实现民法典作为民法和商法之共同一般法的地位。商法的具体制度，需要在民法中特别是民法总则中寻找到“根基”。这不仅需要我们发现商法的科学化所缺少的民法根基，而且需要我们以整个私法的视野统筹安排民法规范与私法规范，并进而改进民法，使民法能够真正容下商法。

[46] 吴建斌：《现代日本商法研究》，人民出版社 2003 年版，第 90 ~ 91 页。
[47] [日]我妻荣：《新订民法总则》，于敏译，中国法制出版社 2008 年版，第 193 页。
[48] 参见[日]我妻荣：《债权在近代法中的优越地位》，王书江、张雷译，中国大百科全书出版社 1999 年版，第 122 页。

区分与融合并存的民商合一

——透过类型思维考察我国民法典的立法模式选择

贝金欣*

在民法典起草过程中，如何正确认识和构建民法与商法的关系，引起了广泛讨论。大部分学者总体上赞同“应当按照民商合一的体例进行整体设计和构建”①这一观点。但是，对民商合一的体例却存在不同观点：一是建议维持现有的立法模式。对现行立法模式又有两种理解：有的主张坚持以民法统率商法制定民商合一的民法典；有的主张坚持分裂后的民法与商法。二是建议在民法总则的基础上单独制定商法通则。这些观点莫衷一是，根本原因在于对民法与商法关系的认识不同。本文试图通过类型思维，从民商事关系的本质出发，解析民法与商法之间的关系实质，并以此为基础提出民法典较优的立法模式。

一、类型思维概述

卡尔·拉伦茨指出，在很多情况，法律利用“类型”，而非全是由概念来描绘案件事实的特征。② 所谓类型，系在一定评价观点下，归结出合乎该评价观点的事物本质，并以此事物本质为基准，将合乎该事物本质的事物予以吸纳，该吸纳过程可说是事物特征与既存事物本质的比较。③ 因此，类型的归属取决于典型的要素在数量及强度上的结合程度，是否足以使该案件事实“整体看来”符合类型的“整体形象”，而促成要素成为统一的整体的因素则是“中心价值”。④ 类型学的思考总是维持其与指导性价值观点的联系，因为所有被考量的特征都取向于这个——促成整体类型的——中心价值。⑤ 从以上关于类型的论述中，我们可以清晰地看到法律类型的基本模型：类型的核心是“中心价值”，类型的表征是“构成要素”，“中心价值”和“构成要素”共同构成了类型的“整体形象”。类型与概念的不同之处在于，在同一类型中，构成要素并不完全相同，在要素的数量、要素的组合方式等方面都可以有所差别，但是不变的是

---

* 清华大学法学院2015级商法学博士研究生。

① 王利明：《民法总则的立法思路》，载《求是学刊》2015年第5期，第82页。

② ［德］卡尔·拉伦茨：《法学方法论》，陈爱娥译，商务印书馆2003年版，第95页。

③ 黄建辉：《法律阐释与类型思维》，载《月旦法学杂志》1995年第5期，第66页。

④ 此处的“中心价值”与前述的“评价观点”是意义相同，均体现类型的价值导向。参见［德］卡尔·拉伦茨：《法学方法论》，陈爱娥译，商务印书馆2003年版，第100～101页。

⑤ ［德］卡尔·拉伦茨：《法学方法论》，陈爱娥译，商务印书馆2003年版，第101页。

"中心价值",不同构成要素组成的类型必须在"中心价值"上保持一致,才能被称为同一类型。因此,拉伦茨在法教义学中极力主张价值导向的思考方式,相比于形式,价值才是决定类型的关键。

类型在构成要素上所具有的弹性和灵活性,保证了法律与生活事实相契合。本质相同的生活事实之间,其具体的构成要素并不总是相同。在类型思维中,这些生活事实仍可归属于同一类型,适用一样的法律,起决定因素的是事物的本质。"女人与男人、熊与狗、飞机与船究竟类似或不类似,不是逻辑上可以决定的;须取决于某种可以用以比较二者的观点。真正具决定性的在于,比较点的选择,在这个点之下可以对拟比较的对象加以观察。"[⑥]这个比较点便是"事物的本质"。"事物的本质"是沟通当为与实存、价值与事实的桥梁。立法是使法律理念与将来可能的生活事实调适,法律发现是使法律规范与现实的生活事实调适。在规范与事实当中存在一个取得一致的第三者,或者称为当为与实存之间的调和者——事物本质。[⑦] 阿图尔·考夫曼认为,法律的意义并非存在于抽象的、因此意义相当空洞的法律概念中,而是应求助于比较具象的、相关的具体生活事实,参照应受判断的生活关系之本质、意义。[⑧] 从这个意义上讲,法律类型中的"中心价值"与"事物的本质"是一致的。阿图尔·考夫曼也明确指出,"事物本质"是指向类型的。[⑨] 类型思维所提倡的价值导向的思考方式,就是要求立法者更加关注所欲调整对象的本质,按照事物本质作出与之相适应的规范,而并不是将固有的法条僵化地适用到本质并不完全相称的事实之上,从而使法律能够适应千变万化的现实生活。

法律的任务在于"将大量彼此不同,而且本身极度复杂的生活事件,以明了的方式予以归类,用清晰易辨的要素加以描述,并赋予其法律意义上'相同'者同样的效果"。[⑩] 因此,立法者的首要任务就在于,发现事物的本质并将其上升为类型的中心价值,在中心价值的指导下描述类型的要素。在立法者还不能完全掌握所有既存的类型以及将来可能出现的类型的情形下,司法者同样要秉承价值取向的思考方式,从所欲规范的事物本质出发从事法律的解释、漏洞的填补以及法的续造。

民法与商法本身就可以视为一个法律类型,其下存在众多具体民商法类型的上位类型,其上面则还存在与公法类型相区分的私法类型,共同构成了整个私法体系。作为类型的民法与商法,它们也是由中心价值与构成要素组成,决定民商法类型中心价值的则是民商事生活的本质。因此,民法典的制定,也必须紧紧围绕实践中的民商事生活的本质而展开,以民商法的价值为核心构建法律(类型)体系。

---

⑥ [德]阿图尔·考夫曼:《类推与"事物本质"——兼论类型理论》,吴从周译,学林文化事业有限公司1999年版,第82~83页。

⑦ 同上书,第103页。

⑧ 转引自[德]卡尔·拉伦茨:《法学方法论》,陈爱娥译,商务印书馆2003年版,第15页。拉伦茨对此予以赞同。

⑨ [德]阿图尔·考夫曼:《类推与"事物本质"——兼论类型理论》,吴从周译,台湾学林文化事业有限公司1999年版,第109页。

⑩ 参见[德]卡尔·拉伦茨:《法学方法论》,陈爱娥译,商务印书馆2003年版,第319页。

二、民法与商法的独立性

民事生活和商事生活都属于私法调整的范畴，在私法自治理念的指导下，经济生活和家庭生活中的一切民事权利义务关系的设立、变更和消灭，均取决于当事人自己的意思，原则上国家不作干预。[11] 这就是私的生活的本质。从这一本质出发，早期的民法与商法，都建立在抽象人格基础之上、遵从个人本位，具有很强的同质性。拉德布鲁赫甚至认为，个人本位的私法是按照商人的本质来制定的，"个人主义私法的本质在于，它是为那些精于识别自己的利益并无所顾忌地追求自己的利益，非常自利和非常聪明的人设置的。这种个人主义法律规范接受者的典型是按照商人形象刻画的。个人主义私法的特点就在于将每个人都视为商人。事实上，商贸的需要产生了个人主义的私法。因而，在罗马法的范围内，并不需要一部特别的商法"。[12] 这是当时民商事生活本质的反映，民法与商法仅仅存在构成要素上的差别，但其中心价值保持基本一致。但是，随着社会发展，旧有的、绝对的私法自治不能适应社会经济生活的变化，特别是社会经济思想逐步兴起，普遍要求对私法自治进行限制，并兼顾社会公共利益。私法的中心价值由此发生转向——由绝对的私法自治向相对的私法自治转变，形成了社会本位的私法观。在这一背景下，民商法出现了价值取向上的分化。可以说，私法二元结构的生成是商品经济发展的必然产物，也是商法相对独立的基础。[13]

（一）民法与商法独立价值的演进

近现代以来社会经济的发展，形成了以企业为核心的特殊物质生活领域，从而也出现了许多特殊的社会关系即商事关系。这些关系的调整和需求要求有一些特殊的规定予以满足，而这些特殊规定，无论从事形式和实质意义上，都不可能完全包括在民法的框架内。[14] 这种商事关系与民事关系在市民社会中的地位、功能发生了明显变化，它们之间"最大的不同在于其特有的营利性特征"。[15] 在社会本位私法观的影响下，为了适应各自的角色定位，民商法逐步出现了价值取向上的分化。

民法调整市民社会中基础性的生活关系，民事关系本质包含了对于公平的要求，公平感是人们对于相互关系的基本判断标准和主观体验，所以公平成为民法调整社会关系所追求的首要价值目标。[16] 而商法则不同，作为商法调整对象的商，其本质是资本谋求价值增值的活动，具有营利性和经营性特征，从而构成了商法有别于民法的调整对象，渊源于贸易本位的交易效率价值、交易安全价值和交易公平价值等，是商法特有的价值观和价值基础。[17] 为了满足

---

⑪ 梁慧星：《民法总论》，法律出版社2011年版，第38页。

⑫ ［德］拉德布鲁赫：《法学导论》，米健译，法律出版社2012年版，第85页。

⑬ 石少侠：《我国应实行实质商法主义的民商分立——兼论我国的商事立法模式》，载《法制与社会发展》（双月刊）2003年第5期，第85页。

⑭ 范健：《德国商法的历史命运》，载《南京大学法律评论》2002年秋季号，第217页。

⑮ 赵旭东：《〈商法通则〉立法的法理基础和现实依据》，载《吉林大学社会科学学报》2008年第2期，第80页。

⑯ 童列春：《商法基础理论体系研究》，法律版出社2014年版，第43页。

⑰ 石少侠：《我国应实行实质商法主义的民商分立——兼论我国的商事立法模式》，载《法制与社会发展》（双月刊）2003年第5期，第85页。

商事活动的需要，商法在公平与效率之间始终秉承效率优先、兼顾公平的理念。因为，如果在交易中动辄以违反实质公平而撤销交易，交易活动必将处于高度不安定状态，进而影响经济活动开展，甚至造成萎缩。“由于不区分民法与商法，民商法学界与实务人士往往未能体认商法之独特性，此不免阻碍商法的蓬勃发展。”⑱

这种分化还体现在民商法类型的构成要素上，它们的主体和行为都发生了变化。立法者逐渐以主体或行为为标准，识别民法类型与商法类型，并形成了主观主义、客观主义、折衷主义三种立法模式，⑲对商人与非商人、商行为与非商行为就其本质作出不同调整。构成要素上的差异，源自于实践中商人、商行为所具有的区别于民事主体、民事行为的特征：一方面，商人需要法律特别保护的程度较低，因为人们预期他们对交易熟练并有丰富的经验；另一方面，对私法自治的限制也和商事交易对最大限度地减少形式束缚和其他限制的要求相抵触。⑳ 正因如此，在商法领域，权利外观主义、保护当事人的信赖等私法自治的基本内容不仅没有削弱，反而得到不同程度的加强。

（二）区分民法与商法的必要性

民商事生活本质及其构成要素的差异，决定了民法类型与商法类型在中心价值和构成要素上的分化，形成了相互独立的格局。立法者在描述具体民商事类型时，对上述分化现象不能视而不见，简单地以民法取代商法或者以商法取代民法，都会造成法律适用的实质不正确。这种实质不正确具体表现为“商化不足”和“过度商化”两个方面：或对本应适用商事规则的商事案件适用民事规则，损害商事主体的应有权益；或对本应适用民事规则的民事案件适用商事规则，损害民事主义的合法权益。

以显失公平的适用为例，《民法通则》第59条、《合同法》第54条均明确规定，在订立合同时显失公平的，当事人一方有权请求人民法院或者仲裁机构变更或者撤销。在具体理解上，存在“二重要件说”与“单一要件说”之争，“二重要件说”认为应当将主观和客观要件相结合作为一般原则，所谓的主观要件即“乘他人之急迫、轻率或无经验”；“单一要件说”则只需客观要件的满足。㉑ 对上述争议，如果从具体案件情况出发，在民法和商法领域分别适用单一要件说和二重要件说，可能更有利于维护当事人的合法权益。因为从价值取向来看，“单一要件说”倾向于实质公平，与民法的价值观念相一致；而“二重要件说”则部分倾向于形式公平，与商法的价值观念相接近。在商事领域，应当尊重当事人就自己权利义务作出的安排，且禁止其在事后随意违反其承诺。因此，在商事活动中，应当同时考察主观要件。但需要指出的是，

---

⑱ 这是王文宇教授对台湾地区所谓的民商合一立法模的评价，这一评价同样契合我国当前所面临的问题。参见王文宇：《从商法特色论民法典编纂——兼论台湾地区民商合一法制》，载《清华法学》2015年第6期，第75页。

⑲ 主观主义以《德国商法典》为代表，系以商人观念为基础构建其商事法律制度。依此原则，同一法律行为，商人为之，适用商法，非商人为之，则适用民法或其他法律。可归入这一体例的国家还有奥地利、土耳其及北欧诸国。客观主义以《法国商法典》为代表，系以商行为观念为商事立法的基础而构建其商事法律制度。依此制度，只要行为人的活动属于商行为的性质，他就是商人，就适用商法。偏于这一体例的国家还有荷兰、葡萄牙、希腊、巴西、秘鲁、阿根廷等（法国已偏向折衷主义）。折衷主义以日本为代表，系以商人观念与商行为观念相结合为商事立法的基础而构建起商事法律制度。依次制度，商人所为的行为均可以推定为商行为从而适用商法，而对于商行为而言，即使是非商人为之，也应适用商法。偏于这一体例的还有意大利、比利时、韩国等国家。主观主义立法例的主要特点乃在于以商人观念为基础来构建商事法律体系。参见范健：《德国商法的历史命运》，载《南京大学法律评论》2002年秋季号，第222页。

⑳ 参见［德］C. W. 卡纳里斯：《德国商法》，杨继译，法律出版社2006年版，第8页。

㉑ 参见崔建远、韩世远、申卫星等：《民法总论》，清华大学出版社2013年版，第200~201页。

基于商法所预设的商人所具备的经验、能力等因素存在，在商事活动中认定“乘他人之急迫、轻率或无经验”情形应当十分慎重，显失公平只能在极个别的案例中作为变更或撤销商事交易的原因，否则商事交易活动将被置于不确定之境地，损害交易安全，悖离商事活动本质。

与此相类似，许多学者认为，在涉及代理、流质禁止、留置权、对要约的承诺、保证形式、借贷利息和佣金、租赁合同、委托合同等具体类型上民法与商法应当有所区别。我国在制定《物权法》时已经注意到这一问题，在留置权的规则上作了尝试。《物权法》第231条规定：“债权人留置的动产，应当与债权属于同一法律关系，但企业之间留置的除外。”但问题是，该条文只对企业作了区别对待，对其他具有同等性质的商人的需求则没有予以考虑，难免造成商人之间法律适用的不平等。

三、民法与商法之间的流动过渡

类型由弹性可变的要素组成。卡尔·拉伦茨指出：“借着若干要素的全然消退、新的要素的加入或居于重要地位，一种类型可以交错地过渡到另一种类型，因此类型间的过渡又是‘流动的’。”[22]比如，类型Ⅰ可以由要素A、B、C组成，也可以由要素A、B、D组成，类型Ⅱ可以由要素D、E、F组成，也可以由要素E、F、G组成。但在生活中往往不会按照法律的规定行事，实践中常常会自然形成由要素B、D、G组成的事实类型，那么它归属于类型Ⅰ，还是类型Ⅱ，或者其他类型？这就需要从其事物本质出发来判断，由这些要素组成的生活事实的本质可能介于类型Ⅰ与类型Ⅱ的中心价值之间，从而产生介乎类型Ⅰ与类型Ⅱ之间的过渡类型、混合类型。从人类历史发展来看，商事活动是基于民事活动逐步发展起来的，从最原始的物物交换开始，人们从日常交易行为中总结经验，不断创新和发展交易类型，它们由民事关系蜕变成商事关系，还会由商事关系回归到民事关系。王利明教授认为，“现代社会，每个人都可能参与市场交易，这就使得区分商人和非商人、商行为和民事行为、商事代理和民事代理、商法上的时效与民法上的时效变得越来越困难”。[23] 从类型的流动过渡特征来分析，其至少体现了两层意思：其一，民事活动与商事活动日益趋同，存在无须区分的情形；其二，民事活动与商事活动日趋复杂，存在难以完全区分的情形，上述过渡类型、混合类型通常会遭遇此种难题。需要特别注意的是，“无须进行区分”与“难以完全区分”是不同的概念，“难以完全区分”并不意味着无须区分，也不意味着不要区分，两者应当区别对待。

（一）对于无须区分的领域，民法类型和商法类型可以适用同样的规则

随着商业经济的泛化，在一些领域民事关系与商事关系的区分已没有必要。特别是在民商法的发展过程中，商法作为开路者形成的商法规则，还会被民法所吸收而形成一般的民法规则，对于它们自无区别适用之必要。在很多情形下，民法规则也是商法的最终渊源。以金钱借贷为例，从自然人间无息借贷开始，存在自然人间有息借贷，企业组织间、企业组织与自

---

[22] ［德］卡尔·拉伦茨：《法学方法论》，陈爱娥译，商务印书馆2003年版，第345页。
[23] 王利明：《民商合一体例下我国民法典总则的制定》，载《法商研究》2015年第4期，第4页。

然人间借贷,金融机构借贷,私募债券发行,公募债券发行等诸多与借贷相关的交易类型,形成了从民法类型到商法类型的演进。但在很长时间,我国法律只承认自然人之间、自然人与企业组织之间的借贷行为,对企业之间、其他组织之间及其相互之间的借贷合同效力始终坚持按无效处理的认定原则。[24] 但这一规定与企业组织间借贷的实际需要以及大量实践明显不符,长期以来为人所诟病。2005 年以后,各地法院认识到问题,陆续审结了一批企业与企业之间借贷的合同为有效合同的案件。[25] 2015 年最高人民法院颁布的《关于审理民间借贷案件适用法律若干问题的规定》第 11 条更是明确规定:"法人之间、其他组织之间以及它们相互之间为生产、经营需要订立的民间借贷合同,除存在《合同法》第 52 条、本规定第 14 条规定的情形外,当事人主张民间借贷合同有效的,人民法院应予支持。"这一司法解释将企业组织之间的借贷行为与自然人之间、自然人与企业组织之间的借贷作了一体调整。

(二)对于难以区分的领域,需要借助价值导向的思考方式构建法律类型

拉伦茨指出,"不同基本类型的要素,以特定的方式结合成一种有意义的、彼此关联的规整。在经济及商业交易作精密区分的阶段,'混合类型'殆属不可避免的现象"。[26] 对于它们,不能简单以基本类型的中心价值进行评价,而是"必须再度突破这些类型",[27]在两者之间作"或多或少"而非"非此即彼"的思考。在民商事生活中,这样的过渡类型、混合类型很多,它们的存在使表面上看来民事活动与商事活动在不断趋向统一,但事实上却导致民事活动与商事活动更加难以用传统的观念——非"民法"即"商法"——来进行规范。作为商法适用之基础的"商人"类型本身,与"非商人"之间就呈现流动过渡之关系,《德国商法典》关于商人的规定充分体现了这一点。《德国商法典》是主观主义立法的典型代表,分别规定了实质商人和自由商人。实质商人即《德国商法典》第 1 条规定的依照性质、规模应当以商人的方式经营营利性事业的主体,其负有登记的义务,其核心构成要件是对商人方式经营的要求。自由商人则是指没有达到上述实质商人的标准,但因主动申请登记而被法律认可的商人,包括小营业经营主体和农业、林业经营者等。自由商人更像商人与非商人之间的过渡形态,其之所以成为商人,不只是因为其具备商人的特征,更重要的是在于主体自愿登记受商法拘束。否则,他们就属于非商人,不受商法的约束。自由商人是 20 世纪 90 年代《德国商法典》改革的结果,其取代了小商人的概念,目的在于回应德国经济生活的现实:"在德国失业率居高不下的今天,越来越多欠缺商法知识和经营经验的人试图通过从事独立性工作来养家糊口,这些人在更大程度上要求避免对他们适用严格的商法。"[28]

上述情形与当下鼓励大众创业、万众创新的社会背景十分类似。为了适应大众创业、万

---

[24] 参见杨临萍、姚辉、韩廷斌等:《最高人民法院〈关于审理民间借贷案件适用法律若干问题的规定〉的理解与适用》,载《人民司法》2015 年第 11 期,第 5 页。主要依据是:1991 年最高人民法院颁布的《关于人民法院审理借贷案件的若干意见》中,民间借贷合同仅是指自然人之间、自然人与企业之间,以及自然人与其他组织之间的借贷,不包括企业和其他组织相互之间的借贷。认定无效的依据是中国人民银行发布的《贷款通则》,即企业之间不得违反国家规定办理借贷或者变相借贷融资业务。1996 年最高人民法院《关于对企业借贷合同借款方逾期不归还借款的应如何处理的批复》规定,企业借贷合同违反有关金融法规,属无效合同。

[25] 罗书臻:《规范民间借贷统一裁判标准——杜万华就最高人民法院〈关于审理民间借贷案件适用法律若干问题的规定〉答记者问》,载人民法院网,2016 年 3 月 20 日访问。

[26] [德]卡尔·拉伦茨:《法学方法论》,陈爱娥译,商务印书馆 2003 年版,第 341 页。

[27] 同上书,第 16 页。

[28] 卜元石:《德国商法的改革》,载《德国研究》1999 年第 1 期,第 31 页。

众创新的需要，我们对法定资本制度进行了改革，取消了公司的最低注册资本，实行了资本认缴制。这在便利社会大众设立公司的同时，必然造成一批不具有商人经验、能力、知识的人注册、经营公司，如何保护其利益的问题就成为问题。[29] 更不用说，除了公司之外，还存在小商贩、网络商人、个体工商户、农业合作社、企业等等很多从事营利活动的主体，它们具备商人的某些或者全部特性，但在性质、规模、营业性要求、经验能力、是否登记等方面又存在差异。如果对他们一概适用商法规则，可能违背他们的合理预期；但如果一概适用民法规则，又可能危及交易安全。需要结合这些生活类型所蕴含的事物的本质，在民法价值与商法价值之间作“或多或少”的权衡。

总之，在事物本质的发现过程中，要素是发现的基础。“若干要素的全然消退、新的要素的加入或居于重要地位”，使其所构建的事物的本质在不断发生变化，这种变化呈现量变到质变的过程，反映到类型的中心价值中，就呈现出从相异到相同的流动关系。若以色彩将民商法中各种类型的中心价值描绘出来，应是一幅由浅及深的渐变色彩谱系。立法者在构建民商法类型选取中心价值时，就应在商法价值与民法价值之间流动，作出合理的价值分派，这就是民法与商法融合的本质。

四、区分与融合并存的民商合一

从“民商合一”的文义来看，“民”和“商”是并驾齐驱的，属于对立统一的关系，与前述透过类型思维所获得的民商法关系的认识是一致的，在一些领域相互独立，在一些领域融合共生。因此，民商合一的实质，应当是在一部法典内民法与商法区分与融合并存。

（一）区分与融合并存的内涵

所谓区分，就是要尊重民法、商法的独立价值，制定独立适用的民法规则与商法规则。无论是事实层面还是规范层面，民法与商法整体形象及其中心价值都存在显著区别，这是民商合一所无法回避的。王利明教授认为：“民法典总则是私法的基本法，应当普遍适用于所有平等主体之间的关系。”[30]但是，普遍适用不能等同于不加区别地适用，对于不同类型的平等主体之间的关系，应当结合其本质进行区别规范，围绕类型的中心价值开展价值导向的思考。尊重民法、商法的独立价值，首先要对典型的民商规则的适用对象和范围——商人和商行为进行界定，为民商规则区别适用提供基础。然后，必须结合民商事生活类型的特点，制定具体的法律规则，包括民事规则、商事规则以及超越民商法界限的规则。对于特殊性较强的商法类型，当然可以在民法典之外制定单行法律作出专门规范。

所谓融合，就是要权衡民法与商法的价值，制定规范过渡类型、混合类型的融合性规则。民法和商法共同隶属于私法类型，它们在中心价值上存在共通之处，在构成要素上存在互相转化情形，在类型边缘上存在难以区分的模糊地带，在一个法典内进行统筹规范不存在障碍，

---

[29] 从严格意义上讲，经过登记注册的公司当然视为商人。但是，今后涉及公司的纠纷中必然会出现类似的争议，这是法定注册资本制度改革之后需要考虑的现实问题，美国学者对小公司是否当然适用商人规则也存在诸多争议。

[30] 王利明：《民商合一体例下我国民法典总则的制定》，载《法商研究》2015 年第 4 期，第 4 页。

也很有必要。融合主要体现在两个方面：一是如传统观点所主张，在无其他法律、习惯可以适用时，将民法作为规范商事关系的法律渊源；二是结合所欲规范的生活关系本质，确定法律类型的中心价值和构成要素，使法律类型的中心价值与生活关系的本质相契合，至于这一类型究竟归属于民法还是商法并不重要。在一个法典内考虑融合的问题，立法者可以在民法价值与商法价值之间进行权衡后作出一体化的制度安排，不仅在形式上可以避免立法重复或冲突，而且在实质上也更有利于给予民商事主体以符合其本质的利益安排。特别是对民商事生活中的过渡类型、流动类型而言，在一部民商合一的法典内制定超越民法与商法界限的规则，是最佳立法选择。

区分与融合并存，不是纯粹的理论上的构造，而是根据“比较具象的、相关的具体生活事实，参照应受判断的生活关系之本质、意义”所作出的必然选择，恰如其分地体现了“法律的意义”。从民商合一的历史来看，区分与融合也是其最原始的面貌。作为开创民商合一先河的民法典——《瑞士民法典》并没有否认商法的独立价值，其本身就是一部区分与融合并存的民商合一法典。比如，《瑞士民法典》中存在大量涉及商业交往的法律规定，它明确规定商人的定义，承认商人与非商人在适用法律上的区别，既规定了主要适用于商事活动的商法条款，又在民法条款后规定了商事活动排除适用的情形，从而实现了民商合一。[31] 瑞士法院在司法裁判中也贯彻了这一理念，在民法典没有明确规定适用范围时根据价值判断作出适用的判例。反观中华民国时期的民法典、我国台湾地区的“民法典”以及大陆现行的民事法律体系，似乎我们对民商合一一直存在误解——民商合一就是没有独立的商法典，而没有去考虑商法在民法典中的地位问题。

（二）对现有主要观点的评析

本文开篇提及的立法模式取向，虽然都隶属于民商合一之下，但对民法与商法之间的关系认识并不周全，或过度强调以民法“一统天下”，或过度强调民法与商法“各自为政”，不能覆盖所欲调整的民商事关系，尤其是没有体现对民商法之间流动过渡关系的回应。

1. 单独制定商法通则

主张制定商法通则的理由主要有两点：一是对实践的回应。现行商事法律缺少关于“商人”“商行为”制度的规定，实践中凸显出对商人规则的需求，商法通则可以填补民法和已有商事单行法之间的空白，创设它们所没有的规则，统率商事单行法。[32] 二是商法体系化的需要。制定“商法通则”是商事法律制度自身体系化、科学化的需要，社会经济的发展、法律意识的提高、立法和司法方面的实践经验以及丰富的理论研究成果，已经为制定“商法通则”打下了坚实基础。[33] 针对上述需求，一些学者对“商法通则”的结构、内容等提出了立法建议。例如，杨继教授提出的“商法通则”分为七章，分别是商主体的资格和身份、商事登记、商业名称（商号）、营业（或企业）的转移、商事簿记、商事辅助人、商行为。[34] 又如，苗延波教授提出的

---

[31] 参见史广龙：《民商合一立法方法在瑞士民法典中的实现》，载《法律方法》2014 年第 2 期，第 357 ~ 362 页。
[32] 参见王保树：《商事通则：超越民商合一与民商分立》，载《法学研究》2005 年第 1 期，第 36 页。
[33] 参见赵旭东：《〈商法通则〉立法的法理基础与现实根据》，载《吉林大学社会科学学报》2008 年第 2 期，第 83 ~ 84 页。
[34] 参见杨继：《商法通则统一立法的必要性和可行性》，载《法学》2006 年第 2 期，第 83 ~ 85 页。

“商法通则”草案建议稿也分为七章，分别是总则、商主体、商行为、商业登记、商业账簿、商事责任、附则。[35] 除了在章节分类等细微差别之外，主要观点基本一致。“商法通则”以强调商法的独立性为逻辑起点，把重点放在了对典型商法类型的规范上，但往往容易忽略民商事生活中的过渡类型、混合类型，对于实践中存在的流动过渡领域无法作出妥当的规范。比如，对一些规模较小的营业主体，究竟是适用民法还是适用商法？受商法独立性观点的主导，容易陷入“不是民法就是商法”的窠臼之中。如施天涛教授所说，“在立法体例上，如果采取民商分立模式，则不能兼顾其融合性”。[36] 另外，在具体案件适用法律时，“商法通则”与民法规则总会产生牵连或冲突，许多案件都要结合民法与商法的规定综合作出裁判，“民商分立在司法实践中的实效因此会大打折扣”。[37]

需要强调的是，反对制定独立的“商法通则”，并不等同于反对商法的独立价值。张谷教授指出：“商法的内在合理性与商法典的内在合理性不是同一个问题，商法的独立存在，完全可以不依附于形式上独立的商法典，法典化不是商法借以表现自我的唯一工具”。[38] 确实如此，无论是商法典还是“商法通则”，都不是体现商法独立价值的唯一途径，更不是最佳途径。

2. 现行民商合一立法模式

虽然很多学者通常称“我国现行民法总则的内容实际上是按照民商合一体例构建的”，[39] 但事实上表现为民法吸收商法，其中的“商”并没有得到应有的重视。王保树教授指出：“实践中由于没有对‘商行为’作出界定，‘商行为’的目的性也常被人们误解，以至于社会生活中经常出现自相矛盾的笑话。”[40]施天涛教授的批评更为尖锐：“寄予厚望的相对式民商合一，原来却是‘一厢情愿’，并具有强烈的‘大民法帝国‘的沙文主义倾向”。[41] 确实，一些民法学者在考虑制定民商合一的民法典时，基本不承认商法区别于民法的价值。王利明教授在主张制定民商合一的民法典时，就直接指出，“商事特别法缺乏独特的原则、价值、方法和规则体系，难以真正实现与民法的分立”。[42] 虽然此处王利明教授是为了批评民商分立而提出的观点，但也表明他所谓的民商合一并不承认商法原则、价值、方法和规则体系具备独立的立法空间。从中国法学会起草《民法总则（建议稿）》、全国人大常委会法工委起草的《民法总则（征求意见稿）》等草案来看，这些草案依然维持现行的立法模式，在主体制度中仍然未区分商人与非商人，在法律行为制度中也没有区分民事行为和商事行为，在以后的具体规则的制定中也自然不可能出现只适用于商事主体的商事规则或者排除商事主体适用的民事规则。

对于现行的立法模式还有另外一种解读。施天涛教授认为，“30 多年来，我国所颁行的一系列民商事法律都是独立存在的，自我生存，相互适用……这说明，我国的民商事立法已经走出了它自己的路子，它本身就是一种模式。我们唯一要做的是尊重立法实践自身的选

[35] 参见苗延波：《商法通则立法研究》，知识产权出版社 2008 年版，第 249 ~ 260 页。

[36] 但对施天涛教授后面所言“但民商事共事一典更不可取，分裂后的民商法既能较好地处理民商融合的问题，又能兼顾各自的特点”，本文有不同认识。参见施天涛：《民法典能够实现民商合一吗》，载《中国法律评论》2015 年第 4 期，第 28 页。

[37] 参见史广龙：《民商合一立法方法在瑞士民法典中的实现》，载《法律方法》2014 年第 2 期，第 362 ~ 363 页。

[38] 参见张谷：《商法，这只寄居蟹——兼论商法的独立性及其特定》，载《清华法治论衡》2005 年第 2 期，第 15 页。

[39] 王利明：《民商合一体例下我国民法典总则的制定》，载《法商研究》2015 年第 4 期，第 4 页。

[40] 王保树：《商事通则：超越民商合一与民商分立》，载《法学研究》2005 年第 1 期，第 35 页。

[41] 施天涛：《民法典能够实现民商合一吗》，载《中国法律评论》2015 年第 4 期，第 28 页。

[42] 王利明：《民商合一体例下我国民法典总则的制定》，载《法商研究》2015 年第 4 期，第 4 页。

择”。[43] 可见，施天涛教授并不认可现行的立法模式是一种民商合一的立法模式，他所理解的现行立法模式是：“分裂后的民商法既能较好地处理民商融合的问题，又能兼顾各自的特点”。[44] 但从不同学者对我国现行立法广泛存在的“商化不足”“商化过度”的批评来看，现行立法模式并没有很好地解决他所提倡的“融合与兼顾”的问题。

五、民商合一立法的基本构想

区分与融合并存的民法典所要规范的对象，既有典型的民法类型和商法类型，又有过渡类型、混合类型。对此，立法者应当综合采用法律原则与具体规则，更加准确、全面地掌握各种类型。一是在法律原则方面，既要凸显民法价值与商法价值的独立地位，又要倡导民商法价值融合思考，指导具体规则的准确适用；二是在具体规则方面，要明确民法与商法的适用对象，为民商法规则的区别适用创造前提。

（一）法律原则

类型本身的开放结构，决定了其无法穷尽全部民商事关系，也无法对其进行纯粹的认知性的活动，从而形成法律适用的模糊区间或者法律漏洞。在区分与融合并存的民商合一立法中，法律原则对于民法与商法间过渡类型、混合类型的准确把握具有重要意义。法律原则可以用来规范具体规则所不能企及的领域，而且其虽然并不能像法律规则那样具有绝对的拘束力，但它也能够成为论证活动中的“规范性论据”，起到相对的法律拘束作用。[45] 在具体适用时，法律原则通过对法官“自由裁量”的指导，不仅能保证个案的个别公正，避免僵化地适用法律规则可能造成的实质不公正，而且使民商法制度具有一定的弹性张力，在更大程度上使民商法规则保持稳定。[46]

这些原则应当包括：第一，私法的基本原则。民法、商法同属一源，私法原则凌驾于民法原则与商法原则之上，适用于所有民商法类型，比如私法自治原则、诚实信用原则、公平原则等。但同时，私法原则的适用也将受到下位的民法原则与商法原则的拘束。第二，遵循不同价值理念的民法原则和商法原则。在典型的民事案件和商事案件中，它们首先应适用各自领域的具体规则，其次是各自领域的法律原则，最后才是一般的私法原则。而且，各自领域的法律原则可以对私法原则的具体化构成限制。如卡纳里斯所言，“为了实现法律原则，必须透过一些具有独立实质内容的下位原则以及个别评价行为而将之具体化”。[47] 以诚实信用原则为例，在具体化时应当首先考虑案件的性质，受到体现民法价值或者商法价值原则的限制，不能脱离这些原则而恣意解释。第三，民商融合适用的原则。从事物的本质出发进行思考，是本文一直强调的观点。典型的民商事关系适用各自的法律原则，但对于非典型的民商事关系，则必须考虑依照其本质作相应的价值权衡，不能机械地选择民法或者商法。借助这一原则，

---

[43] 施天涛：《民法典能够实现民商合一吗》，载《中国法律评论》2015 年第 4 期，第 29 页。
[44] 施天涛：《民法典能够实现民商合一吗》，载《中国法律评论》2015 年第 4 期，第 28 页。
[45] 雷磊：《适于法治的法律体系模式》，载《法学研究》2015 年第 5 期，第 20 页。
[46] 崔建远：《论民法原则与民法规则之间的关系》，载《江汉论坛》2014 年第 2 期，第 29 页。
[47] 参见[德]卡尔·拉伦茨：《法学方法论》，陈爱娥译，商务印书馆 2003 年版，第 46 页。

可以引导裁判者树立价值导向的思考方式，必要时超越民商法的界限，作出合乎事物本质的规范。

（二）具体规则

前面提到的“商化不足”或者“商化过度”的领域，都有分别设计具体民法规则和商法规则的必要，这有利于剔除某一规则对商事关系或者民事关系适用时可能潜在的不正当因素，从而实现法律适用的实质正确。在立法技术方面，可以在具体规则中设置“但书”条款，排除对部分商事关系或民事关系的适用，我国《物权法》关于留置权的规定就采取这这种方式；也可以分别制定专门的民法规则或者商法规则，绝对地排除民事关系或商事关系的适用，商事单行法中存在大量的这一类型的规则。

但是，若要实现民法规则与商法规则正确地适用于其所对应的领域，首要的前提必然是确定识别商法关系和民法关系标准的规则。如果没有这一规则，民商法的区别或融合适用根本无从实现。如前述《物权法》采用了企业标准，那么关于定义企业的规则就十分重要，不然这一规定将形同虚设。这恰恰是如今提出的一些《民法总则》建议稿所欠缺的，尽管在它们对诸如自然人、个体工商户、合伙组织、法人等主体作出了定义，但并没有确立统一的民事主体或商事主体定义，其立法目的仅仅在于描述，而不在于作为区分民法与商法适用的标准。在立法实践中，制定上述标准十分重要但又相当困难。比如，对《德国商法典》中规定的商人标准，卡纳里斯认为，“商人资格的存在就不但在诉讼中，而且（更糟糕的是）在日常法律交易中都会时常受到怀疑”。[48] 一些学者甚至将确定标准存在的困难作为反对民商区分的理由。王文宇教授认为，我国“台湾地区民商事规则中并无商主体、商行为的概念，合同亦不特意区分民事或商事，如此之优点，展现于避免卷入商人、商行为等模糊法律概念定义的论战”。[49] 但是，不予区分的缺点也是显而易见的——商法独立价值的缺失导致法律适用的实质不正确。那么，如何制定便于识别的标准？

首先，本文倾向于采取以主观主义为主的折衷主义立法。因为历史上，民商法的区分是伴随商人阶层的产生而逐步形成的，在商法规则的制定上首先考虑的是商人在经验、能力、目的等方面区别于民事主体的特点，对不具有这些典型商人特点的主体适用商法规则，失之不公。商行为只能作为证明不确定主体具备商人实质的补强论据。因此，在民法总则中，应当明确规定商人的定义，以与非商人相区分。

其次，关于商人的具体定义，已经有许多可供借鉴参考的立法例。但是，也有学者认为，“在各国成文立法中，关于商人的界定并不十分清晰，这本身甚至是一个‘绕头的文字游戏’”，[50]主要的难题在于如何处理商人与非商人之间存在的过渡类型、混合类型。确定的概念容易造成僵化，过于原则的规定又会导致适用上的混乱。对此，德国学者维尔伯格的观点值得借鉴。他认为，在立法时不应制定具有很大自由裁量权且在判决过程中可被随意使用的条款，而是要在固定规则和严格要件与模糊的一般条款之间选择第三条道路：通过描述法官需

---

[48] ［德］C. W. 卡纳里斯：《德国商法》，杨继译，法律出版社2006年版，第41页。
[49] 王文宇：《从商法特色论民法典编纂——兼论台湾地区民商合一法制》，载《清华法学》2015年第6期，第75页。
[50] 蒋大兴：《商人抑或企业？——制定〈商法通则〉的前提性疑问》，载《清华法学》2008年第4期，第60页。

要考虑的决定性因素,立法者能够实现更高程度的规则确定性和对法官自由裁量权的相当程度的限制。[51] 在商人定义的实践中,已经积累了不少对商人类型的共识——包括对商人类型的中心价值及其构成要素的共识,这些共识可以事实上转化为法官在裁判时借以参考的标准:在法条中列明并确定各个要素权重,这些要素包括营利、营业、性质、规模、登记、经验、信息、资源等,引导司法裁判者全面衡量各个相关要素作出正确的判断,限制其自由裁量权的滥用。而不能只原则性的规定"商主体,是指依法律规定以自己的名义直接从事商行为,享受权利和承担义务的个人和组织"[52]等。随着案例指导制度的推行,我们也可以通过案例的积累,将不同要素在定义商人时所占的权重逐步明确起来,纳入对商人的定义中,使商人定义不再成为"绕头的文字游戏",从而为民法规则或商法规则的准确适用奠定基础。

六、结　语

类型思维要求我们更加重视价值导向的思考方式,把眼光聚焦于事物的本质,从事物本质出发制定和适用法律。透过民商事生活关系的本质,既可看到区分民法与商法的必然性,又可看到两者作融合思考的必要性。特别是事物的本质决定了在典型的民法类型到典型的商法类型之间,存在一个中心价值渐变谱系,不能用"非此即彼"的界限去划分,而必须作"或多或少"的思考。我国民法典的制定应采取融合与区分并存的民商合一模式,根据所欲规范之生活关系的本质,在一部法典中对民法和商法的规则进行系统安排,体现区分与融合并存。但是,就目前《民法总则》的立法态势来看,本文所主张的区分与融合并存的民商合一立法模式未必可期。但不论今后的民法典采取何种立法模式,对司法裁判者而言,这种理念的形成对于正确裁判民事纠纷与商事纠纷、维护当事人合法权益至关重要。司法裁判者必须坚持价值导向的思考方式,准确把握所欲调整之生活关系的事物本质,依法公正作出裁判。在各地法院对商事裁判理念的贯彻还不十分统一的当下,最高人民法院还应注重通过司法解释和案例指导制度,普及正确的商事裁判理念和裁判方法,促进民商事法律的统一正确适用。

---

[51] 转引自[奥]海尔穆特·库奇奥:《动态系统导论》,张玉东译,载《甘肃政法学院学报》2013 年第 7 期,第 43 页。卡纳里斯认为德国商法典关于实质商人的要件规定也接近于"流动的体系"。他说:"没有精确的概念解释,而仅有一个类型上的改写论述,这个论述是将大量的不同标准混合在一起,加以权衡形成的,就像是维尔堡论述的'流动的体系',最终决定性的永远是整体面貌。"参见[德]C. W. 卡纳里斯:《德国商法》,杨继译,法律出版社 2006 年版,第 42 页。在拉伦茨看来,维尔伯格的"可变的体系"接近于类型。参见[德]卡尔·拉伦茨:《法学方法论》,陈爱娥译,商务印书馆 2003 年版,第 344 页。

[52] 苗延波:《商法通则立法研究》,知识产权出版社 2008 年版,第 249 页。

商事主体登记事项法律问题研究

武　胤*

一、相关概念的厘清

要研究商事主体登记事项相关的法律问题，首先必须厘清商事主体和商事登记的概念。

（一）商事主体

1. 定义

有学者认为，"商事主体，又称为商人，是以自己的名义实施商行为，并能够独立享有和承担民事权利义务的人。这一定义包含了构成商事主体的三个要素：一是商事主体必须是能够独立享有和承担民事权利义务的人；二是商事主体必须是实施商行为的人；三是商事主体必须以自己的名义实施商行为"。[①]

根据《深圳经济特区商事登记若干规定》（以下简称《登记规定》）的相关规定，"本规定所称商事主体，是指经依法登记，以营利为目的从事经营活动的企业法人和其他经济组织"。[②]这是我国规范性法律文件中对于商事主体为数不多且较为明确的界定。

有学者进一步定义了商人，认为"商人是指依照商法规定，取得营业资格的人。换言之，商人是指参加商事法律关系，并以商为业者"。这一定义也包含了三个要素：一是"商人须依据商法规定进行商事登记，并取得营业资格"；二是"商人须具有商事能力"；三是"商人应是参加商事法律关系并以商为业者"。[③]

又根据《深圳经济特区商事条例》（以下简称《商事条例》）的相关规定，"商人是经依法登记，以营利为目的、用自己的名义从事商行为且作为经常性职业的自然人、法人和其他经济组织"。[④] 这是我国规范性法律文件中对于商人为数不多且较为明确的界定。

值得注意的是，有学者进一步论述了商事主体与商人关系的联系与区别[⑤]（参见图1）：

---

* 清华大学法学院博士研究生。

① 施天涛：《商法学》（第4版），法律出版社2010年版，第44页。
② 《深圳经济特区商事登记若干规定》第3条。
③ 王保树：《商法总论》，清华大学出版社2007年版，第91～92页。
④ 《深圳经济特区商事条例》第5条。
⑤ 王保树：《商法总论》，清华大学出版社2007年版，第96页。

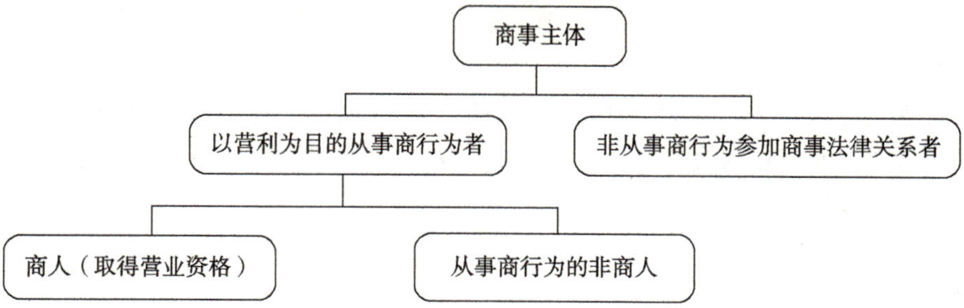

图1　商事主体与商人关系

综上，笔者认为，"非从事商行为参加商事法律关系者"（如人寿保险的投保人）和"从事商行为的非商人"（如买卖有价证券的个人）进行商事登记的理论和现实意义显然没有商人重要，本文语境下商事登记的主体限缩在商人的范畴之内，不包括"非从事商行为参加商事法律关系者"和"从事商行为的非商人"类的商事主体。

2. 分类

根据国内商法学界的权威观点，[⑥]商人（商事主体）大致可以分为商法人、商（事）合伙和商个人三类，其中商法人包括公司企业和非公司企业，商（事）合伙包括普通合伙和有限合伙，商个人包括个体工商户、农村承包经营户和个人独资企业。

根据《商事条例》的相关规定，"本条例所称商人，是指：（一）有限责任商人，包括各种有限责任公司及其分支机构、非公司企业法人及其分支机构；（二）无限责任商人，包括非法人企业及其分支机构、合伙组织及其分支机构、个体工商户和其他经济组织"。[⑦] 上述规定借鉴了国际商法的先进经验，符合世界商法的发展趋势，抓住了商人分类的本质特征，对我国相关理论和实践的发展，无疑具有重大和深远的指导和示范意义。但考虑到《商事条例》适用的区域性和学术研究的延续性，本文语境下仍使用国内商法学界的权威分类。

（二）商事登记

1. 定义

有学者认为，"商事登记，又称商业登记，是指依照商事登记的法律、法规，按照法定程序，由当事人将登记事项，向商事登记主管机关（在我国，应为工商行政管理部门）为之登记。商事登记有广义与狭义之别，广义的商事登记是指法律规定的所有商事事项的登记，包括船舶登记、不动产登记、企业担保登记和商人登记。狭义的商事登记仅指商人登记"。[⑧]

根据《商事条例》的相关规定，"商人的设立、变更和终止，应当依法律、行政法规和本条例向登记机关申请办理"。[⑨]

又根据《登记规定》的相关规定："本规定所称的商事登记，是指申请人向商事登记机关

⑥ 王保树：《商法总论》，清华大学出版社2007年版，第98～100页；施天涛：《商法学》（第4版），法律出版社2010年版，第47～77页。

⑦ 《深圳经济特区商事条例》第5条。

⑧ 王保树：《商法总论》，清华大学出版社2007年版，第103页。

⑨ 《深圳经济特区商事条例》第8条。

提出申请,由商事登记机关将商事主体的设立、变更或者注销事项登记于商事登记簿予以公示的行为。”⑩

综上,本文语境下的商事登记拟采狭义的定义,其包含三个特征:一是商事登记是商人资格取得、商人资格变更和商人资格终止的法律行为;二是商事登记是要式法律行为,需依照商事登记法规定的登记事项和程序向法定的主管机关为之;三是商事登记是私法行为与公法行为的结合。⑪

2. 分类

有学者认为,“商事登记依不同分类标准可以分为不同种类。依商人类别为标准,商事登记可以分为商法人登记(公司等企业法人登记)、商合伙登记(合伙企业登记)、商个人登记(包括个人独资企业登记和城乡个体工商户登记)。依商业组织和个体经营为区分标准,可以分为商业组织即企业登记(包括公司登记、合伙企业登记、国有企业登记、集体企业登记、个人独资企业登记、外商投资企业登记)与个体工商户登记。依商事登记对商人存续的影响分类,商事登记可以分为设立登记、变更登记和注销登记”。⑫

根据《商事条例》的相关规定,“商事登记分为有限责任商人的登记和无限责任商人的登记”。⑬ 同时,从其规定可以看出设立登记、变更登记和注销登记的分类。

又根据《登记规定》的相关规定,可以看出其也采取设立登记、变更登记和注销登记的分类。

综上,本文语境下商事登记的分类,遵从国内商法学界基于商事登记对商人存续影响的权威分类。

二、现行法律的规定

基于前述商事主体、商事登记的定义和分类,这里主要撷取商事主体的典型代表,即企业法人、公司、合伙企业和个人独资企业,以我国现行法律规定为蓝本,研究其法定的登记事项。

(一)《企业法人登记管理条例》及其实施细则

1. 之于一般企业

根据《企业法人登记管理条例》(以下简称《条例》)的相关规定,“企业法人登记注册的主要事项:企业法人名称、住所、经营场所、法定代表人、经济性质、经营范围、经营方式、注册资金、从业人数、经营期限、分支机构”。⑭

又根据《企业法人登记管理条例施行细则》(以下简称《细则》)的相关规定,“企业法人登记注册的主要事项按照《条例》第 9 条规定办理。营业登记的主要事项有:名称、地址、负责

---

⑩ 《深圳经济特区商事登记若干规定》第 3 条。
⑪ 王保树:《商法总论》,清华大学出版社 2007 年版,第 103 ~ 104 页。
⑫ 王保树:《商法总论》,清华大学出版社 2007 年版,第 104 ~ 105 页。
⑬ 《深圳经济特区商事条例》第 8 条。
⑭ 《企业法人登记管理条例》第 9 条。

人、经营范围、经营方式、经济性质、隶属关系、资金数额”。[15]

不难发现,《细则》在《条例》的基础上,对于“登记注册”与“营业登记”进行了区分,需要登记的事项也存在差别,参见表1:

表1 《条例》与《细则》规定登记事项的差别

《条例》	《细则》
企业法人名称	名称
住所	地址
经营场所	
法定代表人	负责人
注册资金	资金数额
从业人数	—
经营期限	—
分支机构	隶属关系

但是,“登记注册”与“营业登记”的联系与区别是什么,相对应登记事项之间的联系与区别又是什么;分支机构“登记注册”的具体事项包括什么,是否存在“营业登记”,存在的话具体事项又是什么,现行法似乎语焉不详。

2. 之于外商投资企业

针对外商投资企业,《细则》进一步规定,“外商投资企业登记注册的主要事项有:名称、住所、经营范围、投资总额、注册资本、企业类型、法定代表人、营业期限、分支机构、有限责任公司股东或者股份有限公司发起人的姓名或者名称”[16]“外商投资企业设立的分支机构登记注册的主要事项有:名称、营业场所、负责人、经营范围、隶属企业”[17]“外商投资企业设立的办事机构登记注册的主要事项有:名称、地址、负责人、业务范围、期限、隶属企业”。[18]

但是,外商投资企业是否和一般企业一样存在“登记注册”与“营业登记”的区别;外商投资企业分支机构或者办事机构的相关规定对于一般企业是否适用,现行法依然语焉不详。

(二)《公司登记管理条例》

1. 之于一般公司

根据《公司登记管理条例》(以下简称《公司条例》)的相关规定,“公司的登记事项包括:(1)名称;(2)住所;(3)法定代表人姓名;(4)注册资本;(5)实收资本;(6)公司类型;(7)经营范围;(8)营业期限;(9)有限责任公司股东或者股份有限公司发起人的姓名或者名称,以及认缴和实缴的出资额、出资时间、出资方式”。[19]

---

[15] 《企业法人登记管理条例实施细则》第19条。
[16] 《企业法人登记管理条例实施细则》第20条。
[17] 《企业法人登记管理条例实施细则》第21条。
[18] 《企业法人登记管理条例实施细则》第22条。
[19] 《公司登记管理条例》第9条。

公司是企业法人最典型的代表，且《公司条例》在《条例》之后出台，根据特殊法优于一般法，新法优于旧法的法理，《公司条例》对于公司登记事项的规定应当优先适用，但是其没有规定的，是否可以适用《条例》的一般规定；公司是否和一般企业一样存在"登记注册"与"营业登记"的区别，现行法同样语焉不详。

2. 之于分公司

针对分公司，《公司条例》进一步规定，"分公司的登记事项包括：名称、营业场所、负责人、经营范围"。[20]

与前面的问题类似，《公司条例》就分公司登记没有规定的内容，是否可以适用《条例》的一般规定以及针对外商投资企业分支机构或者办事机构的特别规定；分公司是否也存在"登记注册"与"营业登记"的区别，现行法仍然语焉不详。

(三)《合伙企业登记管理办法》

1. 之于一般合伙企业

根据《合伙企业登记管理办法》(以下简称《合伙办法》)的相关规定，"合伙企业的登记事项应当包括：(一)名称；(二)主要经营场所；(三)执行事务合伙人；(四)经营范围；(五)合伙企业类型；(六)合伙人姓名或者名称及住所、承担责任方式、认缴或者实际缴付的出资数额、缴付期限、出资方式和评估方式。合伙协议约定合伙期限的，登记事项还应当包括合伙期限。执行事务合伙人是法人或者其他组织的，登记事项还应当包括法人或者其他组织委派的代表"。[21]

合伙企业没有法人资格，自然不适用《条例》的一般规定，但其是否也存在"登记注册"与"营业登记"的区别；进言之，其登记的性质、效果如何认定，现行法还是语焉不详。

2. 之于合伙企业的分支机构

针对合伙企业的分支机构，《合伙办法》进一步规定，"分支机构的登记事项包括：分支机构的名称、经营场所、经营范围、分支机构负责人的姓名及住所。分支机构的经营范围不得超出合伙企业的经营范围。合伙企业有合伙期限的，分支机构的登记事项还应当包括经营期限。分支机构的经营期限不得超过合伙企业的合伙期限"。[22]

与之前的问题类似，合伙企业的分支机构否也存在"登记注册"与"营业登记"的区别；其登记的性质、效果又如何认定，现行法再次语焉不详。

(四)《个人独资企业登记管理办法》

1. 之于一般个人独资企业

根据《个人独资企业登记管理办法》(以下简称《个人办法》)的相关规定，"个人独资企业的登记事项应当包括：企业名称、企业住所、投资人姓名和居所、出资额和出资方式、经营范围

---

[20] 《公司登记管理条例》第17条。
[21] 《合伙企业登记管理办法》第6条。
[22] 《合伙企业登记管理办法》第26条。

及方式”。[23]

又根据《个人独资企业法》的相关规定,“本法所称个人独资企业,是指依照本法在中国境内设立,由一个自然人投资,财产为投资人个人所有,投资人以其个人财产对企业债务承担无限责任的经营实体”。[24] 个人独资企业也没有法人资格,存在与前述合伙企业类似的问题,不赘述。

2. 之于个人独资企业的分支机构

针对个人独资企业的分支机构,《个人办法》进一步规定,“分支机构的登记事项应当包括:分支机构的名称、经营场所、负责人姓名和居所、经营范围及方式”。同样地,存在与前述合伙企业分支机构类似的问题,亦不赘述。

(五)小　结

通过对现行法律规定的梳理,不难发现“登记注册”与“营业登记”之间的关系、性质和效果亟待明确规定。笔者认为,妥善解决上述问题,需要借助两个概念:一是营业,它有时是指商人的营利活动,也有时是指商人为实现一定的营利目的而运用全部财产的组织体。前者称为主观意义的营业,又称为活动的营业;后者称为客观意义的营业,又称为组织的营业。[25] 二是营业能力,是指从事营业活动的能力:是营业上的能力,不是一般的民事能力,而是为了一定的营利目的,采用一定的营业形式,运用有组织财产的进行商业活动的能力;必须公示,为了保证商事交易的安全,商事法律、法规对其实行公示主义原则,即采取民法主体规则所必须采用的登记公示的做法。[26]

综上,我国现行法律规定的“登记注册”,可能指的是商事主体资格的登记,其核心价值就是表彰商事主体的存在;而“营业登记”可能指的营业能力的登记。根据营业自由的原则和我国工商管理的实际,大部分“登记注册”和“营业登记”是同时完成的,表现为企业法人营业执照或者营业执照的取得,即登记申请人同时商事主体资格和营业能力。但也有例外,特殊行业(比如金融、食品、医药等)的“营业登记”需要相关行政管理部门的前置审批;另商事主体的分支机构或者办事机构由于不具备商事主体的资格,不需要进行“登记注册”,但可能需要“营业登记”。

三、登记事项的归纳

基于对现行法律规定的梳理,在类型化有法人资格的商事主体和不具有法人资格的商事主体,但在不区分“登记注册”与“营业登记”(统称为登记)、“分支机构”和“办事机构”(统称为分支机构)的基础上,笔者对商事主体及其分支机构法定的一般登记事项归纳如下,参见表2。

---

[23] 《个人独资企业登记管理办法》第8条。
[24] 《个人独资企业法》第2条。
[25] 王保树:《商法总论》,清华大学出版社2007年版,第183~184页。
[26] 王保树:《商法总论》,清华大学出版社2007年版,第92~93页。

表 2　商事主体及其分支机构法定的一般登记事项

商事主体(法人)	商事主体(非法人)	分支机构
名称(商号)	名称(商号)	名称
类型	类型	类型
住所(营业场所)	营业场所	营业场所
法定代表人	负责人(执行人)	负责人(执行人)
经营范围	经营范围	经营范围
经营期限	经营期限	经营期限
分支机构	分支机构	隶属关系
责任财产	责任财产	
承担责任的方式	承担责任的方式	

有学者认为,“商事登记制度存在的意义在于它有其特有的功能。商事登记效力的发生,在一定意义上也可被认为是其功能的一部分。此外,以下的功能是值得关注的:一是保护商人的权益;二是保护第三人的利益;三是保护社会公益”。[27]

也有学者将商事登记的功能归纳为三个方面:一是保存了传递商事主体的营业信息,昭示其商业信用;二是保护商事主体的交易安全和社会公众的合法权益;三是商事登记是国家对商事主体进行监管的有效手段。[28]

基于学者的观点和表 2 的归纳,笔者认为,依据登记事项相对特定的功能,商事主体及其分支机构法定的一般登记事项可以细分为以下三类:

(一)影响确定性的登记事项

确定性可被定义为毫无误差的完美知识或者没有疑惑的精神状态。具体到商事主体及其分支机构法定的一般登记事项领域,体现为对于商事主体及其分支机构名称(商号)、住所(营业所)和类型真实性、稳定性和相对独立性的要求。

1. 名称(商号)、住所(营业场所)

名称(商号)是商事主体及其分支机构在营业上表示自己的文字,由两个以上的字组成。名称(商号)是商事主体及其分支机构使用的文字,为营业上所使用,为表现自己区别其他商事主体及其分支机构而设。[29]

在程序法领域,名称(商号)、住所(营业所)是管辖、文书送达和准据法等一系列问题确定的重要依据在实体法领域,根据《民法通则》的相关规定,“法人以它的主要办事机构所在

㉗ 王保树:《商法总论》,清华大学出版社 2007 年版,第 110 ~ 111 页。

㉘ 郭富青:《论商事登记制度的若干法律问题——兼论我国商事登记的改革与完善》,载《甘肃政法学院学报》2002 年第 6 期,第 31 ~ 32 页。

㉙ 王保树:《商法总论》,清华大学出版社 2007 年版,第 169 页。

地为住所”，[30]对于商法人来说，虽然经营场所与住所的法律意义有所不同，但现实生活中，其的住所和经营场所往往是同一地点。在此情况下既登记企业的住所又登记企业的经营场所的意义显然不大；如果两者在现实中发生了分离，情况则有所不同，因为住所只是企业法人的主要办事机构所在地，而经营场所才是企业法人进行生产、经营或提供服务的场所，其基本条件，经营场所的状况能真实反映企业的经营规模、经济实力等诸多情况，因此，经营场所应当与住所分开登记。对于商合伙和商个人，由于其没有如法人那样的法律上的独立人格，对这些主体的登记事项中并不存在住所这一项。因此，经营场所便成为确定主体的重要因素，在这种情况下主体的经营状况等相关信息都能够在经营场所中得到更直接、更充分的反映。

2. 类型

商事主体的类型包括商法人、商合伙和商个人，不仅关系到商事主体的确定性，而且关系到商事主体如何对外为意思表示，如何进行商事交易，以及具体交易中是否有能力维持和保证交易的安全顺利进行。另外，商事主体分支机构的类型也由商事主体的类型决定。

商事主体类型的确定，进一步影响责任财产的有无、类型、数量和移转方式，影响承担责任的方式，有限责任或者无限（连带）责任。

（二）影响外在代表性的登记事项

外在代表性，是外观主义原则的具体要求，是指在商事交易活动中，以交易当事人行为的外观作为其行为是否有效的标准。当事人行为时的客观事实和意思表示是否具有真实性则不被作为判断商事行为效力的依据。具体到商事主体及其分支机构法定的一般登记事项领域，体现为商事主体对于其法定代表人、负责人（执行人）和分支机构表见行为的外观责任。

1. 法定代表人

根据《民法通则》的相关规定，“依照法律或者法人组织章程规定，代表法人行使职权的负责人，是法人的法定代表人”。[31] 又根据《条例》的相关规定，“登记主管机关核准登记注册的企业法人的法定代表人是代表企业行使职权的签字人”。由于法定代表人是根据法律或章程的规定而直接产生的，不需要特别的委托授权就能够以法人的名义对内负责法人的生产经营或业务管理，对外代表法人进行民商事活动。因此，对于交易相对方来说获知企业法定代表人的有关信息对于保障交易过程中的效率及安全十分重要。

2. 负责人（执行人）

非法人商事主体由于没有法定代表人，因而需要确定与其主体类型相适应的负责人（执行人）对外为商事行为。

根据《合伙企业法》的相关规定，结合《合伙办法》中的“合伙事务执行人”登记事项的规定不难发现，法律允许合伙事务执行人可以多于一人，那么在合伙事务执行人是多人的情况之下，合伙事务执行权是同等地为每个合伙事务执行人享有还是为所有合伙事务执行人共同享有？如果是前者，那么每个合伙事务执行人都有权独立地对外代表合伙企业执行事务；如

---

[30] 《民法通则》第39条。
[31] 《民法通则》第38条。

果是后者，那么合伙事务的执行必须经过全体合伙事务执行人的同意，而单独的一个合伙事务执行人无权代表合伙企业为民商事行为。这一点决定了相对方与合伙企业进行商事交易的方式。因此，这一点应该在登记“合伙事务执行人”时予以明确。

3. 分支机构(隶属关系)

分支机构又可以细分为商法人的分支机构、商合伙和商个人的分支机构：

商法人的分支机构，是指由企业法人或者公司设立的，能够以自己名义直接对外从事经营活动的、不具有法人资格，民商事责任由其隶属的企业或者公司承担的经济组织。[32]《条例》明确规定要对企业法人的分支机构进行登记，《公司条例》设专章对分公司的登记进行规定。

商合伙和商个人的分支机构与商法人的分支机构类似，最大的区别在于设立分支机构的商事主体本身也没有独立的法人资格，因此相关民商事责任可能要溯及设立该商事主体的投资人。《合伙办法》专门规定了其分支机构的登记事宜，《个人办法》也有类似的规定。

分支机构(隶属关系)的登记，对相对人在交易中了解和掌握商事主体及其分支机构之间的内在关联、明确分支机构在交易过程中的相对独立性和相关民商事责任的承担，从而对保证交易的安全、效率具有重要意义。

(三)影响具体交易相对方选择的登记事项

商事主体及其分支机构的交易相对方会根据登记公示的经营范围、经营期限和责任财产，选择具体的商事主体及其分支机构进行特定的商事交易。以下登记事项对于商事主体及其分支机构的交易相对方的商业判断和相关商事交易的达成至关重要。

1. 经营范围

经营范围，对其性质的争论由来已久，尤其是在法人的经营范围究竟是对法人权利能力的限制还是行为能力的限制这一点上。我国法律并没有对经营范围的性质做出明确规定，只是在法律法规中规定企业法人应该在核准登记注册的经营范围内从事经营活动。

在学理上，对于经营范围的性质问题主要有四种学说：权利能力限制说、行为能力限制说、代表权限制说、内部责任说。在我国，最有争议的是权利能力限制说和行为能力限制说。对于经营范围是对商事主体权利能力的限制还是对商事主体行为能力的限制的不同认定，会极大地影响交易的效率和安全。如果将法人的经营范围界定为对法人权利能力的限制，则超越经营范围的交易所带来的权利义务法人根本没有资格享有或承担，因此该行为无效。而相对人付出巨大的成本换来的交易，动辄无效，由此造成的巨大损害法人并不负责，而是由财产能力与法人有天壤之别的法人执行业务人负责。这不仅使社会经济关系经常处于不稳定状态，亦使交易当事人时有血本无归之虞。如果将经营范围认定为对法人行为能力的限制，那么超越经营权限的行为并不当然地被认为是无效的。此时法人对权利义务的享有或承担资格是不存在瑕疵的，而只是它是否真的能通过这种超越经营范围的行为享有权利或承担义务存在行为能力上的瑕疵，但是行为能力上的瑕疵是可能通过其他方式补正的，这就使交易安全得到了保障，也为法人在交易机会稍纵即逝的市场上灵活应变以谋求更大的发展空间提供

[32] 崔建远等：《民法总论》，清华大学出版社2010年版，第178页。

途径和保障。[33]

事实上，权利能力限制说的弊端也越来越被立法和学界所认识，行为能力限制说也日渐得到越来越多的承认。最明显的就是最高人民法院《关于适用〈中华人民共和国合同法〉若干问题的解释（一）》规定，“当事人超越经营范围订立的合同，人民法院并不因此认定合同无效”。[34]

2. 经营期限

现行法律上对于商事主体的经营期限基本没有限制，主要是根据经营人本身的目的，由经营人自主决定，原则上经营期限并不是所有商事主体都必须具备的登记事项。但需要注意的是，根据《细则》规定，“超出经营期限从事经营活动的，视为无照经营，按照本条第一项规定处理”[35]，即有可能被“责令终止经营活动，没收非法所得，处以非法所得额3倍以下的罚款，但最高不超过3万元，没有非法所得的，处以1万元以下的罚款”。[36] 另《合伙办法》规定，“合伙企业有合伙期限的，分支机构的登记事项还应当包括经营期限。分支机构的经营期限不得超过合伙企业的合伙期限”。[37] 因此，就产生了一个经营期限已经超过但未续展的情况下交易相对人的保护问题，对于善意第三人，通过外观主义和诚实信用原则加以保护，即未经登记或者存在瑕疵的经营期限不能对抗善意第三人，并且对该第三人的损失应给予相应赔偿，此亦为登记事项公示公信原则的要求。

3. 责任财产

责任财产，不仅是影响商事主体确定性的登记事项，也是影响具体交易相对方选择的登记事项。在商法人的维度，是指其注册资本、实收资本、认缴的出资额、出资时间和出资方式等，出资人以其认缴的出资额对商事主体的债务承担有限责任。注册资本（认缴资本、实收资本等）以及出资状况（出资人信息、认缴及实缴出资额、出资时间、方式等）等资信状况会极大地影响到商事主体的经营规模、偿债能力以及信誉等，而这些对于相对人的交易选择和安全是至关重要的。在商合伙和商个人的维度，由于没有注册资本的概念，则指出资人认缴或者实际缴付的出资数额、缴付期限、出资方式和评估方式，当然出资人大多（有限合伙人例外）以其个人财产对商事主体的债务承担无限责任。

四、必要登记事项的探讨

文章原来的题目是“商事主体登记中的必要登记事项问题研究”，之所以将“必要”从题目中删去，是因为我国无论是理论界还是实务领域，对“必要登记事项”都很少涉及，有必要借助国外先进立法例和相关学说进一步探讨。

---

[33] 温世扬、何平：《法人目的事业范围限制与“表见代表”规则》，载《法学研究》1999年第5期。
[34] 《关于适用〈中华人民共和国合同法〉若干问题的解释（一）》第10条。
[35] 《企业法人登记管理条例实施细则》第63条第2款第3项。
[36] 《企业法人登记管理条例实施细则》第63条第2款第1项。
[37] 《合伙企业登记管理条例》第26条。

（一）比较法的视角

1. 德　国

对于登记事项的性质我国法律没有像德国那样明确区分“必须登记的事项”和“可以登记的事项”。按照《德国商法典》的相关规定，开始经营的基本商事业务、商号、企业地址及其变更、分支机构的开设、商号或其所有人的变更、特别商事代理权的授予和撤销等事项均必须进行登记；而自由商人所履行的登记就属于可登记事项。[38]

在德国商法理论中，商事登记是对商事经营中重要的，或与经营之开展有着直接关系的事项的记载。登记内容的范围在法律上受到某种程度的限定。对于经营者来说，并不是有关他的所有事项都必须登记，与商事经营无关的事项不必登记。在法律上具有意义和效力的、需要登记的事项与商事交易有着直接联系的重要事项，这些事项被称为“具登记能力事项”。[39]

2. 日　本

关于“登记事项”，日本商法及公司法的立法宗旨十分明确，主要在不损害自身利益的前提下，应将可能给交易对方带来影响的交易上的重要事项作为登记事项；通常指交易上重要且具有法律意义的事项，主要为“责任关系”事项。由于日本制定了新《公司法》，登记事项主要包括商人基本登记事项及个人商人相关的事项，前者如商号及经理相关事项，后者如未成年人或监护人经营营业的事实等。[40]

日本学界通常将登记事项作出两种分类：一是根据登记的强制与否分为绝对性登记事项与相对性登记事项，商法上所规定的登记事项基本为前者，但个人商人的商号登记为后者；二是根据登记的效果分为创设性登记事项及免责性登记事项，前者可以创设实施及法律关系，如经理的选任等，后者则可以使当事人免责，如经理的解任等。[41]

3. 其他国家和地区

法国和我国澳门地区商事立法的规定与德国和日本的相关立法例和学说不同，相对原则、抽象。

《法国商法典》第四编“商业注册”第 47 ~ 70 条本来也有相关规定，但是，第 47 ~ 65 条、第 68 条和第 70 条已被 1984 年 5 月 30 日第 84 ~ 406 号法令所废除。第 66 条、第 67 条和第 69 条已被 1953 年 8 月 9 日第 53 ~ 705 号法令所废除。[42]

《澳门商法典》第四编“登记”第 61 条规定，“商业登记之目的系将商业企业主及企业之法律状况公开，以保障受法律保护之交易安全”，第 62 条第 1 款规定，“与商业企业主及企业有关之行为，须按法律规定予以登记公布”。[43]

---

[38] 《德国商法典》，杜景林、卢谌译，法律出版社 2010 年版，第 8 ~ 16 页；［德］C. W. 卡纳里斯：《德国商法》，杨继译，法律出版社 2006 年版，第 2 章相关内容；范建：《德国商法：传统框架与新规则》，法律出版社 2003 年版，第 3 章相关内容。

[39] 《德国商法典》，杜景林、卢谌译，法律出版社 2010 年版，第 8 ~ 16 页；［德］C. W. 卡纳里斯：《德国商法》，杨继译，法律出版社 2006 年版，第 2 章相关内容；范建：《德国商法：传统框架与新规则》，法律出版社 2003 年版，第 3 章相关内容。

[40] 《日本最新商法典译注》，刘成杰译注、柳经纬审校，中国政法大学出版社 2012 年版，第 21 页。

[41] 《日本最新商法典译注》，刘成杰译注、柳经纬审校，中国政法大学出版社 2012 年版，第 22 页。

[42] 《法国商法典》，金邦贵译，中国法制出版社 2000 年版，第 27 ~ 28 页。

[43] 《澳门商法典》，澳门特别行政区立法会 2003 年版，第 35 ~ 36 页。

(二)效力性规范与取缔性规范的引入

笔者认为,类比德国商法的“必须登记的事项”和“可以登记的事项”以及日本商法的“绝对性登记事项”和“相对性登记事项”,对我国商事主体登记中必要登记事项的探讨,可以引入效力性规范与取缔性规范的理论,即考量我国现行法律规定登记事项的条款是效力性规范,还是取缔性规范,进而研判上述登记事项缺失或者存在瑕疵时,商事登记的效力。

1. 两种规范的概述

效力性规范是指不仅要取缔违反之行为,对违反者加以制裁,而且对其行为在私法上的效力也加以否定,拘束的是行为的标的,体现的是法律对于私行为标的的评价。[44]

取缔性规范是指取缔违反之行为,对违反者加以制裁,以禁遏其行为,并不否认其行为在私法上的效力,其仅是拘束的是行为本身或者说行为的手段。

有学者认为“前者着重违反行为之法律行为价值,以否认其法律效力为目的;后者着重违反行为之事实行为价值,以禁止其行为为目的”。[45] 所以,违反效力性的强制规范,法律行为方为无效。违反取缔性的强制规范,法律行为的效力一般不受其影响。[46]

2. 两种规范的区分标准

有学者提出可以采取如下标准来区分取缔性规范和效力性规范:(1)法律法规明确规定违反禁止性规定将导致法律行为无效或不成立的,该规定属于效力规范;(2)法律法规虽没有明确规定违反禁止性规定将导致法律行为无效或不成立,但违反该规定以后若使法律行为继续有效,将损害国家利益[47]和社会公共利益,[48]也应当认为该规范属于效力规范;(3)法律法规虽没有明确规定违反禁止性规定将导致法律行为无效或不成立,但违反该规定以后若使法律行为继续有效并不损害国家利益和社会公共利益,而只是损害当事人的利益,在此情况下该规范就不应属于效力规范,而是取缔规范。[49] 一般来说,只有违反了效力性规范的法律行为才可能无效,而违反了取缔性规范,可以由有关机关对当事人实施相应的处罚,但不一定会导致法律行为无效。

---

[44] 史尚宽:《民法总论》,中国政法大学出版社 2000 年版,第 330 页。

[45] 史尚宽:《民法总论》,中国政法大学出版社 2000 年版,第 330 页。

[46] 史尚宽:《民法总论》,中国政法大学出版社 2000 年版,第 330 ~ 331 页;王泽鉴:《民法总则》,中国政法大学出版社 2000 年版,第 302 页。

[47] 国家利益就是满足或能够满足国家以生存发展为基础的各方面需要并且对国家在整体上具有好处的事物。关于国家利益的概念辨析,中西方学者乃至不同派系的认知都不尽相同。现实主义代表摩根索曾对国家利益的概念提出明确的定义,他说,国家利益应当包括三个重要的方面:领土完整、国家主权和文化完整。他认为,在这三个方面中,最本质的问题就是一个国家的生存问题,其余方面都是次要的问题。结构现实主义学派代表人华尔滋以简约的模式来分析体系结构从而得出结论:生存是国家唯一的利益。新自由主义学派代表人物基欧汉主张三种国家利益:生存、独立、经济财富。而建构主义学派代表人温特又在其后加了第四种利益——集体自尊。崔建远教授认为:合同法上所说的国家利益,不应当理解为包括国有企业、国家控股、参股公司的利益。国家的财产授权给某个国有企业进行经营时,这个国有企业就是普通的市场主体。

[48] 公序良俗原则是学者根据世界范围内的普遍立法用语而对中国现行的民法原则规定进行概括而得的,中国现行法因受苏联民事立法及民事理论的影响,未使用公序良俗等字样,而以“社会公共利益”“社会公德”来表达出同样的精神,“社会公共利益”在内涵与作用方面同“公共秩序”相当;“社会公德”则与“善良风俗”相当。日本学者我妻荣运用判例综合研究法,将违反公序良俗行为归纳为以下 7 种类型:(1)违反人伦的行为;(2)违法正义观念的行为;(3)利用他人窘迫、无经验获取不当利益的行为;(4)极度限制个人自由的行为;(5)限制营业自由的行为;(6)处分生存基础财产的行为;(7)显著的射幸行为(此即著名的“我妻类型”)。我国学者从了学理上概括违反公序良俗的类型有:(1)危害国家公共秩序类型;(2)危害家庭关系类型;(3)违反性道德行为类型;(4)射幸行为类型;(5)违反人权和人格尊严类型;(6)限制经济自由的行为类型;(7)违反公平竞争行为类型;(8)违反消费者保护的行为类型;(9)违反劳动者保护的行为类型;(10)暴力行为类型。

[49] 王利明:《合同法新问题研究》,中国社会科学出版社 2003 年版,第 321 ~ 322 页。

3. 小　结

将效力性规范与取缔性规范概述的理论具体运用到商事登记事项领域，结合文章第三部分对登记事项的归纳，类型化分析如下：(1)如果上述登记事项缺失且登记申请人在法定期限内无法补全，可能导致登记机关不予登记，即商事登记不成立或者不生效，此种情形下，关于登记事项的规定是效力性规定；(2)如果上述登记事项存在瑕疵，如虚假、遗漏和存在重大疑义等，可能导致登记机关警告、罚款、没收非法所得、停业整顿、扣缴《营业执照》的处罚，但商事登记本身并不因此无效，此种情形似乎应将关于登记事项的规定认定为取缔性规定；(3)如果(2)的情形可能导致登记机关吊销商事主体《营业执照》的处罚，即导致商事登记本身无效或者被撤销，那么此时关于登记事项的规定则是效力性规范。根据上述类型化分析，同时借鉴比较法上的经验，笔者认为，名称(商号)、类型和责任财产属于必要登记事项，其形式或者内容的瑕疵可能导致商事登记不成立或者不生效；而住所(营业场所)、法定代表人、负责人(执行人)、分支机构(隶属关系)、经营期限和经营范围属于一般登记事项，其形式或者内容的瑕疵可能会导致商事主体受到相关主管部门的处罚，但一般不会影响商事主体本身登记的效力。

五、实践中的困境与出路

2012年6月，国家工商行政管理总局针对商事登记组织了专项调研，总结出工商登记实践中有关“商事主体登记事项”的5个法律问题：(1)主体登记中取消经营范围事项；(2)具体审批事项与主体登记的前后关系；(3)取消实缴注册资本金的登记；(4)关于住所登记；(5)关于名称登记。[50] 因此，笔者希望，本文前述就相关概念的厘清、现行法律规定的梳理、登记事项的归纳和必要登记事项的探讨，或多或少可以为上述5个法律问题的解决提供一些建设性的思路和建议。

(一)之于问题一

就问题一“主体登记中取消经营范围事项”，文章第三(三)部分就“经营范围”的论述可资借鉴，关键在于明确经营范围的性质是对于商事主体权利能力的限制还是行为能力的限制，如果是前者，相关规定属于前述的效力性规范，笔者认为不能取消，否则可能导致商事登记行为本身无效；即使属于后者，鉴于商事登记保护社会公益的功能，即其可以为政府实施宏观管理提供基础信息，[51]同时也是财政、税收、产业和科技政策制定、实施的重要参考依据，也不宜完全取消，至少应该登记商事主体的主营范围。商事主体的主营业务判断的标准可参考某项业务收入、利润占其全部营业收入和营业利润的比重，同时结合其名称、雇佣人员和日常生产经营行为等信息确定。

---

[50] 国家工商行政管理总局商事登记课题组：《常州调研报告》，课题组内部参考资料(未出版)，第10页。
[51] 王保树：《商法总论》，清华大学出版社2007年版，第111页。

(二)之于问题二

就问题二"具体审批事项与主体登记的前后关系",与文章第二部分提出的"登记注册"与"营业登记"的联系与区别之问题息息相关。笔者认为,对于前置许可审查中的矛盾,在前置许可制度仍然存在的现状下,对于多项经营范围,部分需要前置许可的,实践中可以通过首先设立无须前置许可的公司,公司成立后以该公司的名义申请前置许可。对于全部经营范围均需取得前置许可的,可以通过设立"项目筹建"为经营范围的变通登记办法,先行成立公司,再在以公司的名义申请前置许可,获得前置许可后变更经营范围。[52]

(三)之于问题三

就问题三"取消实缴注册资本金的登记",实践中还存在设立阶段缴资立法要求和实践实现之间的矛盾,即股东出资实物的所有权转移将不可能实现,知识产权、土地使用权的出资均存在类似情况。文章第三(三)部分就"责任财产"的论述可资借鉴,关键是确定商事主体及其出资人承担责任的财产和方式,且商合伙和商个人项下还没有注册资本金的概念。对于商法人,有学者甚至提出用授权资本制[53]代替法定资本制以解决上述问题。[54] 当然,同样不能忽视当前我国许多资格许可都与注册资本相衔接,因此必须在全国内采取一致的改革并由政府支持与其他部门综合协调进行,否则,可能会给商事主体带来很大的问题。[55]

(四)之于问题四和问题五

就问题四"关于住所登记"和问题五"关于名称登记",文章第三(一)部分就"名称(商号)、住所(营业场所)"的论述可资借鉴。就名称(商号)只要不违反国家强制性法律的规定,不予其他主体在先取得的合法权益发生冲突,可以给商事主体一些自由度,但是法定特殊商事主体名称(商号)的预核准制度仍需要适用。就住所(营业场所),商法人的住所与营业场合一时,登记一个即可,但须注明合一的情况;如果二者所发生分离,且对于商法人的商行为而言都为重要,则应该分开登记。商合伙和商个人没有住所,其营业场所是必要登记事项。

---

[52] 宋海洋:《论公司设立阶段的主体地位———兼论商事主体登记与营业登记的区分》,载《中国工商管理研究》2009 年第 1 期,第 69 页。

[53] 公司设立时,公司章程中确定资本总额(股份总数),但并不要求在公司设立时全部发行,发行人只要全部认购已发行的资本并缴付,公司即可成立;未发行的股份授权董事会在公司成立后根据需要随时发行并募足。

[54] 宋海洋:《论公司设立阶段的主体地位———兼论商事主体登记与营业登记的区分》,载《中国工商管理研究》2009 年第 1 期,第 69 页。

[55] 国家工商行政管理总局商事登记课题组:《常州调研报告》,课题组内部参考资料(未出版),第 12 页。

员工持股计划的法律制度研究
——兼评《关于上市公司实施员工持股计划试点的指导意见》

朱大明* 孙 慧**

一、序言

员工持股计划(Employee Stock Ownership Plan,ESOP),是一种使员工成为本公司的股票拥有者的员工受益机制。① 其主要内容是股份公司根据员工的意愿,在公司内部或者外部设立员工股管理机构,通过合法方式(包括有偿或无偿)使员工获得本公司股票并长期持有,按约定分配给员工股份权益,并以此为基础让员工参与公司治理的制度安排。作为公司鼓励其员工持有本公司股票的一种有效方式,员工持股计划在境外成熟市场相当普遍。上市公司实施员工持股计划,有利于建立和完善劳动者与所有者的利益共享机制,改善公司治理水平,提高员工凝聚力和公司竞争力。②

虽然,现代意义上的员工持股早在20世纪80年代初期就随着我国经济体制改革和公司产权结构调整初见端倪。③ 但是,受到法律、政策、国情等诸多因素的制约,我国员工持股计划具有自发性和试点性的特点,并没有统一的制度规范。④ 2014年6月20日证监会发布《关于上市公司实施员工持股计划试点的指导意见》(以下简称《指导意见》),明确了上市公司员工持股计划的基本原则、主要内容、实施程序、信息披露、审批和监管,使上市公司员工持股计划的管理更加规范化,是提高上市公司治理结构、深化发展多层次资本市场的重要措施。自《指导意见》发布以来,上市公司员工持股计划也如雨后春笋般涌现,员工持股计划激励方式创新迭出,受到了社会的广泛关注。不仅有利于提高员工自身福利的,还能提高员工的生产积极性从而提高生产效率,这对公司经济利益和社会经济的发展具有重要的现实意义。

本文旨在对我国员工持股计划相关的法律制度进行梳理,并对近年来在我国大力推行员

---

* 北京大学国际法学院副教授,硕士生导师。

** 北京大学国际法学院硕士研究生。

① 杨欢亮、王来武:《中国员工持股制度研究》,北京大学出版社2005年版,第90页。

② 请参见证监会于2014年6月颁布的《〈关于上市公司实施员工持股计划试点的指导意见〉的起草说明》。

③ 谢俊英、吕中行:《职工持股法律制度的若干问题研究》,载《经济与管理》2005年第19期,第73页。

④ 王志成:《"中国职工持股研究"评释》,载《比较法研究》1999年第3期,第411页。

工持股计划的背景下我国员工持股计划的实践情况进行总结，同时，通过考察美国与日本的相关法制度，指出我国员工持股计划相关法制度中存在的不足，并提出修改的建议。

二、员工持股计划的起源

（一）员工持股计划的概念

美国自20世纪70年代开始发展员工持股计划，是世界上最早发展员工持股计划的国家，[⑤]其实践和理论都相对成熟，值得我国借鉴。根据美国证券交易委员会（Securities and Exchange Commission，SEC）的定义，员工持股计划是公司通过向职工提供股票或提供购买本公司股票的资金，从而使员工受益的员工退休机制或受益计划。[⑥] 国内对员工持股制度的表述很多，但总体上大同小异。通过总结学者观点、法律法规中关于员工持股的含义的描述，笔者认为员工持股计划是指在公司内部或者外部设立员工股管理机构，公司根据员工意愿，通过合法方式（包括有偿或无偿）使员工获得本公司股票并长期持有，按约定分配给员工股份权益，并以此为基础让员工参与公司治理的制度安排。

（二）员工持股计划的理论基础

早在一百多年前，法国空想社会主义学者傅立叶就提出了按劳、资分配的新模式。[⑦] 其所构想的劳动组织中建立的股份公司可以由员工持有其股票，员工具有劳动者和所有者双重身份参与管理，参与公司剩余财产分配，已经接近于现代的员工持股制。[⑧] 现代意义上的员工持股计划的概念是20世纪50年代，由美国律师路易斯·凯尔索（Louis O. Kelso）提出。[⑨] 西方员工持股理论研究大致分为两个阶段：20世纪90年代中期以前，由于工业革命和经济发展造成的悬殊的贫富差带来了一系列社会问题，员工持股计划被作为缓解资本主义经济社会运行中产生社会矛盾的一种制度安排。这一时期的代表性理论有："双因素经济论"[⑩]"分享经济

---

⑤ Joseph Blasi, Michael Conte & Douglas Kruse, *Employee Stock Ownership and Corporate performance among Public Companies*, *Industrial and Labor Relations Review*, 50 Indus. & Lab. Rel. Rev. 60, 60 (1996 - 1997).

⑥ 载美国证券交易委员会网站，http://www.sec.gov/answers/esops.htm，2015年3月14日访问；Willian R. Levin, *The False Promise of worker capitalism: congress and the leverage employee stock ownership plan*, 95 Yale L. J. 148, 148 (1985 - 1986)。

⑦ 丁戎、丁爱华：《社会主义源流述评》，天津社会科学出版社2012年版，第124页。

⑧ 《傅立叶选集》，赵俊欣译，商务印书馆2009年版，第199~219页。

⑨ Robert Hockett, A Jeffersonian Republic by Hamiltonian Means: Values, Constraints and Finance in an Authentic American "Ownership Society", 79 *S. CAL. L. REV.* 45 (2005).

⑩ 作为西方倡导员工持股计划第一人，凯尔索的双因素经济论一直被认为是论述员工持股原因的经典思想，理论上揭示了员工阶层贫困的原因是在一个资本作用日趋重要的社会中由于缺乏资本所有权而不能分享资本收益；实践中，他在保持私有资本所有制的前提下为城工找到一条缓解或摆脱贫困的道路。双因素理论认为，生产要素有两种即资本和劳动力。资本工具必须和劳动工具同等视为一种投入要素，应从单一系统转变为双因素系统。要实现双因素经济，必须采取同时承认员工成为资本工人和劳动工人的权力的经济政策，做到这一点的途径就是员工持股计划，这是一条使劳动工人同时成为资本工人的道路。参见 Louis 0. Kelso & Mortimer J. Adler, *The Capitalist Manifests* 15, (2000)。

论”[11]等。20世纪90年代中期后,经济学家把员工持股当作人力资本产权的实现形式加以研究,[12]这一时期的代表理论有:“人力资本理论”[13]“利益相关者理论”[14]和“劳动力产权理论”[15]等。这些理论的共同特点是都物力资本雇佣劳动的传统公司治理思想已经无法解释社会经济的发展,也不能满足社会现实的需要,应当允许体现人力资本参与公司剩余财产分配。

(三)员工持股计划的制度功能

员工持股计划的终极目标就是实现公平和效率。[16] 良好的实施员工持股计划,不仅有利于提高员工自身福利的,还能提高员工的生产积极性从而提高生产效率,这对公司经济利益和社会经济的发展具有重要的现实意义。

首先,推行员工持股计划具有员工激励作用。员工通过持有本公司的股票,获得了劳动者和所有者双重身份,使公司员工在经济上、法律上参与公司管理、分享剩余利润。员工持股计划,从心理上,增强员工对公司的心理契约,[17]提高了员工的归属感、责任感;从利益上,由此将公司的业绩与员工的利益紧密联系在一起,实现风险共担、利益共享从而提高生产积极性和创造性,进而提高公司绩效激发了公司内部厂长的原动力。这也是公司实施员工持股计划的主要动因。

其次,推行员工持股计划具有提升员工福利、补充社会保障制度的作用。美国在《1974年员工退休收入保障法》(Employee Retirement Income Security Act of 1974)首次确立了员工持股制度,通过将员工持股计划与员工退休计划相结合,以达到增加退休员工收入,提高投资多元性的目的。[18] 对于公司员工来说,最好的投资之一即是投资自己公司股票,因为自己可以

---

⑪ 该理论于1984年由经济学家马丁·魏茨曼(Martin Weitzman)提出。该理论认为分员工的薪酬制度应分为两种模式即工资制度和利润分享制。工资制度指的是公司对员工的报酬是与某种同厂商经营甚至同厂商所做或能做的一切无关的外在的核算单位(如货币或生活费用指数)相联系。利润分享制度则是工人的工资与某种能够恰当反映厂商经营的指数(譬如厂商的收入或利润)相联系。分享制可以使公司通过调整利润分享数额或比例来降低价格,扩大产量和就业,因此具有兼顾保证充分就业和抑制通胀的双重作用,而要实施分享制,员工持股计划就是一种有效形式。参见[美]马丁·魏茨曼:《分享经济——用分享制代替工资制》,林青松、何家成、华生译,中国经济出版社1986年版。

⑫ 杨欢亮、王来武:《中国员工持股制度研究》,北京大学出版社2005年版,第3页。

⑬ 该理论于1960年由美国经济学家西奥多·W.舒尔茨(Thcodore W. Schultz)提出。该理论认为劳动者成为资本拥有者不是由于公司股票的所有权扩散到民间,而是由于劳动者掌握了具有经济价值的知识和技能。这种知识和技能在很大程度上是投资的结果,它们同其他人力资本投资结合在一起是造成技术先进国家生产优势的重要原因。参见[美]西奥多·W.舒尔茨:《论人力资本投资》,北京经济学院出版社1990年版。朱慈蕴:《职工持股立法应注重人力资本理念的引入》,载《法学评论》2001年第5期,第125~132页。

⑭ 该理论是由经济学家爱德华·弗里曼(Adware Freeman)等人提出。该理论认为,公司的目标不仅是股东利益最大化,还应包括一定的社会责任,也就是说应该同时考虑公司其他参与人,包括员工、债权人、供应商、用户、所在社区以及经理人的利益。利益相关者理论向“股东是公司的所有者”这传统观念提出挑战,认为员工、经营者、供应商和用户与股东一样,都对公司进行专用性资产投资,都承担风险。参见[美]爱德华·弗里曼、杰弗里·哈里森、安德鲁·威克斯、拜德安·帕尔马、西蒙娜·科莱:《利益相关者理论:现状与展望》,知识产权出版社2013年版。

⑮ 传统意义上的产权只承认物质资本产权,资产负债表上的所有者权益就是物质资本投资的权益。产权从定性角度看,包括所有权、支配权等,即将财产所有权看作是这些关系的总和。但这还不够全面,从定量的角度研究,产权还存在存量和增量问题,这是一个动态发展的过程,需要的是实践和理论的创新。完整的产权应该包括人力资本产权和物质(财务)资本产权,离开了人力资本产权,所谓“产权清晰”永远是个谜。在这个过程中,各个生产要素都发挥了作用,科学的态度应该是根据所做的贡献进行衡量。参见傅颀:《重解资本收益:人力资本视角下的资本收益研究》,复旦大学出版社2008年版,第5页。

⑯ 戴敏华:《股份分享证券——外国经济学家论股份制》,中国财政经济出版社1988年版,第35页。

⑰ 当一个人进入某家公司的时候,除了他与公司签定的一份书面契约(劳动合同)以外,还有一份内隐的心理契约。随着双方关系的确立,心理契约就应运而生。它包含了员工对公司的期望以及为换取公司支付而应尽义务的认知。由于书面契约是不完备的,员工的心理契约包含的内容比书面契约广泛得多,并且,心理契约是动态的,不断修订的,因此它比书面契约更容易遭到违背,这将对员工的行为带来负面影响,比如工作满意感、工作绩效、组织公民行为等降低,离职倾向增强。随着我国国有企业改革的进一步深入,员工与企业的关系也逐渐发生变化。参见余琛:《员工心理契约与持股计划研究》,浙江大学2003年博士学位论文。

⑱ Lawrence A. Frolik, Re-thinking ERISA's Promise of Income Security In a World of 401(K) Plans, 20 *Conn. Ins. L. J.* 371, 376 (2013-2014).

对投资结果施加影响。通过今天自己的努力促使自己未来的利益最大化。员工持股计划通过整合员工目前利益与长远利益，将员工持股计划与员工退休福利相联系。

此外，员工持股计划还具有降低公司代理成本的作用。[19] 员工通过参与员工持股计划从而改变公司的股东构成。员工通过员工持股会等机构参与公司日常管理，改善公司治理水平，对公司的管理人员形成日常性监督，能有效降低代理成本。事实上，许多公司的股东持股计划成为了公司的第一大股东，对公司的决策、发展发挥着重要的影响。

随着员工持股计划的不断发展，在理论中有人认为员工持股计划作为衍生的功能，还具有分散资本所有权、[20]解放资本、[21]对抗工会力量、[22]抵御敌意收购[23]和接管关闭公司等的作用。[24]

三、我国员工持股计划的制度沿革

在我国，广泛意义上的员工持股的情形可以追溯到清朝中晚期山西票号的“身股制”。此后在20世纪30年代天津东亚毛纺织有限公司设定的员工股也与今天的员工持股计划之间存在相似之处。但是，我国员工持股作为一种较为稳定而持久的经济体制创新和大规模存在的经济现象，可以说是80年代以后我国实施经济体制改革后才开始出现。[25] 具体而言，进入80年代以后，我国进行了中小型企业的股份合作制改革，建立了以“全员相对均衡持股、民主决策与管理、按资分红与按劳分红相结合”[26]的股份合作制度，这种模式也为员工持股计划制度的形成提供了路径。此后，我国陆续退出了一些与员工持股计划相关的法律文件，以下将对我国员工持股计划的制度沿革及相关法律文件进行整理。

（一）1992年《股份有限公司规范意见》

1992年国家体改委颁布的《股份有限公司规范意见》中，明确了改制企业可以向内部职工募集股份，并规定了国有股、法人股和个人股的比例。虽然角度不同，但是在制度层面上，明确允许员工可以持有公司的股票。

（二）1993年《定向募集股份有限公司内部职工持股管理规定》

1993年党的十四届三中全会通过的《关于建立社会主义市场经济体制若干问题的决议》

---

[19] 叶旭全：《员工持股计划最近操作实务》，企业管理出版社2000年版，第13~18页。

[20] 过员工持股计划，可以有效的分散资本所有权。随着公司的发展，越来越多的员工成为公司的股东，拥有一定的资本所有权，这有着极大的社会和政治意义，这不但使人们在经济上实现了独立，更重要的是在社会和政治的实现了独立。

[21] 非上市公司，资本被束缚于公司内部。除非卖掉整个公司，否则股东很难撤资，而且要支付一大笔税费。通过员工持股计划，可以创造一个公司内部的股票交易市场，从而为资本的转移提供了一种有效的途径。

[22] 员工成为公司股东，这就淡化了员工的阶级意识，对于参加工会也不是很感兴趣，工人斗争的方式出现了新特点，由激烈的冲突走向妥协和对话。20世纪80年代之后，美国工会罢工次数和参加的人数明显减少。

[23] 公司为了防止恶意收购，将部分股份卖给员工。在美国，员工持股超过一定比例的公司，是否接受兼并，须取得员工的同意，有些州法律还规定了一次敌意收购所必须达到的股份比例（一般在80%以上），这样借助于员工持有的股份，只要员工持股会不同意出售股份，收购活动不可能成功。

[24] 公司濒临倒闭，由员工收购公司股份。如美国的西北航空公司、联合航空公司等公司，经营面临严重困境，急需大笔资金的注入，而通过推行员工持股计划，可以从银行获得大额贷款；若有的家族公司因无人继承，其老板不愿再经营该公司，又不愿让其他公司兼并，而把公司卖给员工，也可以获得税收上的优惠。

[25] 杨欢亮、王来武：《中国员工持股制度研究》，北京大学出版社2005年版，第7页。

[26] 刘润葵、陈学明：《组合生产方式的理论与实践》，西南财经大学出版社2011年版，第147页。

指出,“一般小型国有企业,有的可以实行承包经营、租赁经营,有的可以改组为股份合作制,也可以出售给集体或个人”,其对股份合作制的发展具有重要意义。为搞好定向募集股份有限公司内部职工持股的管理,促进股份制试点企业健康发展,1993 年国家体改委颁布的《定向募集股份有限公司内部职工持股管理规定》,进一步规范了内部职工持股的职工范围、股权证、持股审批、股权转让和管理等事项。虽然从总体上看,企业员工内部持股的发展比较健康的。但在试点中,由于一些地方没有严格按规范化要求办事,出现了超范围、超比例发行内部职工股,以法人名义购买股份后发给个人,在报纸上公开发布招股说明书在全国范围内招股、内部职工股权证的非法交易,造成“内部股公众化,法人股个人化”等不规范的做法。

(三)1993 年《关于立即制止发行内部职工股不规范做法的意见》

1993 年国务院发布了《关于立即制止发行内部职工股不规范做法的意见》,暂缓审批新成立的定向募集公司的内部职工股。

(四)1993 年《公司法》

1993 年《公司法》的出台,第一次在“法律”(此处指全国人大及其常委会制定的法律)的层面上明确了我国的公司制度。《公司法》中虽然并没有明确规定员工持股计划,但是《公司法》的建立对于在制度上保障与规范员工持股计划显然具有不容忽视的意义。

(五)1994 年《关于立即停止审批定向募集股份有限公司并重申停止审批和发行内部职工股的通知》

1994 年我国体改委发出的《关于立即停止审批定向募集股份有限公司并重申停止审批和发行内部职工股的通知》,停止审批和发行内部职工股。之后,在缺乏统一的法律规范下,各级地方政府纷纷出台了地方企业员工持股计划的政策法规,推动了股份制企业职工持股的发展。

(六)1998 年《证券法》

1998 年我国制定了《证券法》,确立了证券市场的诸多基本制度。作为规范证券市场最核心的法律,《证券法》虽然没有正面规定员工持股计划,但是《证券法》确立的证券市场的基本规则对于上市公司实施员工持股计划中所涉及的诸多法律行为显然具有重要的意义。

(七)2005 年《上市公司股权激励管理办法(试行)》

在《公司法》《证券法》的基础上,我国颁布了一系列规范上市公司员工持股的具体规定。2005 年,为了进一步完善上市公司治理结构,促进上市公司规范运作与持续发展,证券会发布了《上市公司股权激励管理办法(试行)》允许上市公司授予激励对象限制性股票。

(八)2012 年《上市公司股权激励管理办法(试行)》

2012 年 8 月 5 日,证监会正式发布《上市公司员工持股计划管理暂行办法(征求意见稿)》(以下简称《征求意见稿》),表明员工持股计划即将在我国上市公司全面推行。《征求意见稿》要求,员工持股计划只能以应付员工的工资、奖金等现金薪酬的一部分作为员工持股计划的资金来源,并且用于实施员工持股计划现金薪酬的数额不得高于最近12个月公司应付员工薪酬总额的30%。员工用于参加员工持股计划的资金不得超过其家庭金融资产总额的1/3。此外,员工持股计划的股票来源只能是二级市场。由于《征求意见稿》对员工持股计划设置了太多限制,市场对《征求意见》的反应并不热烈。

(九)2013年《中共中央关于全面升华改革若干重大问题的决定》

2013年11月15日,《中共中央关于全面升华改革若干重大问题的决定》允许混合所有制经济实行企业员工持股,形成资本所有者和劳动者利益共同体。

(十)2014年《关于进一步促进资本市场健康发展的若干意见》

2014年5月9日,国务院发布《关于进一步促进资本市场健康发展的若干意见》进一步明确要求,允许上市公司按规定通过多种形式开展员工持股计划,为实施员工持股计划提供了明确的政策支持。

(十一)2014年《关于上市公司实施员工持股计划试点的指导意见》

2014年6月20日,《关于上市公司实施员工持股计划试点的指导意见》全面系统地规范了员工持股计划相关的规则,明确了上市公司员工持股计划的基本原则、主要内容、实施程序、信息披露、审批和监管,使上市公司员工持股计划的管理更加规范化,是提高上市公司治理结构、深化发展多层次资本市场的重要措施,具有可操作性。

(十二)2014年《关于上市公司员工持股计划开户有关问题的通知》

2014年8月15日《关于上市公司员工持股计划开户有关问题的通知》明确证券账户开户相关事宜。

(十三)2014年《员工持股计划已指定信息披露规则》

2014年9月22日,上海证券交易所发布的《上市公司员工持股计划信息披露工作指引》,作为《指导意见》的配套文件,对上市公司员工持股计划的具体操作进行了补充和细化。

四、我国上市公司员工持股计划的实践现状

自2014年7月10日海普瑞股份有限公司成为首个公布了员工持股计划方案的上市公司以来,截至2014年12月29日,共有60家上市公司公布了员工持股计划实施方案。《指导意见》颁布后,上市公司实施ESOP的相关案例快速增加,市场前景广阔。各上市公司根据自身实际情况量身定做,员工持股计划的运作模式各有特色,推出了事业合伙人模式、股票收益权互换模式、核心成员入股创新业务子公司模式、新业务单元股权激励模式和嵌套式员工持股

模式等员工持股计划创新运作方式。员工持股计划产品载体包括券商资管计划、信托、基金等。上市公司员工持股计划的推出可以增强二级市场信心有效刺激,上市公司股价普遍上涨。例如,《指导意见》发布后第一推出员工持股计划的海普瑞股份有限公司,在不到两个月的时间里股价涨幅为15.96%。

员工持股计划之所以受到上市公司和投资者的青睐,一方面,员工持股计划将使核心人员紧密地与股东、公司利益保持一致,能够更好地推动股东价值提升。另一方面,相比较于传统的股权激励,员工持股计划由于覆盖公司员工面广,激励效果明显且更为长效,实施成功率也更高。加上模式创新多、操作灵活的特点使员工持股计划更加受到欢迎。

《指导意见》发布后,上市公司员工持股计划呈现以下几个特点:

(一)参与对象广泛

在2014年6月至2014年12月29日之间推出员工持股计划的上市公司中,员工持股计划的人数规模平均约为700人。从A股上市公司公布的49份员工持股计划草案来看,1000人以下规模的员工持股计划最为普遍,有36家。但是,其中24家规模在200人以下,最少的蓝盾股份有限公司员工持股计划的参与对象仅有26人。上港集团、苏宁云商股份有限公司和大北农股份有限公司等制定的员工持股计划中参与员工的人数都在1000人以上。

从参与的广泛程度上来看,上港集团员工参与持股比例最高,为72%,通源石油股份有限公司员工持股计划中员工参与比例高达50%。员工持股计划的激励对象基本可以覆盖公司全部重要岗位人员,包括公司或者其全资、控股子公司的董事、监事、高级管理人员、中层管理人员及其优秀员工。此外,员工持股计划的参与门槛逐步降低,喜临门的员工持股计划激励对象的范围扩展至加盟商,白云山集团员工范围也扩展至下属公司,关联公司工作人员。多数公司都明确规定,员工持股计划的激励对象不含独立董事。

(二)普通员工作为主要激励对象

参与员工的组成上,大部分员工持股计划以普通员工为主要对象。如上港集团员工持股计划中高管比例为1%,普通员工所占比例为99%;美克家居股份有限公司员工持股计划中高管占计划比例为3.12%,普通员工占96.88%。但是,我们也可以看到,也有很多上市公司的员工持股计划成为“高管持股计划”。从高管参与人数上,如华仪电气员工持股计划中,高管所占总人数比例为56.11%;汉威电子员工持股计划中,高管所占比例为60%;香雪制药股份有限公司员工持股计划中高管比例为42.6%,御银科技股份公司员工持股计划中高管所占比例为49.65%、洲际油气股份有限公司员工持股计划中高管比例为37.5%;特锐德股份有限公司员工持股计划中高管所占比例为32.16%。从持股数量上,各高管持股数量都远高于普通员工的持股数量。

(三)资金来源方式多样

虽然《指导意见》规定上市公司员工持股计划的可以通过员工自筹和其他合法方式,但是,从实践中来看,现有的员工持股计划资金来源为员工自筹、公司提供的有息或无息贷款或公司提取的专项奖励基金为员工持股提供支持。

其中，以员工自筹资金为主，36家公司的持股计划资金来源全部为员工自筹，比例高达60%。除了自筹资金外，还可通过借款、结构化产品加杠杆。杰瑞股份等17家公司在员工自筹基础上，由控股股东、实际控制人、其他关联方以自有资金、股权质押融资资金向参与对象提供无息或有息借款。在具体实践中，上海建工股份有限公司、科达洁能股份有限公司以及龙净环保股份有限公司等公司以提取的专项奖励基金为员工持股提供了支持。

（四）股票来源多样化，但仍以从二级市场购买为主导

根据统计，员工持股计划的股票来源最多的是以自筹资金从二级市场购买自家股票，其数量为33家。其次是参与对象以自筹资金购买上市公司非公开发行的股票，其数量为17家。定向受让控股股东股票的为4家。大富科技股份有限公司、欧菲光股份有限公司、大北农股份有限公司这3家公司的员工持股计划的方案中股票的来源为大股东无偿赠予。

员工持股计划的第三个特点是股票来源多样化。员工持股计划中的股票来源不仅仅局限于二级市场购买，还可以由上市公司非公开发行股票、控股股东自愿赠予。此外，“员工持股+定向增发”模式也频繁出现，这种模式不仅有利于提高员工的凝聚力和公司竞争力，还为公司业务发展筹集到了资金。

五、我国员工持股计划相关法制度的现状与问题

（一）现状

根据上述《指导意见》《关于上市公司员工持股计划开户有关问题的通知》《上市公司员工持股计划信息披露工作指引》等法律文件，可以说我国已经建立了员工持股计划相关法制度的基本框架。以下将对我国员工持股计划相关法制度进行整理。

1.性质和基本原则

《指导意见》中规定的员工持股计划是指上市公司根据员工意愿，通过合法方式使员工获得本公司股票并长期持有，股份权益按约定分配给员工的制度安排。员工持股计划的持有人既是设立持股计划的委托人，也是持股计划的受益人。员工持股计划持有的股票和资金为委托财产，具有独立性，独立于管理机构固有财产。管理机构破产的，员工持股计划财产不属于破产财产范围。

《指导意见》要求员工持股计划符合三条原则：一是合规原则；二是自愿参与原则；三是风险自担原则。因此，员工持股计划具体条款的设计具有自主性。对于法律未作明确限制的内容，可以由员工持股计划的内部自行约定、员工的权利义务，持有股份的收益安排、转让、继承和退出规则等。

2.员工的适用范围

为了体现员工持股计划的广泛性，《指导意见》没有规定特别的资金准入门槛，只要是上市公司签订劳动合同的员工均可参与。参加对象除了普通员工，也包括公司管理层人员。

3. 资金与股票来源

《指导意见》扩充了员工持股计划的资金来源。员工持股计划可以通过其合法薪酬、法律或行政法规允许的方式解决所需资金。这样,贷款、赠与等其他合法方式将被允许。此外,《指导意见》还取消了对员工投资持股计划的数额限制,增加员工持股计划的可操作性和吸引力。

《指导意见》规定,上市公司员工持股计划的股票来源包括以下5种方式:上市公司回购本公司股票、二级市场购买、认购非公开发行股票、股东自愿赠与和法律、行政法规允许的其他方式。《指导意见》丰富了股票的来源,降低了实施员工持股计划的难度,也为公司创新员工持股计划的模式提供了依据。

4. 持股数量的要求

《指导意见》规定,上市公司全部有效的员工持股计划所持有的股票总数累计不得超过公司股本总额的10%,单个员工所获股份权益对应的股票总数累计不得超过公司股本总额的1%。员工持股计划持有的股票总数不包括员工在公司首次公开发行股票上市前获得的股份、通过二级市场自行购买的股份及通过股权激励获得的股份。《指导意见》只是限制了员工在员工持股计划中获得股票的数量,并没有限制员工通过其他方式获得公司股票。因此,实践中,员工所持股份可以超过公司股本总额1%。

5. 存续期间的设定

员工持股计划长期持续有效。每期员工持股计划持有股票的锁定期为不低于12个月,公司可以自行规定更长的持股期限。以非公开发行方式实施员工持股计划,根据《上市公司证券发行管理办法》《上市公司非公开发行股票实施细则》的规定,持股期限确定为36个月。

6. 退出机制

《指导意见》并没有明确规定员工持股计划的退出机制。员工持股计划可自行约定退出机制,如员工内部转让、大股东回购等。在理论上员工持股计划的退出机制可以区分主动退出和被动退出。

7. 信息披露

针对员工持股计划的信息披露问题,2014年9月22日上交所专门发布《上市公司员工持股计划信息披露工作指引》(以下简称《工作指引》),作为证监会《指导意见》的配套文件。上市公司应该根据明确的时间要求进行信息披露,并明确要求独立董事应当独立发表意见、律师事务所应该出具法律意见书、董事会通过计划草案后2个交易日内,应公告决议、召开股东大会前,公告法律意见书并由股东大会出席股东半数以上通过。

根据上交所《工作指引》中对于员工持股计划信息披露要求,上市公司应该在以下时间节点进行相应的信息披露:(1)董事会审议通过员工持股计划草案后的2个交易日内:公告董事会决议和员工持股计划草案摘要,并在本所网站披露员工持股计划草案全文、独立董事意见、监事会意见及与资产管理机构签订的资产管理协议(如有);(2)召开关于审议员工持股计划的股东大会前:公告法律意见书;(3)经公司股东大会审议通过后:公告股东大会决议,并在本所网站披露经审议通过的员工持股计划全文;(4)股东大会审议通过后6个月内:完成标的股票购买,每月公告一次购买股票的时间、数量、价格、方式等具体情况;(5)完成标的股票的购买或将标的股票过户后2个交易日内：披露获得标的股票的时间、数量、比例等情况；(6)员工持股计划届满前6个月：公告到期计划持有的股票数量。

此外，《工作指引》还要求上市公司对特定事项进行及时披露、[27]定期报告披露。[28]

8. 关于账户开立的特别规定

针对员工持股计划的账户开立问题，中国证券登记结算公司在2014年8月15日出台《关于上市公司员工持股计划开户有关问题的通知》(以下简称《通知》)，作为证监会《指导意见》的配套文件。《通知》规定上市公司每一期员工持股计划可以申请开立一个证券账户；上市公司为员工持股计划开立证券账户，应出具承诺函，承诺所开立的证券账户仅用于买卖该上市公司发行的股票、可转债或接受该上市公司股票赠予，不得用于法律、行政法规、部门规章禁止或限制的证券投资行为。上市公司员工持股计划账户名称为"上市公司全称—第×期员工持股计划"，身份证明文件号码为上市公司营业执照中的注册号，组织机构代码为上市公司组织机构代码证中的代码。

9. 具体实施程序

根据《指导意见》《工作指引》和《通知》的规定，上市公司员工持股计划的具体实施主要可分为两个阶段：

在准备阶段中，首先，上市公司决策层与券商沟通员工持股计划初步方案，即通过员工代表大会充分征求员工意见、召开董事会审议员工持股计划草案、通过独立董事、监事会对对员工持股计划的实施程序发表意见。其次，在董事会通过后2个工作日内公告董事会决议、员工持股计划草案摘要、独立董事及监事会意见及与资产管理机构签订的资产管理协议。再次，律师事务所在股东大会召开前对员工持股计划出具法律意见书。最后，股东大会审议员工持股计划，并在2日内披露员工持股计划的主要条款。

在实施阶段中，采取二级市场购买方式的，自股东大会通过之日起6个月内完成标的股票购买。在完成标的股票的购买的2个交易日内，临时披露获得标的股票的时间、数量。员工持股计划持有公司股票达到公司已发行股份总数的5%时，应当依据法律规定履行相应义务。上市公司应当在定期报告中披露员工持股计划的实施情况。上市公司应当在员工持股计划届满前6个月公告到期计划持有的股票数量。上市公司公布、实施员工持股计划时，应当遵守证监会关于信息敏感期不得买卖股票的规定。

10. 员工持股计划的审批和监管

除参与非公开发行的员工持股计划以外，无须单独的行政审批国有控股上市公司实施员工持股计划尚需等待国资委相关政策的出台，并获得国资委的批准。金融类国有控股上市公

[27] 及时披露的情况：(1)通过员工代表大会等程序，就公司董事会提出的员工持股计划充分征求员工意见，并及时披露征求意见情况及相关决议。(2)召开员工持股计划持有人会议，明确员工持股计划实施的具体事项，并及时披露会议的召开情况及相关决议。(3)变更、终止员工持股计划，应当经持有人会议通过后，由公司董事会提交股东大会审议通过。应当按照分阶段披露原则，及时披露前述事项及相关决议。(4)员工持股计划存续期限届满后继续展期的，应当履行相应的决策程序并及时披露。(5)员工持股计划届满最低持股期限(锁定期)后已全部卖出相关股票的，应当及时披露。(6)未按照既定安排实施员工持股计划的，应当及时披露具体原因以及独立董事和监事会的明确意见。

[28] 定期报告披露的要求：在定期报告中披露报告期内员工持股计划的实施情况：(1)报告期内持股员工的范围、人数及其变更情况；(2)实施员工持股计划的资金来源；(3)报告期内员工持股计划持有的股票总额及占上市公司股本总额的比例；(4)因员工持股计划持有人处分权利引起的股份权益变动情况；(5)资产管理机构的选任及变更情况；(6)其他应当披露的事项。

司实施员工持股计划需要获得财政部的批准。

除非公开发行方式外,证监会对员工持股计划的实施不设行政许可,由上市公司根据自身实际情况决定实施。非公开发行方式以外的员工持股计划实施形式,不需要履行证监会行政审批程序,主要以信息披露规范予以监管。如果采用增加了非公开发行的发行实施员工持股计划,理论上讲需要通过发审委的审批。

(二)问　题

1. 制度的缺失

虽然,我国通过发布《指导意见》《关于上市公司员工持股计划开户有关问题的通知》《上市公司员工持股计划信息披露工作指引》初步构建起了我国上市公司员工持股计划的制度框架,有利于全面推动员工持股的进行。虽然员工持股行为作为资本社会化的股份制形式与公司和公司法有着密切联系,应纳入公司法的调整范畴。但是,员工持股是涉及税收、金融、财政等诸多领域的系统工程,没有其他领域的制度支持和有机衔接,员工持股计划也不能顺利实施。我国上市员工持股计划的法律制度事实上只建立了员工持股计划的内容框架,并没有与税收、金融、财政领域的法律法规进行有机的衔接。在税收、国有资产管理、社会保障、劳动法等法律、法规中还没有及时增补员工持股计划的相关内容。

2. 没有区分福利型员工持股计划与激励型员工持股计划

《指导意见》起草说明中说明上市实施员工持股计划试点的基本目的是,有利于建立和完善劳动者与所有者的利益共享机制,改善公司治理水平,提高员工凝聚力和公司竞争力。其说明,我国上市公司员工持股计划是以激励型为导向的员工持股制度。所以,我国的员工持股计划规定和实践中多为员工自筹的形式筹集参与计划的资金来源,只有极少公司会出现公司赠予或提供无息贷款的情况。实践中,我国员工持股计划对于员工的要求相对苛刻,即要求员工自筹资本加入计划又要求他们承受股票持有期限和流转上的限制。由于我国资本市场长期"熊长牛短",长期锁定员工持股将增加持股风险、影响员工的收益预期。除非是非常优质的上市公司股票,员工完全没有必要动用自己的资产来赌远期收益,还不如直接从二级市场购入股票,规避锁定期资本市场的波动风险。

在公司法的理论中,员工持股计划可以分为福利型员工股持股计划和激励型员工持股计划。福利型的员工持股计划的目的在于增加员工收入,稳定公司人员。通常是公司向员工增股或提供融资支持。公司为了维护自身利益,稳定公司人才队伍会对员工持股计划中股票的持股期限和流转方式加以限制。对于激励型的员工持股计划,多为员工自筹方式辅之以少量的公司补助。由于员工的出资,激励型的员工持股计划通常在持股计划的参与与退出机制、股票持有或股票流转的规定中给予员工更多的自由和选择,限制较少。

我国上市持股计划的参与者不仅要自筹资金参与持股计划,还不能享受到国家对于激励型员工持股计划所享受的税收福利[29]或者程序便利。相反,却在股票的持有、流转和计划的进

[29] 例如,英国模式也是以激励为导向的。英国政府对员工持股制度采取扶持政策的最大特点是在税收方面给予减税优惠,对于员工持股的限制都以相应的税收加以弥补。

退机制上都明显带有福利型员工持股的特点。在持股中,导致权利义务不对等。

如上所述,我国《指导意见》构建的以提高效率为目的的员工持股计划没有区分福利型员工持股和激励型员工持股,但是却设定了福利型和激励型员工持股计划中参与员工的义务。由于没有为相应的权利提供制度的保障,导致员工持股中存在权利义务并不对等的情形。因此,可以说我国的上市公司员工持股计划对于持股员工规范是比较苛刻的。

3. 适用范围不明确

《指导意见》表明员工持股计划激励对象范围广,员工持股计划的参加对象为公司员工,也包括管理层人员,此外再没有详细的规定。这导致实践中出现了两种情形:

很多公司高管的参与人数和持鼓励比都占据整个员工持股计划的大多数,员工持股计划变成了“高管持股计划”。以股票期权、限制性股票等股权激励方式已经构了高管薪酬的重要部分。此外,员工持股计划的主要目的并不是为高管增加收入来源,为高管股权激励新增另一种方式。相反,应该更多考虑普通员工参与员工持股计划的广泛性。《指导意见》和相反文献缺乏对于普通员工参与员工持股计划人数和收益的比例下限或规定高管参与员工持股计划的人数比例和收益比例的上限的规定。

此外,部分公司降低员工门槛,将关联公司的员工或加盟商纳入员工的范围之内。虽然,这有利于扩大员工持股计划的激励范围,但是,由于《指导意见》中没有对公司员工的概念进行明确的定义,也未对公司员工的范围进行限定,因此在实践中,无限制的扩大公司员工的范围可能衍生出权力腐败和不公平现象,产生损害社会公平、扭曲权力运作规律的权力股、关系股现象。

六、美国与日本相关法制度的考察

员工持股计划在发达国家较为普遍,其中美国和日本的员工持股计划具有典型性和代表性。

(一)美　国

1. 美国员工持股的立法模式

以美国为代表的普通法系国家多采用综合立法的模式,通过税收、财政、员工福利法律等单行法引导、推动员工持股计划的发展。美国没有专门的员工持股计划法律,一般情况下,公司推行员工持股计划会受到公司所得税法和个人所得税法的调整。[30]

公司所得税法规定美国的公司,按照减去支出后的净收入向政府交税。但是,公司用于职工持股计划的公司股票或购买公司股票的现金,均被视为减少公司上缴收入税的支出。[31]个人所得税法规定美国人按收入减去一定支出上缴个人所得税。投入到职工持股计划信托公司的那笔钱,在以股份或现金形式分给他们之前,是不用上缴收入税的。[32]

---

[30] *See generally* Employee Stock Ownership Plans Information and Process Guide, Common Wealth Competition council, 4 *P. O. Box* 1475, Richmond, AV (1999).

[31] I. R. C. § 404 (West Supp. 1988).

[32] I. R. C. § 402 (West Supp. 1988).

2. 美国员工持股计划的方式

美国员工持股计划的本质是员工福利计划，与其他类型公司员工福利计划存在紧密的关系。一般而言，与此相关的员工福利计划为养老金计划。养老金计划由特定组织发起，在计划参与者退休后为其提供收入。[33] 通常，美国公司会为员工持股计划提供资金支持。[34]

在不使用信贷杠杆的员工持股计划中，公司将股份交给员工持股会，由持股会建立每一位员工的账户，然后每年从公司利润中按其掌握的股份分得红利，并用这些红利来归还原雇主或公司以股份形式提供的借款，还清后股份便属每一位员工。[35] 在利用信贷杠杆的员工持股计划中，公司先成立一个员工持股计划信托基金会，通过公司担保，由基金会向银行贷款购买原雇主或公司的股份，购买的股份由信托基金会掌握并放在一个"悬置账户"内，而不是直接分给每一位员工，随着贷款的偿还，按事先确定的比例逐步将股份转入员工账户。[36]

美国的员工持股计划的特点：

在美国，员工持股计划本质上是员工福利计划员工，与退休计划紧密结合，给员工提供了多样化的投资选择。参加这个计划的公司和员工，必须按照联邦法律规定照常缴纳退休税。为确保员工退休收入，对于上市公司，法律规定员工退休时可以在市场上自由出售其所持股票。[37] 对接近退休年龄的员工，允许将其账户中的资产投资到其他行业，对接近 55 岁和参与该计划 10 年以上的员工，可将其 25% 的股份向外投资。[38]

美国主要通过"调整税收"的方式规范和促进员工持股计划。[39] 根据美国 1984 年《税收改革法案》，参与员工持股计划的员工、设立员工持股计划的公司、为员工持股计划提供贷款的银行、向员工持股计划出售其股权的股东均可以享受税收上的优惠。

员工持股计划广泛性与公正性相结合。凡在公司工作 1 年以上并且年龄在 21 周岁以上的员工均可参加持股计划。至少应该有 70% 的非高管的员工参与计划，而且非高管员工参与持股计划所得平均收益不得低于高薪阶层所得平均收益的 70%。[40] 此外，员工购买股份的多寡与其本人的贡献（通常通过年薪的高低判断）相结合，体现了公正性。[41]

通过限制股权达到员工持股与稳定人才相结合的目的。首先，员工在获得股权年限和数量上有限制。参与员工持股计划的员工获得独立的股权须满 5 年后，或工作 3 年后获得应有份额的 20%；以后逐年增加 20%；7 年之后获得全部股份。其次，员工的表决权也受一定限制。已经分配到股票的员工以个人名义行使表决权，尚未分配到参与者手中的股票，由受托人或基金执行人行使表决权。最后，股票的分红河利益分配也受到限制。如果员工账户的股

---

[33] Hunter C. Blum, ESOP's Fables: Leveraged ESOPs and Their Effect on Managerial Slack, Employee Risk and Motivation in the Public Corporation, 31 *U. Rich. L. Rev.* 1539, 1548 (1997).

[34] Elaine G. Mauldin, Systematic Differences in Employee Stock Ownership Plan Contributions: Some Evidence, *Journal of Accounting and Public Policy*, 1999, 18(2), at 141 - 163.

[35] *How an Employee Stock Ownership Plan (ESOP) Works*, http://www.nceo.org/articles/esop-employee-stock-ownership-plan (last visited Feb. 28th, 2016).

[36] Murphey, Lee B, Financing ESOPs: New Opportunities for Leaders, *The Journal of Commercial Bank Lending*, Mar. 1987, at 2 - 9；梁慧瑜：《企业员工持股立法问题研究》，法律出版社 2012 年版，第 55 页。

[37] I. R. C. §401(a)(35)(B); ERISA §204(j)(2) (West Supp. 1988).

[38] IRC §401(a)(28) (West Supp. 1988).

[39] Those laws include *Employee Retirement Income Securities Act of* 1974, *Internal Revenue Code*, *The Tax Reform Act*, *etc. See Supra* note 1, at 36 - 41.

[40] 杨欢亮、王来武：《中国员工持股制度研究》，北京大学出版社 2005 年版，第 207 ~ 209 页。

[41] 江平、卞宜民：《中国职工持股研究》，载《比较法研究》1999 年第 3 期，第 400 ~ 401 页。

票价值超过50万美元，则每年只能分到10万美元；利益分配可以采取股票形式也可以付给等额现金。员工间接决策、没有继承权并限制转让，员工离职或退休时，或者由员工继续持有或者由公司收回，一般不允许自由转让。

3. 员工持股计划的人员选择[42]

根据传统的做法，在各公司的员工持股计划中参与者一般仅限于以下人员：在公司和公司的分支机构、全资附属公司工作，以及与公司签订劳动合同的正式员工；公司的董事等公司的高级经营人员；公司派往子公司、关联公司工作，劳动人事关系仍在本公司的员工。

判断员工是否属于上述员工的标准，主要的依据是员工的人事档案材料、劳动工资关系是否仍登记在本公司。

（二）日　本

1. 日本员工持股的立法模式

以日本为代表的大陆法系国家主要采取单一立法模式，主要在《公司法》或《商法》中设专门章节规范员工持股的行为，进行统一调整。

1994年修改后的《日本商法》第210条第2款，公司可以以员工持股为目的回购股票。1997年日本修正《商法》引入了新股预约权制度，允许员工可以行使新股预约权。2000年修改后的《日本商法》以及2001年修改后的《日本商法》中全面解除了公司回购自己股份的限制等。[43] 可见，日本主要是通过修改《商法》中的公司制度来调整和规范员工持股计划的。

2. 日本员工持股计划的方式

日本员工持股的现象出现于20世纪60年代后期，日本的员工持股制，是在股份公司内部设立本公司员工持股会，由员工个人出资、公司给予少量的补贴，帮助员工个人积累资金，陆续购买本公司股票的一种制度。参加持股会的员工按月从工资和奖金中扣缴一部分作为对持股会的出资；加上公司鼓励员工持股的奖励金，组成股票购买基金持股会用其积累的资金陆续为会员员工购买本公司的股票，并按比例一记入会员员工的账户。可见，入会员工与持股会之间是一种信托关系，入会员工是信托人，持股会是受托人，持股会以自己的名义购买并占有、管理股票，行使股东权利；会员员工只是名义上的股东，不能参与股东大会。另外，由于公司员工可按持股会章程申请入会或退会、增加或减少出资，因而持股会实质上是一种开放型的投资信托基金。[44]

3. 日本员工持股计划的特点

日本员工持股计划的法律实践中存在以下一些特点：

（1）开放型的投资信托基金

进入持股会的员工是信托人，持股会是受托人，会员可以按照持股会章程申请入会或退回增加资本或减少。

---

[42] 许亮：《劳者有其股》，企业管理出版社2000年版，第95～105页。

[43] 吴家骏：《日本的股份公司与中国的企业改革》，企业管理出版社1994年版，第50页。

[44] 王斌：《企业员工持股制度的国际比较》，经济管理出版社2000年版，第37页。

(2)持股会建立在公司内部并有一整套完善的管理制度

持股会建立了完整的理事会管理制度，包括入会资格、收入分配制度和股票管理权行使制度等，并有自己的章程，理事长代表员工在公司行使股票表决权。

(3)持股的资金来源以员工积攒与公司补贴相结合，公司没有赠股的做法

无偿赠股是对原股东利益的侵害，故不存在无偿向员工赠股的做法，员工持股会的资金来源于持股会的会员工资、奖金及股票红利，参加员工持股会的员工以按月积累、年中或年末奖金扣缴的方式取得股份，一般按月扣除，以1000日元为单位，会员可根据自身收入和支出的具体情况申请任意单位，而公司所给予的相应的补贴一般以员工出资额的5%～20%为限。

七、员工持股计划相关法制的修改建议

(一)采用公司法和单行法调整并行的立法模式，完善员工持股计划的整体法律制度

员工持股计划的理论中一般认为员工持股计划的规范模式主要有两种，即单一立法模式和综合立法模式。以日本为代表的大陆法系国家主要采取单一立法模式，主要在公司法中设专门章节规范员工持股的行为，进行统一调整。以英美为代表的普通法系国家多采用综合立法的模式，通过税收、财政、员工福利法律等单行法引导、推动员工持股计划的发展。这两种立法模式各有利弊，单一制立法模式有利于对员工持股计划实施统一的公司法或商法调整，但是不利于全面推动员工持股计划的进行；综合立法模式虽然可以弥补这一缺陷，但是无法为员工持股计划提供最佳的法律环境。虽然员工持股行为作为资本社会化的股份制形式与公司和公司法有着密切联系，应纳入公司法的调整范畴。但是，员工持股是涉及税收、金融、财政等诸多领域的系统工程，没有其他领域的制度支持和有机衔接，员工持股计划也不能顺利开展。

我国员工持股计划的法律制度事实上只建立了员工持股计划的内容框架是一种单一制的立法模式。我国的上市公司员工持股计划并没有与税收、金融、财政领域的法律法规进行有机的衔接。在税收、国有资产管理、社会保障、劳动法等法律、法规中还没有及时增补员工持股计划的相关内容。

因此，我国对员工持股进行立法调整的最佳选择是兼采公司法调整和单行法调整并行的模式，吸收单一立法和综合立法的长处。建议在《公司法》中增补有关职工持股的原则性规定，调整和增减不利于职工持股制度推行的条款。此外，进一步完善以《指导意见》为核心的单行法或单行规范，将《公司法》中的原则性规定予以细化，对员工持股行为进行统一调整。此外，为了给上市公司员工持股计划提供良好的运行环境，还应该及时调整财税法、社会保障法、劳动法等法律法规中与员工持股相关的内容。

(二)区分福利型员工持股计划和激励型员工持股计划，制定不同的监管规范

《指导意见》中体现的是激励型的员工持股计划，不同于美国福利型员工持股计划中公司频频赠股，我国上市公司员工持股计划的主要资金来源为员工自筹，只有极少公司会出现公

司赠予或提供无息贷款的情况。这一点与日本模式非常相似。由于日本长期存在终身雇佣制度，年功序列工资制度，以及近年来流行的“全额薪金支付制度”等制度，日本公司实行员工持股计划的最主要的目的并不仅限于增加员工福利，稳定公司的员工，还包括提高公司经营效率。在这种背景下，日本的员工持股计划的资金来源以员工积攒与公司补贴相结合，公司没有赠股的做法。但是，与员工自筹集资相对应的制度是日本的员工持股计划具有开放性，会员可以按照持股会章程自由的申请入会或退回增加资本或减少资本。

但是，我国上市持股计划的参与者虽然要自筹资金参与持股计划，但是却没有享受到国家对于激励型员工持股计划所享受的税收福利[45]或者程序便利。相反，在股票的持有、流转和计划的进退机制上都没明确的限制，这一点无疑又更加接近以福利型员工持股计划为主的美国模式。但是，就如前文所述，美国模式的最大特点在于，员工持股计划与员工退休计划等福利计划相结合，政府给与大量的税收优惠，公司通常给予员工大量增股或提供贷款担保。为了增强人员的稳定性和避免公司付出付诸东流的情况，才对持股计划的股票在流转和持有上给予严格的限制。

因此，笔者建议在《指导意见》中区分激励型员工持股计划和福利型员工持股计划。根据不同类型的持股计划，提供不同的规范选择。以员工是否主要以自筹资金作为参与持股计划的资金来源等内容为标准，区分福利型员工持股计划和激励型员工持股计划。对于以自筹资金为主的激励型员工持股计划，《指导意见》应该限定公司的补贴比例，但是在持票持有期限、股权流转等方面放松管制，使其成为较为开放的员工持股模式。对于以公司激励基金、大股东无偿赠股等为资金或股票主要来源的激励型员工持股计划，为了保障公司利益，提高公司设立员工持股计划的积极性，应当适当的限制员工持股的锁定期限、股权流转、退出机制等。

(三)严格限制员工持股计划的参与人员的范围，防止滥用员工持股计划

针对《指导意见》没有明确定义公司员工的含义以及实施情况中出现的变“员工持股计划”为“高管持股计划”现象，《指导意见》应该严格限制上市公司员工持股计划参与人员的范围。

美国在实施员工持股计划时，要求实施员工持股计划的公司必须有70%的非高管员工参与，并且非高管参与者从持股计划中获得的收益至少要达到高管从中获得的平均收益的70%。这一做法提升了员工持股计划的参与范围，阻碍了员工持股计划成为高管持股计划的可能性。因此，《指导意见》中也应该规定高管参与的员工持股计划的人数和利润的适当比例，增加员工持股计划参与的广泛性，以真正实现员工持股计划激励公司员工以提高公司业绩，从而增加公司经济效益的目的。

此外，针对一些公司无限制放宽员工持股计划的门槛的现象应该予以禁止。对于有激励必要的其他群体，应当采取其他激励方式，而不应无节制的纳入员工持股的范围里。

为了避免在员工持股计划的实施过程中，产生贬损社会公平、扭曲权力运作规律的权力

---

[45] 此外，英国模式也是以激励为导向的。英国政府对员工持股制度采取扶持政策的最大特点是在税收方面给予减税优惠，对于员工持股的限制都以相应的税收加以弥补。

股、关系股现象,《指导意见》应该明确公司员工的具体范围。将公司员工限定在与本公司有劳动关系的员工范围之内,除非在子公司任职或由业绩关联,否则母公司的工作人员不得持有子公司的职工股;排除公司的上属部门、主管机关的有关人员持有下属公司的员工股。此外,《指导意见》还应该对参与持股的员工的工作年限予以限制,规定只有在公司工作满1定年限的员工,如美国规定必须满1年,才能参与员工持股计划。

八、结　论

实施上市公司员工持股计划有利于建立和完善劳动者与所有者的利益共享机制,改善公司治理水平,提高员工凝聚力和公司竞争力。[46] 员工持股计划不仅有利于提高员工自身福利的,还能提高员工的生产积极性从而提高生产效率,这对公司经济利益和社会经济的发展具有重要的现实意义。《指导意见》规定了上市公司员工持股计划的主要内容,使上市公司员工持股计划的管理更加规范化,是提高上市公司治理结构、深化发展多层次资本市场的重要措施。但是,我们也应该看到我国上市公司员工持股计划中还存在相关法律体系不健全、制度移植不尽合理的、法律规范不全面细致的问题。所以,完善我国上市员工持股制度的建设,还要合理借鉴国际经验、历史经验和实践经验。

㊻ 请参见证监会于2014年6月颁布的《〈关于上市公司实施员工持股计划试点的指导意见〉的起草说明》。

公司资本维持概念的界析

沈钛滔*

资本三原则一向被认为是大陆法系公司资本制度的基本准则，也对我国资本制度的设置与认识产生了巨大的影响。① 但是，如果仅从当前学界关于资本维持定义的表述来看，到底何为资本维持未必有一个清晰的答案。相对来说，资本确定和资本不变概念更为直观和分明。由于资本维持并非为国内原生的法律制度，因此，比较法的研究必不可少。通过对各国资本维持定义的梳理，可以对如何看待解释国内资本维持概念有一定的启示。

一、英国关于资本维持之定义

（一）英国普通法上关于资本维持之定义

一般都认为英国法上甚至包括英联邦（Commonwealth of Nations）法域内资本维持概念的确立（capital maintenance doctrine）源于英国19世纪的普通法，尤其是 Trevor v. Whitworth（1887）一案，被学界广泛认为是资本维持原则概念化的开始，是一个经典案例。②

该案的争议点在于公司是否有权力进行回购，基本案情是：公司的原股东作为原告起诉已经进入清算程序的原公司，要求公司清偿其未完全支付的股权回购款；根据公司的章程（article）的规定，公司有权回购自己的股份；根据备忘录（memorandum），公司的经营范围是制造业以及相关的辅助的商业活动；那么，如果回购属于经营范围，那么公司具有此种权力，否则则违法。法院最后的判决认为，公司在既有公司法规定下无权进行回购，此种行为属于公司越权行为（ultra vires）。③

从整体来看，主体把握的话，该案并非与资本维持有直接的联系，核心规则是越权无效规则。但如果从法官逻辑证成的角度，资本维持是其重要的理论基础、理论前提；法官的裁量主要是在于公司回购自己股份是不是属于公司合乎经营目的的行为，换言之，股东抽回资本是

---

* 清华大学法学院2013级商法专业博士研究生。

① 冯果：《论公司资本三原则理论的时代局限》，载《中国法学》2001年第3期，第18页。

② Roman Tomasic. The Rise and Fall of the Capital Maintenance Doctrine in Austrian Corporate Law, *International Company and Commercial Law Review*, 26(5), pp. 174－187, 2005; Eilis Ferran. Principles of Corporate Finance Law. Oxford University Press. 2014, p. 159；另参见[英]珍妮特·丹恩：《公司法》，法律出版社2003年版，第130页。

③ (1887) 12 App Cas 409.

不是与经营目的相关,是不是一种经营行为?再进一步而言,公司资本的使用必须合乎经营目的,合乎经营目的的行为才属于公司享有的权力范围之内,不合乎经营目的的公司资本的使用行为,也就是公司回购自己股份的行为,不属于公司权力范围,属于越权行为。

“... In my opinion the application of the company's funds in furtherance of any such object is altogether illegitiate, because it is foreign to the proper business of the company and in violation of statute law.”④

“Paid-up capital may be diminished or lost in the course of the company's trading; that is a result which no legislation can prevent; but persons who deal with, and give credit to a limited company, naturally rely upon the fact that the company is trading with a certian amount of capital already paid, as well as upon the responsibility of its members for the capital remaining at all; and they are entitled to assume that no part of the capital which has been paid into the coffers of the company has been subsequently paid out, except in the legitimate course of its business.”⑤

从这两段法官的核心论述来看,可以很明显的看出当时英国法官的“公司资本观”,主要是两个要素:一个是债权人的期待;另一个就是资本使用与经营目的。可以这么说,资本维持的确立与建构以法官对于资本的定位的认识不同而不同,在本案中,法官的态度很明确:资本是为经营服务的,资本的使用必须符合经营目的,资本的使用在合法经营的过程中所消耗,这也是债权人的期望所在。就债权人而言,公司一旦成立,资本就是公司的对外责任财产,债权人相信公司资本得到了合法有效的利用和管控,除非出于经营所需、经营所耗,否则,不能被滥用、被不当的消耗。回购属于不合乎经营目的的对于资本的不当使用,不应被允许。

如果要从该案中去抽象资本维持原则的内涵的话,可能是一个相对比较广泛的范畴,资本维持即资本管控,公司资本的使用必须合乎经营目的,维持就是不得滥用,而滥用的标准就是判断其是否是公司经营所需的耗费。当时对于回购的认识也比较狭隘,认为回购与经营完全无关,是对于债权人的不负责任的行为。

另外一个发生更早的判例,对于公司资本维持的论述则更为明确,与前者一起常为英国学者所提起:EXCHANGE BANKING COMPANY Co,FLITCROFT'S CASE。⑥

本案的焦点虽然是关于非法分配中董事责任问题,但其中关于资本维持的论述值得一提:

“... It is against the intention of the legislature that any portion of the capital should be returned to the shareholders without the statutory conditions being complied with. A limited company cannot in any other way make a return of capital, the sanction of a general meeting can give no validity to such a proceeding, and even the sanction of every shareholder cannot bring within the powers of the company an act which is not within its powers.”⑦

“... One reason is this-there is a statement that the capital shall be applied for the purposes of

---

④ Ibid.
⑤ Ibid.
⑥ (1882) 21 ChD 519.
⑦ Ibid.

the business, and on the faith of that statement, which is sometimes said to be an implied contract with creditors, people dealing with the company give it credit. The creditor has no debtor but that impalpable thing the corporation, which has no property except the assets of the business. The creditor, therefore, I may say, give credit to that capital, gives credit to the company on the faith of the representation that the capital shall be applied only for the purposes of the business, and he has therefore a right to say that the corporation shall keep its capital and not return it to the shareholders, though it may be a right which he cannot enforce otherwise than by a winding-up order."[8]

法官的论述逻辑除了越权无效原则之外,还提出了与债权人的默示合同以及公司的维持资本的义务(keep its capital),并进行了一定的解释。其基本逻辑在于:公司是独立法人,是唯一责任主体,公司财产是唯一责任财产,对债权人而言;公司与债权人之间存在默示合同,即公司有义务将资本仅作经营之用,而不是将其返还给股东,除非公司清算,或者满足其他法定的条件。

可以说,无论是从形式上还是内容上,此判例较之前者更具"经典"意义和价值,对于资本维持的理论基础和内涵概括和论述的更为全面和深刻;而且从文义表达和概念设立的角度,"keep its capital"与"capital maintenance"几乎同义,从这个角度,将其作为资本维持原则英国普通法上的原生判例更具有说服力。

综合来看,要从两个案例中去提炼资本维持原则的内涵的话,可以做两个方面的定义,狭义与广义:

从广义的角度来看,资本维持原则是指资本的使用必须合乎经营目的,不可滥用,也就是说资本维持原则可以等同于资本管控原则,维持的含义可以从管控约束的层面上去理解;

从狭义的角度来看,资本维持,维持相对立的就是资本返还,资本维持原则就是资本禁止返还原则,除非法定,否则不允许股东回笼资本。

(二)英国学者关于资本维持之定义

John Armour 在其"Legal Capital: An Outdated Concept?"一文中给出了其对于"capital maintenance"的认识:

"A rule prohibiting return of capital seeks to prevent a company from making distributions to its shareholders at any point at which the company's net assets do not exceed the stated value of its capital accounts. In the United Kingdom, the key statutory provision embodying this 'capital maintenance' rule is section 263 of the Companies Act 1985. This prohibits any form of distribution of corporate assets to shareholders except where the value of the distribution is less than that of the profits available for distribution. Distributable profits are defined as the company's cumulated net realised profits, minus dividends paid and losses written off to capital. As profits are necessarily defined in contradistinction to capital, this means that capital may not be returned

---

⑧ Ibid.

to shareholders. "[9]

作者虽然没有对于资本维持下直接定义，但根据其论述可以得出结论：资本维持即资本禁止返还原则。

狭义的资本与利润是两个概念，只有利润才可以分配，也就是说，资本不得分配。无论是股份回购、提供财务资助还是低价交易都是违反资本维持原则的行为。

Alison Sneddon 在其"Do the Rules on Capital Maintenance Achieve any Useful Purpose?"中认为：

"The capital maintenance rules consist of a series of restrictions on the shareholder's ability to withdraw capital from the company in which they are a member. "[10]

"... The capital maintenance rules aim to afford creditors protection by placing limitations on the shareholder's interference with the company's capital. These consist of restrictions on distributions, reductions of capital, share repurchases and redemptions and financial assistance from the company for the purchase of its own shares. "[11]

也就是说，资本维持原则即股东禁止抽资原则。抽资是从股东的角度，如果站在公司的角度就是资本返回股东，就是资本禁止返还原则。

另外，持相同观点的还有 Eilis Ferran：

"... that paid up capital could not be returned to shareholders because that would take away from the fund to which the creditors have a right to look as that out of which they are to be paid. "[12]

"The common law rule prohibiting the return of capital is now reinforced by statutory rules relating to distributions and to reduction of capital. "[13]

虽然并未有直接的关于资本维持的概念定义，但是根据其章节的体系来解释的话，"prohibiting return of capital"就是作者所指的"capital maintenance rule"。

有所不同的是 Gower，如果说前面几位英国学者对于资本维持的理解是禁止返还的话，那么 Gower 的理解是禁止减少：

"... all the foregoing provisions regarding raising of capital would be pointless if the company, having raised capital, had complete freedom to reduce it. But here we are faced with the ambiguity of the capital. In saying that it should not be reduced, do we mean that the notional liability shown under that head in the company's balance sheet should not be reduced? If so, there is no difficulty about that; all that is needed is to... Provide no means whereby that can be done. Or does it mean... that the company must not allow the value of its net assets to fall below the figures representing capital?[14]

---

⑨ John Armour："Legal Capital：an Outdated Concept?"，*European Business Organization Law Review*，2006.

⑩ Alison Sneddon，"Do the Rules on Capital Maintenance Achieve any Useful Purpose?"，*Edinburgh Student L. Rev.* 24，2009－2012.

⑪ Ibid.

⑫ Eilis Ferran，*Principles of Corporate Finance Law*，Oxford University Press，2014，pp. 159－164.

⑬ Ibid.

⑭ L. C. B，*Gower*，*Gower's Principles of Modern Company Law*，Sweet & Maxwell，1992，pp. 211－215.

In fact, as finally enacted as a result of implementing the Second Company Law Directive, it now means... something approaching both of these possibility..."[15]

就Gower的表述来看,资本维持主要是防止资本两个方面的减少,或者其中之一的减少:一方面是名义资本也就是注册资本的减少;另一方面是净资产不得低于注册资本数额。

其逻辑根源在于作者对capital的理解,整个分析是一个典型的形式逻辑分析:当capital在净资产层面上理解时,那么资本维持自然就是净资产维持;当capital在注册资本层面上理解时,那么资本维持自然就仅仅是一个数字的变更登记问题。[16]

对于净资产维持原则,其规则是如果净资产低于注册资本或者达到一定程度,不得分红;对于上市公司来说,净资产低于注册资本一半以上应当召开股东会便于采取措施。[17]

对于资本额不变原则,其规则是除非法定,否则不得变更。"资本数字"在法律上的意义有:首先是分红,因为根据分红的一般规则,只有当净资产价值高于注册资本额时,公司才可能分红,才有相对于资本来说的盈余。资本额的变化会导致公司分红标准的变化,改变债权人的预期。其次是资本数额的变化会影响上文提到的净资产维持的水准、标准。最后是资本额的变化(除了形式减资)会带来公司资产的实质流出,对债权人不利。[18]

(三)小　结

总结英国对于资本维持的看法,有以下三种观点:

第一,资本维持原则是管控资本使用的原则,要求资本必须合乎经营目的的使用,公司是独立法人,责任财产与股东财产是分离的,也是唯一的公司对外负责的财产,必须予以管控,以保障债权人。

第二,资本维持原则是指公司的财产禁止返还股东,除非法律有特别规定。股东的财产一经出资,就形成公司的财产,所有权属于公司,股东享有股权,除了清算以及法定的减资、回购、分红等渠道之外,股东不得从公司抽回投资。

第三,资本维持原则就是资本禁止减少原则,这里包括实质层面的公司资产向股东的流出,也包括公司维持净资产于一定水平的义务以及登记注册资本数额的减少。

二、德国关于资本维持之定义

(一)德国学者关于资本维持之定义

德国学者格茨·怀克和克里斯蒂娜·温德比西勒合著的《德国公司法》中提到了关于资本维持(译为资本约束)的看法:

---

⑮ Ibid.
⑯ Ibid.
⑰ Ibid.英国2006年公司法修改时仍然保留了这一条款:"第656条……当公众公司的净资产是其已召集股本的一半或更少时,董事必须召集公司成员大会,考虑为应对该情况是否应当采取任何措施,以及如果是的话,采取什么措施。"参见《英国2006年公司法》,葛伟军译,法律出版社2008年版,第405页。
⑱ L. C. B. Gower, *Gower's Principles of Modern Company Law*, Sweet & Maxwell, 1992, pp. 211-212.

"由于有限责任公司是资合公司并且只有公司财产对债权人承担责任,资本缴付和维持原则就成了一个重要的预防性措施。有限责任公司设立和增资之下的资本缴付规定,是为了确保股东按照章程确定的原始资本金额真实的缴付公司财产。作为补充,法律保护原始资本金额范围内的公司财产,以免公司将其分配给股东。"[19]

"即使原始资本被真实地缴付过一次,也不存在保护其免遭不利业务损害的问题,但法律能够阻止股东从公司处抽走资本……应该从这个意义上去理解资本维持,即法律保护公司资产在原始资本金额范围内免遭股东的侵害。这一分配阻却也被称为有限责任公司法律的支柱或核心。"[20]

"……原始资本是一个计算数额。在有限责任公司此后的生命中,应该注意,原始资本金额至少要能为公司财产所覆盖。为了这个目的,应该将原始资本作为已被认购资产记于资产负债表的借方……据此,只有当贷方资产能够覆盖债务及章程规定的原始资本时,有限责任公司的资产负债表才能够平衡……假如计算得出的净资产没有达到原始资本的数额,人们称之为账面亏损,在这种情况下,基于公司关系而向股东进行给付是违法的……"[21]

根据作者的论述,资本维持原则就是资本禁止向股东支付、分配原则,也就是上文说的资本禁止返还原则。股东的出资一旦纳入公司名义,构成公司的资本,也即与股东个人相分离,原则上股东不能在运营过程中抽回出资,这就是资本维持原则。

资本维持原则下可以支付的条件或者说规则就是公司在相对资本金的基础上有盈余,一般来说,就是净资产高于资本金额,否则向股东的支付就是违反资本维持原则的。

资本维持制度技术上依赖于注册资本金额的确定,资本金额的变化会影响支付条件、分配条件。因此,可以说,资本维持某种程度上(技术上)表现为资本金数额的禁止减少。

托马斯·莱赛尔和吕迪格·法伊尔在《德国资合公司法》中关于资本维持(译为股本维持)的观点是:

"资合公司的股东仅仅承担有限责任,这对债权人而言是一种潜在的巨大风险。为了保护债权人的利益,也需要制定必要的保护公司资产的条款,防止公司将股金退回给股东……为了平衡有限责任公司的有限责任,在有限责任公司中也试图采取措施,防止事后股东抽走作为信贷基础和责任基石的公司股本,保护债权人的利益。"[22]

"……这些规定对债权人权利的保障是相对的,因为这些规定虽然可以保障公司股本不会由于向股东分配盈余或利润而减少,但是并不能保证公司股本不会由于经营亏损而减少……"[23]

"《有限责任公司法》规定只要公司是以超出股本的资产支付的,公司就可以将出资返回给股东,而在股份公司中,只有那些列明的结算利润才能用于分配;相比之下,有限责任公司中法律保护的仅仅是与公司股本相等的金额……是纯粹账面上的保护。"[24]

---

⑲ [德]格茨·怀克、克里斯蒂娜·温德比西勒:《德国公司法》,殷盛译,法律出版社2010年版,第358页。
⑳ [德]格茨·怀克、克里斯蒂娜·温德比西勒:《德国公司法》,殷盛译,法律出版社2010年版,第358页。
㉑ [德]格茨·怀克、克里斯蒂娜·温德比西勒:《德国公司法》,殷盛译,法律出版社2010年版,第358页。
㉒ [德]托马斯·莱赛尔、吕迪格·法伊尔:《德国资合公司法》,高旭军等译,法律出版社2005年版,第303页。
㉓ [德]托马斯·莱赛尔、吕迪格·法伊尔:《德国资合公司法》,高旭军等译,法律出版社2005年版,第303页。
㉔ [德]托马斯·莱赛尔、吕迪格·法伊尔:《德国资合公司法》,高旭军等译,法律出版社2005年版,第303页。

"……更加令人信服的理论是,这种抽资资产的行为危及公司生存,在作用方面它等同于进行秘密清算,而且这种清算又规避了有关清算或者破产的程序规则。"㉕

应当说本作作者与前两位学者在资本维持定义上不存在分歧,都认为资本维持就是禁止支付、禁止分配,防止公司资本回流股东。

在资本维持的理论基础方面,也都认为是出于债权人保护以及公司独立法人引发的责任财产唯一性与分离性法律安排。

当然作者还是有一些深化,看到了资本维持的局限性或者说本质所在,不能解决也并不解决公司经营困难问题,资本维持解决的只是资本不当分配问题,而违法支付和分配相当于一次秘密清算,可以说,侵害了债权人的"优先提款权",从这个角度上看,也是应当予以规范的。在会计上,具体规则上,股份公司与有限责任公司有所不同,后者只是要求维持与资本金数额相当的财产,账面金额上的维持就可,前者的要求更高。

(二)德国判决中关于资本维持之定义

在"特里旅馆案"中,德国联邦最高法院的判决对于资本维持有所涉及:

"……目前责任机制的基础是上文提及的所谓合格的事实康采恩责任模式中所采纳的辅助性条款以及《有限责任公司法》第30条、第31条这些资本维持条款规定的内部责任。如果公司资产受到了不法侵害,通过主张这些最基本的损害赔偿请求权不能弥补公司资产所受到的损失,由于公司所受的损失远远超出数额所能统计的范围,或者由于会计账簿没有进行记载,这样资本维持条款就根本无从发挥其保护作用……"㉖

"……公司资产是公司债权人利益的保证,而现有的保护有限责任公司资本的条款存在着缺陷:通过适用《有限责任公司法》第30条、第31条的规定,不能弥补或者全部弥补由于股东侵吞行为而给公司资产所造成的损失……公司没有按照会计规定进行簿记的挪用行为或者没有十分清楚地进行簿记的挪用行为;及时而清楚地簿记是适用《有限责任公司法》第30条进行法律救济的关键;如果没有进行簿记或者簿记不清,上述资本维持条款就根本不能起到保护资本的作用……"㉗

"……尽管毁灭公司生存责任属于《民法典》第826条范畴,其作用也是弥补《有限责任公司法》第30条、第31条中固有的立法缺陷,即他们并不保护由于股东挪用而造成的超过注册资本数额的资产损失。但是,新责任模式下的损害赔偿并不一定要超过《有限责任公司法》第30条、第31条的规定保护范围……股东应该赔偿的范围损害包括股东违反第30条、第31条挪用的、应该返回的公司资产……"㉘

虽然,判决没有直接的、正面的给予资本维持以解释,但也还是可以从中提炼一些:

首先,资本维持就有限责任公司部分,其维持的是公司资产的账面价值,维持的含义是当公司净资产能够覆盖,也就是说,高于注册资本、基本资本数额时,才允许公司向股东支付,如

㉕ [德]托马斯·莱赛尔、吕迪格·法伊尔:《德国资合公司法》,高旭军等译,法律出版社2005年版,第303页。
㉖ § 563 Abs. 1 Satz 2 ZPO. 转引自高旭军:《德国公司法典型判例15则评析》,南京大学出版社2011年版,第398页。
㉗ 高旭军:《德国公司法典型判例15则评析》,南京大学出版社2011年版,第400页。
㉘ 高旭军:《德国公司法典型判例15则评析》,南京大学出版社2011年版,第407页。

果支付导致公司资产不能覆盖基本资本,那么其就违反了资本维持原则。由于资本维持比较的是账面价值与基本资本的数额,其合法性的判断对于公司会计、公司账簿有一定的依赖性,公司的会计标准的变化、公司会计账簿置备的完善程度对于资本维持条款的适用都有重大的影响。

其次,资本维持原则保护的利益范围限于公司的基本资本。资本维持原则的目的在于约束公司基本资本对于股东的支付,从公司支配度来看,基本资本属于法定严格管控的范围,而基本资本之外,如盈余部分,相对基本资本公司对其更具自由度。从这个目的出发,如果要向股东主张责任时,只能限于资本维持所限的基本资本的范围,其余资产的返还不能适用资本维持作为请求权基础。这个问题也是本案法院着力解决的问题之一,通过《德国民法典》第826条来弥补这一保护的不足,将公司损失财产全部纳入保护范围。

除此之外,在另外一个判例中,联邦最高法院将资本维持原则的适用范围作了扩张,不仅仅适用于基本资本,且同样约束股东对公司的借贷及财务资助,使其不能在公司经营困难、出现危机时被随意抽回。[29]

可以说,德国判决中涉及的资本维持制度都指向了《有限责任公司法》第30条,以此作为资本维持原则的实体法渊源,或者说基本规则、基本条款。

《德国有限责任公司法》第30条第1项规定:"为维持基本资本所必要的公司财产不得支付给股东。对于因存在支配或者盈余转移合同而进行的支付或者通过对股东享有的同等价值的对待给付请求权或返还请求权相抵消得以补偿的支付,不适用第一句的规定。此外,股东贷款返还和经济上与股东贷款相当的法律行为产生的债权进行的支付,也不适用第一句的规定。"[30]

另外,《德国股份法》第57条第1项规定:"出资不得返还给股东。在受允许的股票回购情形中支付的回购价款不视为出资返还。第一句不适用与存在控制或者盈余移转合同时进行的支付,或者通过对股东额等值的对待给付请求权或者返还请求权得到抵偿的给付,此外,第一句不适用于股东贷款的返还和对经济上相当于贷款的法律行为所产生的债权的清偿。"[31]

两者虽然分别规定,表述也不同,但核心内容、思想是一致的,更是明确的,就是禁止公司向股东随意支付。"法律自然不能阻止亏损的产生,但无疑可以禁止向股东进行支付而导致公司财产任意减少。"[32]

(三)小结

德国关于资本维持的认识就概念而言,几乎没有分歧和争议,资本维持就是基本资本禁止向股东支付。维持不意味着公司不允许亏损,不允许基本资本因经营失败而减少,而是不允许股东对其的侵蚀、不允许股东从公司抽回资本。在德国,这是公司独立法人理论下的必然、当然的结论(被称为分离性原则),也是股东享受有限责任的前提条件。

---

[29] 参见王东光:《德国联邦最高法院商事判例译评》,法律出版社2011年版,第215页。
[30] 《德国商事公司法》,胡晓静、杨代雄译,法律出版社2014年版,第37页。
[31] 《德国商事公司法》,胡晓静、杨代雄译,法律出版社2014年版,第88页。
[32] [德]格茨·怀克、克里斯蒂娜·温德比西勒:《德国公司法》,殷盛译,法律出版社2010年版,第402页。

而之所以没有分歧和争议，很大一部分原因在于其实体法的存在。上文所引，无论是《有限责任公司法》第30条还是《股份法》第57条（及其他附属条款），对于资本维持的内涵和外延都有明确详细的规定。

三、日本、韩国、我国台湾地区关于资本维持之定义

（一）日本关于资本维持之定义

日本学者前田庸认为：

"……股份公司因股东只承担间接有限责任，对于公司债权人而言，能够满足自己自己债权的只是公司财产。为使公司债权得以实现，必须确保公司财产，为此而设立资本金制度。所以，资本金指的是作为确保公司财产尺度的一定金额。换言之，作为公司财产底线的金额是资本金。"[33]

"公司的财产会有增减，所以也有可能出现公司财产低于作为财产尺度资本金的情况。公司财产低于资本金时，禁止进行盈余金分配，所以公司财产不能低于资本金这个制度具有一定意义……资本金，是指除非公司法有特别规定，公司设立或发行股份时，股东对公司缴纳或交付的财产额。"[34]

"……所谓资本维持原则是指公司必须现实地控制了相当于资本金额的财产的原则，该原则是在根据资本充实原则公司现实地控制了相当于资本金额的财产后才成为问题。可见，在公司财产低于资本金额时禁止盈余分配，正是从该原则中得出的结论。如果在公司财产低于资本金时允许盈余金分配，资本金规定同样会失去意义。所以，资本维持原则也是资本金制度的必然要求。"[35]

作者给出了资本维持的定义，含义就是公司应当维持、控制相当于资本金的财产，从其论述来看，资本维持核心规则就是低于资本金禁止分配。所谓的维持并非意指公司财产不能减少或者公司有不得财产减少的义务，而是说公司在资本金范围内不得支付、分配股东资本。资本金数额是公司财产的衡量尺度，盈余或亏损的标准，能否支付、分配的依据。资本金数额的变化意味着公司财产衡量尺度的变化、盈余亏损标准的变化、支付分配的标准变化，影响不小。

依此来看，可以说，资本维持制度衍生出了资本金制度，或者说资本金制度是资本维持的必然结果，因为既然要控制公司财产支付分配，资本金作为公司独立财产的初始配置，是一个自然而然被控制的法定对象；且从另一个角度来看，要控制支付分配，要确定标准，资本金概念制度的建立也是必然的。[36] 然虽两者有逻辑上关联，很难说，资本维持可以完全覆盖资本金减少制度。在形式减资中，减资不过只是修改资本金数额，也就是分配标准，并未涉及公司向

---

[33] ［日］前田庸：《公司法入门》，王作全译，北京大学出版社2012年版，第18页。
[34] ［日］前田庸：《公司法入门》，王作全译，北京大学出版社2012年版，第18页。
[35] ［日］前田庸：《公司法入门》，王作全译，北京大学出版社2012年版，第19页。
[36] 参见［日］落合诚一：《公司法概论》，法律出版社2011年版，第181页。

股东的支付资本金，这部分资本缺口是由于经营所致，而这并非资本维持的管控范围。当然，分配标准的修改，会涉及之后公司向股东的支付，与资本维持的关联性还是存在的。另外，减资还有一个重要的意义在于提高对于新投资者的吸引力，如果不进行减资，那么投资者的持股比例的影响力可能有限，减资缩小了既有股东的持股比例，进而提升新股东的控制力，这与资本分配支付管控、与资本维持制度已经基本完全脱离。

除此之外，资本维持与资本充实概念的区分也十分重要。两者对应的是公司资本形成发展过程中不同的阶段，前者一般来讲属于资本形成阶段，后者属于公司发展阶段。在公司筹措资本的过程中，股东应当如实按期缴纳与认缴价值相当的资产，保证公司资本金额的真实性，这是资本充实制度，尤其是在实物出资中，资产评估程序保障是资本充实制度的重要内容。而资本维持是在资本充实之后的制度设计，也就是对于所筹集充实资本的维护。[37]

值得一提的是，《日本公司法》和《日本公司计算规则》对于资本金以及股东资本的概念分别作出了界定。《日本公司法》第445条第1款规定：股份公司的资本金金额，除本法另有规定的场合外，为设立或发行股份之际成为股东者，向该股份公司缴纳的股款或给付的金额。[38]《日本公司计算规则》第2条第3款第30项对股东资本作了规定，按此规定，股东资本指的资本金、资本盈余金以及利益盈余金。[39]

比较《日本公司法》对于资本金、资本盈余金以及利益盈余金的规制，法律的严苛程度是逐步降低的，如资本金的减少原则上需要股东大会的特别决议，而公积金的减少需要的是普通决议。[40] 结合关于股东资本的概念，资本维持某种程度上可以理解为法律对于公司中股东权益抽回的管控，而公司资本、资本金是所有股东权益中管控程度最强的。这种理解相对来说更广义一些，并不局限于资本金或者像德国法上的基本资本，而是指向股东在公司中的所有权益，并以此采取不同程度的管控水平、管控标准。

综合来看，日本关于资本金以及资本维持制度的规定十分完善，特别注重概念的界定。就个别学者对于资本维持的定义来看，与普遍的观点并无分歧，是指法律对于资本金的维护，防止股东的抽回。

（二）韩国关于资本维持之定义

韩国学者对于资本维持的定义相对更宽泛些，包含了日本学者前田庸所认为的资本充实和资本维持两个部分，在逻辑上并不区分资本筹集阶段和资本维持阶段，是一个广义的概念。

李哲松认为："资本维持原则，指公司应实际维持相当于资本额的净资产的原则。资本不仅以计数上的金额来存在，而且也应该实际保有，从这个意义上看，也可以称为资本充实原则。即使维持相当于资本的净资产，但该净资产时随着公司的经营成果经常变动的，并非是根据特定人的意志可以维持的。因此，将资本维持应理解为：禁止通过资本交易，使得公司财产不当流出，如依资本交易流出，主要是指流到股东处，因此，可以将资本维持的原则比喻成

---

[37] ［日］前田庸：《公司法入门》，王作全译，北京大学出版社2012年版，第19页。
[38] 《日本公司法典》，崔延花译，中国政法大学出版社2006年版，第212页。
[39] ［日］前田庸：《公司法入门》，王作全译，北京大学出版社2012年版，第438页。
[40] 《日本公司法典》，崔延花译，中国政法大学出版社2006年版，第212、146页。

防止资本流向股东的防水墙。”[41]

作者将“维持资本金以上资本额”的资本维持概念解释为资本禁止分配，禁止资本从公司向股东输出，可以说对资本维持作了限缩解释，资本维持仅仅阻却基于资本交易使得公司财产向股东的流出，而不包括公司经营导致的资本流出。

资本维持除了这层含义，还有保证出资到位、真实等含义，从其所列具体规则看：“……商法中，反映这一原则的规定非常多，例如：公司设立时，应全部缴纳股份的发行价额，也应全部履行实物出则……实物出资及其他变态设立事项有危害资本充实之虑，因此应履行严格程序……发起人与董事承担股份认购、缴纳的担保责任……公司设立时禁止低于票面价额来发行股份……自有股的取得受限制；即使有盈余，也应该具备积存法定公积金等所定条件，才有可能分派。”[42]

资本维持原则，一方面，要保证声明或者注册的资本与实际筹集的一致，无论是及时还是真实最终结果看都是一致问题；另一方面，事后在基本资本范围内禁止通过各种方式向股份非法输出资本。

郑璨亨持有相同的观点，其认为资本维持原则是公司应当保持与其资本额相当的净资产，这是保护债权人的原则；在外延方面，也完全一致，既包括资本收缴阶段也保持收缴之后。[43]

从其关于公司股份回购限制部分、董事责任以及利润分配的表述来看，资本维持与资本充实是一个含义，或者说在一个含义上使用：“公司股份回购事实上就是偿还出资金，此行为不仅违反资本充实的原则，而且公司除了负担企业风险之外，还要负担股价变动风险，并且存在被公司内部人恶意利用在投机交易上等诸多弊端，所以原则上是禁止的……公司的资本充实原则是股份公司的本质要素，而且把资本充实放在《商法》第 341 条立法目的角度看，应将此作为强行规定……《商法》基于符合登记的资本充实，规定了董事认购担保责任……《商法》为了更好的保护公司债权人的利益，依据资本维持原则对可分配盈余做了严格的规定。”[44]

作者还提到了另一种资本维持含义的使用，将其与公司有限责任、公司人格联系起来，公司必须具有与其经营规模、经营规模性质相匹配的充实的资本程度，否则公司便不再享有有限责任的权利，并称为积极的资本维持，但认为《韩国商法》没有正式引入此规则。“长期以来，英美国家根据判例和学说，就承认它为资本的指导原理。在德国，特别法认为金融机关、资本投资公司以及保险公司都可以使用该原则。当资合公司缺乏充实资本时，社员得不到有限责任的实惠，缺乏公平性。”[45]这是资本不足下的公司人格否认，在英美法“揭开面纱”判例中，如果公司设立时资本量与其业务性质和经营所涉及的风险相比数额过小，没有满足实际经营的需要，那么有可能被法院认定为公司资本显著不足，从而被人格否定。[46]

综合来看，理解韩国的资本维持，可以从积极充足和消极维持两个方面来理解：首先，资

[41] [韩]李哲松：《韩国公司法》，吴日焕译，中国政法大学出版社 2000 年版，第 150 页。
[42] [韩]李哲松：《韩国公司法》，吴日焕译，中国政法大学出版社 2000 年版，第 150 页。
[43] 参见[韩]郑璨亨：《韩国公司法》，崔文玉译，上海大学出版社 2011 年版，第 134 页。
[44] 参见[韩]郑璨亨：《韩国公司法》，崔文玉译，上海大学出版社 2011 年版，第 414 页。
[45] 参见[韩]郑璨亨：《韩国公司法》，崔文玉译，上海大学出版社 2011 年版，第 131 页。
[46] 参见朱慈蕴：《公司法原论》，清华大学出版社 2011 年版，第 48 页。

本维持与资本充实基本同义，包含筹资阶段和筹资之后运营阶段，要求股东认缴资本与登记注册的资本一致，保证其真实性，性质上是出资义务履行问题；其次，积极充足时指股东应当积极的履行出资义务，使公司实收资本增加到注册登记的数额，达到充足的状态。消极维持，对于公司已经筹集的资本，股东不得通过资本交易或者其他方式回流。基本资本范围内不得分配，只有符合法定条件的盈余才可以分配股东。

（三）我国台湾地区关于资本维持之定义

我国台湾地区学者对于资本维持的定义与韩国学者是相同的，虽然表述略有不同。资本维持原则是涵盖筹资前后的维持净资产于资本额的原则，发行出资阶段的资本真实规则、充实规则以及公司资本的禁止分配规则。

如柯芳枝认为："资本维持原则，是指公司至少须经常维持相当于资本额之财产，以具体财产充实抽象资本之原则，故又称为资本充实原则。此一原则，旨在保护公司债权人。"[47]

如果仅从文义来看，尤其是"须经常""以具体财产充实抽象资本"的表述，容易将其理解成公司负有在亏损或者说公司净资产低于资本额时弥补资本使之与资本额相一致的义务。若以此理解，自然是存在问题的：

首先，如果义务主体是公司，那么这个义务条款的责任设置与执行是有难度的，而且背后的理论基础何在？是否妥当？某种程度可以认为，这种义务就是盈利义务，也就是公司不得亏损，只能盈利，或者说在亏损后负有寻找财源充实资本的义务，从结果来看，仍然是不得亏损义务。对于一个私益性、经营性的公司，这是不合理的。不过不排除一些特殊行业、特殊机构，法律进行一些特殊规定，如上文韩国学者郑璨亨提到了德国金融机关使用的资本维持条款就是如此。由于银行等金融机构涉及利益广泛、性质也有所不同，有其合理性。另外当事人之间合同设立此等义务也未尝不可。

其次，如果义务主体是股东，那么它违背了公司法的基本原则——有限责任，法律一方面规定股东仅以出资额承担责任，也就是股东对公司的出资是股东对公司的全部责任；法律另方面又规定在资本不足的情况下，股东在原有出资额的基础上又增加负担充实公司资本的义务，实际上将公司有限责任改变成了无限责任。"股份有限公司之股东，仅就其所认股份对公司负其责任，其他并无任何出资义务，亦不受损失之分担。申言之，股东就其所认股份，对公司负有缴纳之义务，而股东对公司之责任，亦以缴清其所认股份之金额为限。若公司章程、股东会或董事会之决议，违反股东有限责任之原则者，一概无效。"[48]何况，如此与法人独立人格不符。既然公司是独立法人，自负盈亏，公司不应有依据在资本亏损或者不足时要求股东补足，其亏损后果与股东无关，不应将其加注在股东个人财产之上。

因此，如果仅从其表述、其"外观"来理解所述资本维持原则是不够的，也是容易产生误会的。结合作者各处对于资本维持定义的使用情况而进行"体系解释"的话，其所指的就是出资履行以及出资禁止返还原则，如所列资本维持原则体现："股票之发行价格，原则上不得低于票

---

[47] 柯芳枝：《公司法论》，中国政法大学出版社2004年版，第128页。
[48] 潘秀菊：《公司法》，元照出版有限公司2002年版，第211页。

面金额，抵作股款之财产如估价过高者，创立会得减少所给股数或责令补足，未认足之第一次发行股份及已认而未缴股款者，应由发起人连带认缴，其认而经撤回者，亦同，公司不得自将自己股份收回、收买或收为质物等，公司分派盈余时，应先提出10%为法定盈余公积及公司非弥补亏损及依法提出法定盈余公积后，不得分派股息及红利等规定，均为此一原则的体现。”[49]

方嘉麟将资本维持原则的设计分成两个阶段更能体现台湾地区资本维持的含义所在，其认为资本维持由两个阶段组成：第一个阶段是公司发行股份时，关于公司资金进入公司的制度安排。这个阶段是目的是确保公司从股东取得的资产未经高估，使形式上的资本背后具有相当于或者高于该形式资本的资产作为支撑，股东对公司的出资与公司给付股份之间有相当性。这个阶段的规范重点在于禁止股票发行价格低于票面金额以及现金之外标的出资时不得高估其价值；第二个阶段是在公司取得资金后，关于资金运用限制的制度安排。重点在于限制公司所取得的资金不能不当外流，如禁止任意返还给股东、不得实施承担无限责任的转投资行为、禁止贷予资金给他人等，以及在股东与债权人权益衡量时，优先保护公司债权人，如股份回笼禁止、法定盈余公积的留存和无盈余不得分配原则等。[50]

其对于资本维持的理解相对更宽泛些，第二部分的资本维持不仅仅是禁止分配原则，而是关于公司资本流出和使用管控以及资本风险控制的原则，可以称为资本保护原则。只要是公司经营目的之外，非经营性的资本使用或者增加资本风险的行为都应受到严格的规制。

综合来看，虽然在理解上还有些区别，但是大体还是一致的，基本是概念两分，筹资与筹资后，积极的资本充实和消极的资本维护。如果从资本三原则的体系来看，资本维持为实现资本确定原则所必需，填充确定之抽象资本并维护其不当减少，而资本不变则控制这抽象资本数额的变动。因此，从三原则出发，关于资本维持的定义“以具体财产充实抽象资本”以及“维持相当于资本额之财产”也就不难理解，也使其成为台湾公司资本维持定义经典性、代表性的表述。

（四）小　结

日本、韩国以及我国台湾地区对于资本维持定义的使用略有不同，日本有学者将资本维持与资本充实相区分，韩国及我国台湾地区则不区分，且资本维持与资本充实作为同义使用，这样资本维持定义的范围也就各自不同。日本资本维持映射的是资本禁止分配原则，而韩国和我国台湾地区则不限于此，还包括资本真实、充实原则，涵盖筹资与运营两个阶段。

四、国内关于资本维持之定义

（一）学界关于资本维持之定义

国内对于资本维持定义的认识基本是一致的，表述虽略有差异，但主体差别不大，一般都

---

[49] 柯芳枝：《公司法论》，中国政法大学出版社2004年版，第128页。

[50] 参见方嘉麟：《论资本三原则理论体系之内在矛盾》，载《政大法学评论》第59期，第169页。转引自许坤皇：《论股份有限公司资本制度——以具体规范之探讨为核心》，台湾政治大学2005年硕士学位论文。

表述为：资本维持是指在公司存续中，应当维持与公司资本额相当的现实财产（以具体财产充实抽象资本）。[51] 在概念使用上，大都将资本维持与资本充实作为同义使用。[52]

我国大陆学者对于资本维持的定义与认识与台湾地区学者非常相似，无论是内涵外延大陆学者与台湾地区学者都差别不大。

就外延来看，资本维持相应规则主要包含：限定非货币出资条件、发起人特殊出资责任、股票发行价格不得低于票面金额、股东不得抽回股本、公司持有本公司股份的限制、无盈余不得分配、公司债权发行的限制、禁止接受本公司股票质押、按规定提取和使用公积金、在公司弥补亏损之前不得向股东分配股利、禁止母公司以其持有子公司股份抵消对其债务、公司转投资受到一定限制等。[53] 规则分别适用于出资阶段和运营阶段，或者说资本形成中和资本形成后。前后规范目的、重点与性质有所不同：资本形成阶段，目的是保证注册资本抽资资本得以充实，从股东的角度，就是一个出资义务履行的问题，使抽象资本与具体财产、实际到位资产能够一致；资本形成后阶段，目的是保证公司财产受到不当减少、非法减少或者置于减少的风险下。这一体系与我国台湾地区、韩国相同。可以看到，学者对于资本维持的定位、理解也是两分法，即筹资中和筹资后。

学界对于资本维持的定性，都是放在资本三原则之下，也正是基于这一点，资本维持内涵的定位内容也就基本固定了。如果三原则中没有资本维持原则，那么这一体系是有缺陷的，尤其在资本确定原则日益空心化的现代公司法制中。资本确定在认缴制下，只能确定抽象资本的数额，抽象资本的充实则必须借助其他原则来完成、来保障，这是资本三原则的体系决定的。另外，这一功能的分配也决定了资本维持原则必然不仅仅涉及资本形成后的制度保障，还涉及资本形成阶段的制度保障，而不像英国、德国那样定位于资本形成后的资本禁止分配规则。基于此，资本维持含义必然是相对广义的，资本维持与资本充实定义的趋同也就可以理解了。

对于资本维持的把握，有学者认为："公司资本维持原则可视为一种公司参与人投资风险为序的法定安排。公司资本制度的生成，就在于平衡并回应公司债权人与公司股东间的不可回避的利益冲突。股东与债权人作为不同风险偏好的投资人，面对公司现金流，均强烈地希望优先获得回报。而公司资本维持原则，实际上就是经由一系列法律上的否定性规则的底线安排，试图维持'债权人与股东各自的合理优先权'，更准确地讲，试图在不违反债权人优先受偿权前提下，给予股东投资回报的最大的灵活空间与最小的限制。"[54]这一定义下的资本维持应当说是接近狭义的，指的是法律对股东在其公司权益提取权的阻却规则、股东分配限制规则。

---

[51] 参见王保树：《股份公司资本制度的走向：从"资本维持原则"规制缓和中寻求真谛》，载《中国商法年刊》2003 年第 3 卷，第 38 页；赵旭东主编：《公司法学》，高等教育出版社 2006 年版，第 166 页；刘俊海：《公司法学》，北京大学出版社 2008 年版，第 86 页；范健、王建文：《公司法》，法律出版社 2008 年版，第 276 页。

[52] 参见王保树：《股份公司资本制度的走向：从"资本维持原则"规制缓和中寻求真谛》，载《中国商法年刊》2003 年第 3 卷，第 38 页；赵旭东主编：《公司法学》，高等教育出版社 2006 年版，第 166 页；刘俊海：《公司法学》，北京大学出版社 2008 年版，第 86 页；范健、王建文：《公司法》，法律出版社 2008 年版，第 276 页。另参见施天涛：《公司法论》，法律出版社 2005 年版，第 168 页；李建伟：《公司法学》，中国人民大学出版社 2008 年版，第 204 页。

[53] 参见王保树：《股份公司资本制度的走向：从"资本维持原则"规制缓和中寻求真谛》，载《中国商法年刊》2003 年第 3 卷，第 38 页；赵旭东主编：《公司法学》，高等教育出版社 2006 年版，第 166 页；刘俊海：《公司法学》，北京大学出版社 2008 年版，第 86 页；范健、王建文：《公司法》，法律出版社 2008 年版，第 276 页。另参见施天涛：《公司法论》，法律出版社 2005 年版，第 168 页；李建伟：《公司法学》，中国人民大学出版社 2008 年版，第 204 页。

[54] 傅穹：《公司资本维持原则的现代思考》，载《社会科学战线》2004 年第 1 期，第 251 页。

还有学者则对于资本维持的解释着眼于“维持”，认为资本维持不是维持资本绝对的不受减损，而在于维持资本不受非法返还股东而减少。正常经营活动的损失是法律不应禁止的，且当公司发生损失而导致资本不足时，股东没有义务补足。[55] 从其论述来看，主要参照引入了域外的关于资本维持定义的认识，并以此认为中国大陆关于资本维持限定义是不妥当的、望文生义的，应当限缩为禁止资本返还原则。从其结论可以探知作者所认为的中国大陆资本维持概念的含义主要有：首先，公司有义务维持资本额的不变或者增加，即对于任何情况发生的亏损或者资本不足的情况都不能豁免公司的义务。只要公司的资本额发生了减损，就会有相应的法律责任产生。换一个角度来说，目前国内资本维持原则下，公司存在盈利义务、资本增长义务。其次，公司一旦资本不足，股东需要承担填补责任，弥补公司亏损，也就是说，资本维持在资本不足时维持义务的主体是股东。这一观点对于资本维持的看法采取的是狭义的概念，或者从实然与应然的角度来看，作者主张中国大陆资本维持概念应然的采取资本禁止返还原则说，而目前中国大陆学者的概念体系下实然的概念则将资本的维持趋向于绝对化，是指公司的资本额在任何情况下都不得减少。

在资本维持的定义中，大多强调防止资本的实质流出是资本维持原则的立法目的。如果仅从定义上理解，这与德国法上的基本资本下资本维持可能还有所区别。后者资本维持原则维持的基本资本的流失，也就是基本资本所限的数额之外的资产流出在维持原则管控之外，当然也要遵守一定的分配规则。但是中国大陆的含义应该是更为广泛，只要是公司资本的实质流出，而既然是实质流出，此处资本与资产是同义的，从所列资本维持涵盖规则来看，也不仅仅局限资本数额范围内的流出，只要可能导致资产流出或者增加资产风险，无论是资本数额内还是资本数额外，都受控于资本维持原则。正常经营范围内的资产流出、置换以及亏损，一般不在此限，在解释资本维持原则表述时，这可以说是当然的。

（二）实务界关于资本维持之定义

在各级法院的判例中，很少对资本维持作出正面的解释，一般都是附带性的作为论据引用，主要出现的领域是股东抽回出资、股份回购以及减资。相应的表述有：“第三，根据公司资本维持原则的要求，公司在其存续过程中，应维持与其资本额相当的实有资产。为使公司的资本与公司资产基本相当，切实维护交易安全和保护债权人的利益，《公司法》第 36 条明确规定，公司成立后，股东不得抽逃出资。”[56]“根据公司法上的资本维持不变原则、《公司法》第 31 条、最高人民法院《关于适用〈中华人民共和国公司法〉若干问题的规定（三）》第 14 条第 2 款的规定，6 名股东有义务对 1900 万元的抽逃款进行补足，未能补足的，应当对铁锃公司未能偿付的债务在 1900 万元内承担连带付款责任。6 名股东承担连带责任后，无过错股东可以向具体实施抽逃注册资金行为的股东进行追偿。”[57]“公司依法成立后，负有资本维持之义务，股东不得抽逃出资。”[58]“根据公司法的资本确定原则、资本维持原则、资本不变原则以及其他相关

---

[55] 参见张保华：《资本维持原则解析——以“维持”的误读与澄清为视角》，载《法治研究》2012 年第 4 期，第 63 页。
[56] （2011）浙商终字第 36 号民事判决书。
[57] （2012）浙商提字第 81 号民事判决书。
[58] （2010）冀民三终字第 22 号民事判决书。

法律规定,公司成立后,无论何种理由,股东都不能抽回出资,股东只能转让自己的股份,不得从公司抽回投资款项,公司亦不得收购本公司的股份。公司在符合法定条件和履行法定程序后方可收购本公司的股份。”[59]

除此之外,在公司股东出资义务履行场合,也会引用资本维持原则,例如,“股东出资既是股东对公司承担有限责任的物质基础,又是股东对公司享有股权的依据。股东承担的出资义务,是股东依照约定或者公司法规定承担的特殊合同义务,该义务的适当履行是公司人格独立与股东有限责任制度的物质基础,是对公司资本维持原则的贯彻,是对公司债权人进行保护的必然要求,债权人有权依照合同法对违反出资义务股东提起诉讼要求承担补充赔偿。因此,违反出资义务的股东对公司债权人承担补充赔偿责任是必然逻辑。无论是违反增资义务中的出资义务还是违反公司设立时的出资义务,股东都必须对债权人承担补充赔偿责任”。[60]还有将资本维持原则的违反视为公司人格缺陷的依据,并结合《公司法》第20条,作出股东与公司承担连带责任的判决。[61] 也有看法认为资本维持原则下,只有利润才能分配,否则就构成出资的返还,违反资本维持原则。[62]

在实务界撰写的论文中,有这么几种观点:认为资本维持原则的目的在于保护已缴资本的安全性,避免股东以各种形式抽逃出资;[63]认为资本维持原则主要目的在于解决资本不足,而在认缴制下,资本维持原则违反导致的资本不足可能性增大,并认为刺破面纱是解决资本不足的有效制度安排;[64]认为资本维持原则的目的是要求公司的净资产始终相对的维持在形式资本数额左右,不得低于形式资本数额,要降低形式资本要求只能通过减资。也就是资本维持是对公司净资产的硬性要求,这种情况下,基本等同于公司要求每笔业务都需要赚钱,资本维持原则与现实的经济商业发展不符,它是一种绝对的净资产信用观,通过设置将净资产维持在资本额以上的义务来实现保证公司信用的效果。[65]

(三)小　结

综合来看,中国大陆对于资本维持还是有一些分歧,主流也可以说是一致的,但不可否认确实存在一些模糊的地带,可能与表述有关。比如资本维持原则,财产维持在资本额附近,其中财产是属于总资产还是净资产,维持到底是否指绝对的维持?如果仅从当前的关于资本维持的表述中,很难有清晰的结论,当然如果做一些目的性的限缩解释,也未尝不可,结论也是明确的,不少学者已经做了学术上的努力和贡献。

---

[59] (2015)苏商再提字第00002号民事判决书。
[60] (2014)鲁民四终字第155号民事判决书。
[61] (2012)粤高法审监民再字第52号民事判决书。
[62] (2010)河商初字第73号民事判决书。
[63] 参见关倩:《资本维持原则对隐形关联公司的限制》,载《人民司法》2015年第7期,第68页。
[64] 参见顾敏康:《零资本制度下的资本维持原则》,载《人民司法》2015年第7期,第74页。
[65] 参见杜军:《资本维持原则的再思考》,载《商事法论集》2002年第2期,第151~164页。

五、如何看待资本维持定义的差异

(一)关于资本维持定义的分类

相对来说,无论是表述还是内涵外延,名与实来看,德国法上的资本维持原则是最为直接明确清晰的,资本维持就是维持基本资本不受股东侵蚀,财产在资金额范围内与公司股东隔离,只有盈余才能分配;一旦亏损,后期所得也必须先弥补亏损。这里有几个值得注意的地方:

第一,资本维持与资本缴付是区分的,共同组成了德国法上的资本束缚体系,也就是资本维持只针对已缴资本,只针对股东的抽资行为;

第二,资本维持原则与基本资本绑定,基本资本是一个抽象数字,对应的是公司财产的账面价值。比较的双方是计入公司财产的账面价值与公司注册的基本资本数额;

第三,比较的公司财产账面价值指的是公司的净资产,不是总资产;

第四,无盈余不分配可以说是资本维持的必然结论,因为无盈余分配必然损害基本资本,违反资本维持原则;

第五,维持指的只是阻却公司股东抽资行为,也就是对公司基本资本的损害,经营的亏损变化不在法律管制的范围内,不存在绝对意义上的资本维持。

英国法上资本维持的定义争议也不大,虽然前文列举了三种观点,但可以说分歧不大,分歧在于是不是将减资法定纳入资本维持原则范畴。第一种观点源于两个判例,虽然法官在叙述中将资本禁止返还的理由设定为资本经营使用原则,返还资本与资本经营使用相违背,但仔细考量,资本经营使用原则不过是证明资本禁止返还的论据,如果从整个判例来抽象规则的话,判例确定的规则应该是资本禁止返还规则。也就是说英国判例法上的资本维持原则就是资本禁止返还原则。而从其他学者的观点来看,也是如此。略有不同的第三种观点源于Gower,如果从资本三原则体系来看,他的名义资本非经法定程序不得减少就是资本不变原则,也就是说,资本维持原则包括资本禁止返还以及资本不变原则。这一看法应当说越来越受到认同,例如,保罗·戴维斯和萨拉·沃兴顿认为英国的资本维持原则由两部分组成:首先,非盈余禁止返还,只有公司净资产高于公司已催缴股本和不可分配储备之和才能分配,分配后公司净资产也不能低于资本;其次,公司只有遵旨在保护债权人利益的程序后才可以降低账户中法定资本的价值。[66] 这一说法和Gower的看法完全相同。

东亚除了日本外,韩国、我国大陆、我国台湾地区无论是在表述还是内涵上都非常相近。日本有所不同,虽然也坚持资本三原则,但在概念界定上有所不同。其资本维持与资本充实概念两分,分别调控筹资中与筹资后两个阶段。且资本维持指的就是禁止资本金分配,比较明确。资本金也成为一个法定概念,立法技术较细致。

韩国、我国大陆以及我国台湾地区,资本维持的概念使用皆与资本充实一致,包括资本筹

---

[66] [英]保罗·戴维斯、萨拉·沃兴顿:《论资本维持》,罗培新译,载《证券法苑》2014年第12卷,第407~464页。

集中和资本筹集后两个阶段，概念广度是最为广泛的，相当于德国法上的资本缴付原则和资本维持原则。资本维持概念的范畴与资本三原则密切相关，资本维持是公司从形式资本向具体资本过渡的必要原则，也正是如此，其范围不仅仅局限于资本筹集后资本的消极维持，还包括筹集中的积极维持。虽然有较多共性，但是在第二个方面的细节把握上，还是有些许差异的：韩国学者的看法是资本维持针对的是资本分配及与其相关联的制度，但是我国台湾地区以及大陆有些看法对此做了广义的解释：有的认为资本维持是对公司资本使用的限制，是平衡债权人与股东利益的制度，是优先保护债权人的制度，不仅仅是资本分配的问题；有的认为资本维持的目的是防止资本实质流出，或者财产流出。范围有狭义和广义之分。

总结来看，资本维持概念可以分成三个层次：

最狭义的就是资本维持仅指资本禁止返还，如德国；

其次是指资本缴付和资本禁止返还，如韩国；

最广义的指资本缴付和资本使用限制或者资本流出限制，如我国台湾地区和大陆。

（二）定义的是非与取舍

资本维持无论在哪个国家、地区都是一个法学概念而非法律概念，没有法律对于资本维持做过定义，是学者对相应实体规则的抽象、概念化。那么资本维持概念是应然问题呢？如果纯粹从概念本身出发，可以说，是不存在应然问题的，因为概念定义本身是主观性质的，是主体赋予客体的，同样的规则可以有无数种定义，不存在是非对错。可以将资本返还定义为资本维持，也可以将资本筹集定义为资本维持。定义的差异、定义宽窄本身不过是设置或者习惯的问题。关于何为资本维持的标准答案是没有的，当然域外如何定义资本维持是有的，是个实然问题，从这个意义上，域外的定义是客观的，是可以区分是非的。域外学者对于概念的理解如何是可以探知和判别的。但这对于学术交流来说，也不过是个对接问题，不能因为各种定义看法间有别，就据此用一种定义否定另外一种定义。一国或者地区的概念可能有其渊源，可能在继受中有误读，但既然已经形成普遍的看法、主流看法，从逻辑上也基本合理，那么这种定义和认识就应当被尊重。在理解和解释定义时，尽量保证某一法域内概念定义的一致性。

不过，也不是说定义就绝对的主观化、随意化，还是有一些评价的空间的。首先，虽说定义的理解可以脱离形式逻辑，但若存在明显的逻辑矛盾或者逻辑混乱，那么应当予以修正；其次，资本维持的定义无论是广义还是狭义，无论在内涵外延上有何不同，其毕竟还是有现实依据的，这依据就是各国的实体法，定义的抽象不能脱离相应实体规则；最后，定义的内涵如果明显与社会经济现状不符，那么也是有问题的。

就中国大陆关于资本维持的定义来看，可能受我国台湾地区影响较大，不论渊源与过程如何，在当今已成一定“惯例”的情况下，应当给予尊重，并尽可能在其范畴内对其作出证成而非证伪解释。

第一，中国大陆资本维持包括资本形成阶段和资本形成后，这与英德日都不同。如果抛开概念就实体规则来看，各国都存在相似的法律规范来规制资本筹集中与资本筹集后两个阶段。日本把前一个阶段称为资本充实，德国则称为资本缴付，英国则称为 formation of share capital 或者 raise of share capital。[67] 中国大陆将资本维持作宽泛定义在资本维持三原则下有合理性，前文也已述及。这个问题上，不存在优劣，重要的是概念构成的法律体系所指向的实体规则是否完备，体系的完整性才是首要应该予以考量的。另外，比如英国学者将资本不变纳入资本维持范围，在中国大陆则完全无此必要。何况，由于语言差异、翻译有别的缘故，不能脱离实体规则，脱离实质谈定义问题。

第二，中国大陆关于资本维持定义的精确性上确实存在进一步提炼的必要：

首先，资本究竟何意？是指总资产还是净资产？对于这个问题，应以净资产为宜。从规范目的来说，如果是总资产维持在资本额附近，那么对于保护债权人来说，没有任何意义，只有净资产才是合乎目的的。当然，从保护债权人角度，也并非一定以净资产为标准，这里涉及资本维持规则具体规则的探讨，[68]但是参考各国的法规以及作为定义的一般来说，是妥当的。

其次，对于维持的理解问题。中国大陆较多的提法是公司应当在存续中(经常性)维持与资本相当的财产，如果对这一表述作文义解释，那么存在一个歧义或者说疑问甚至误会，资本维持是不是要求公司无条件、绝对的将公司净资产维持在资本额之上，对于这个看法，应当是予以否定的，当然的予以否定的，在解释定义时应当有所限缩。理由前文已有部分论述，从规范构成和执行来看，义务主体无论是公司还是股东都是不合理的：如果是公司，这等同于法律赋予公司盈利义务，作为私营性的一般公司规则其谬误性毋庸置疑；如果是股东，那么股东的有限责任、公司的人格何在？

对于《法国商法典》以及《意大利民法典》中“绝对资本维持”条款的理解问题。《法国商法典》第 225～248 条规定：“如果公司由于会计账册上已计入的亏损导致其净资产低于资本的一半，董事会或管理委员会在可能时，必须在批准反映亏损的账目后 4 个月内召集特别股东大会，以决定是否提前解散公司。股东大会决定不解散公司的，公司必须最迟在确认亏损的会计年度后的第二个会计年度终了时，按照规定将其资本减少至少等于未能以公积金弥补的亏损的数额，除非此时公司的净资产至少恢复到资本的一半。没有召开股东大会的，或者在最后一次召集股东大会时也未能作出有效决议的，任何利害关系人均可要求法院解散公司，公司未能按照前述规定减少资本或者恢复净资产的，亦同。在任何情况下，法院可给予公司最长不超过 6 个月的期限调整，如果在法院进行审理之日已经依法进行了调整，不得宣告解散公司。”[69]《意大利民法典》与此类似，不再引述。此处的“绝对的资本维持义务”是从股东义务上来理解，指的是公司净资产低于资本额，股东有补缴义务。从《法国商法典》这部分规定来看：其一，并无任何明确股东弥补亏损义务的条款，也并无可推导义务的条款；其二，唯一对股东有“强制性”影响的是解散机制的启动以减少资本或者恢复净资产为条件，而股东弥补出资是符合这个要求的充分条件，但并不是必要条件，无从推论股东因此负有弥补出资的义务；其三，从这个规则的规范目的来看，其立法意旨在于确保资本额与净资产相一致，以揭示公司真实财务状况，目的在于后者揭示公司真实财务状况，这与一般理解的资本维持防止资

---

[67] Eilis Ferran, *Principles of Corporate Finance Law*, Oxford University Press, 2014, p. 71.

[68] 参见王保树：《股份公司资本制度的走向：从“资本维持原则”规制缓和中寻求真谛》，载《中国商法年刊》2003 年第 3 卷，第 38 页。

[69] 转引自张保华：《资本维持原则解析——以“维持”的误读与澄清为视角》，载《法治研究》2012 年第 4 期，第 69～73 页。

本或者资产实质流出、禁止分配以及资本使用管控都不同。

除此之外，当然不排除一些特殊行业以及合同约定下产生相应的股东维持义务。何况从学者所列外延看，从实体规则看，《公司法》也没有一条实体法支持这一结论。因此，公司或者股东负有绝对的维持公司净资产于资本额之上义务的解释不可取。

第三，资本维持的定位问题。

在确定了资本维持的概念范围、维持以及资本的含义之后，资本维持的定义，就中国大陆来看，依然具有一定的模糊性，尤其是资本形成后这阶段资本维持的定位。不过有一点是明确的，不限于资本禁止分配，但是可以说，以此为主体，不过究竟内涵到什么程度，不同学者的看法不同。以所列具体规则来看，除掉资本禁止分配及关联制度，还有比如公司债券发行限制、公司必须依法提取公积金、公司担保限制、公司转投资限制。[70]

逐一来看，公司债券发行本身并未直接伤害资本，影响的是公司的资本负债率，提高了公司净资产、公司资本的风险；公司依法提取公积金目的在于设置亏损储备金，防范投资风险；公司担保限制是防止公司因为承担担保责任而导致资产流失，公司偿债能力降低，防范经营决策风险；公司转投资限制保护的也是公司偿债能力。

总体来看，这些都属于投资、经营决策风险类的控制。如果以此定性，那么和资本禁止分配的主体规则还是有所区别，将其统一在资本维持原则之中是否妥当？

如果从债权人保护高度统一两者，但是如此的话，资本维持的概念范畴过大，基本与债权人保护同义；如果从防止资产流出的角度，将资本维持定性为防止公司资产流出的原则，如此资本维持原则适用是否过于宽泛？除却明定的诸如担保、公积提存、债券发行和转投资等行为，法律根据此原则、通过解释可以对公司其他的风险策略、投资策略、交易策略等施加限制性影响，从政策考量上值得商榷。

资本分配、返还，其本质是一个出资问题，出资筹集以及出资控制固定，资本维持功能即在于固定股东的出资于公司，本身并不是一个经营、投资的问题。或者从立法意旨来看，其核心并不在于控制经营风险、控制经营决策，而只是出于对公司所募资本的保护、对公司财产责任能力不被股东侵蚀的保护。这也是为什么英国判例法上会以资本返还为不合经营目的而使用资本为由宣布回购无效。[71] 何况，这里不过是概念切割的问题，不是实体规则的排除，限缩、将资本禁止返还与其他担保等行为区分，将后者从资本维持概念中去除有利于增加概念的明确性，减少歧义。

综上，资本维持原则在我国可以如此定义：资本维持原则，是指公司资本得到真实全面的缴付，且未经法定程序不得返还资本。

（三）结　论

定义本身是具有主观性的，是“自由”的，各国、地区对于资本维持的定义也存在差异，但无法因为差异本身来区分是非，重要的是概念背后规则所组成的法律体系是否是完善的。当

---

[70] 参见沈贵明：《公司法教程》，法律出版社2006年版，第124页。

[71] (1887) 12 App Cas 409.

然，定义也并非完全主观的，中国大陆关于资本维持的定义是值得肯定的，也是存在商榷空间的。本文认为：第一，既然中国大陆关于资本维持的定义已经有所成型，那么从解释上应当予以尊重；第二，中国大陆资本维持采大概念包含资本形成中与形成后，这没有问题；第三，中国大陆与资本概念相比较的资产应理解为净资产；第四，不可将中国大陆资本维持理解为绝对的任何条件下的禁止公司净资产低于资本；第五，资本维持原则在公司资本形成后应该限缩在资本禁止分配。

论股权代持的公司法品格
——基于股权信托理论的反思与建构

杨　祥*

引　言

天津东疆保税港区瑞海国际物流有限公司(以下简称“瑞海国际”)爆炸发生后,“股权代持”的合法性及其规避法律和身份限制,进而实现不正当利益等诸多流弊,引起社会民众与专家学者的空前关注。① 事实上,股权代持并非新鲜事物,其实质是一种典型的“名实分离”情形,近义概念是人们熟悉的“隐名持股”,②二者均是对实质利益人未载入股东名册、工商登记状态的描述。对于名实分离尤其是隐名持股所涉法律问题,法学界已经作出了较多讨论,③为理解股权代持问题提供了理论与规范上的帮助。

然而,现有文献及司法解释对“隐名持股”或“股权代持”的研究集中于有限责任公司的股权,忽略了股份有限公司的“股份”(股份代持问题);④在述及隐名持股法律关系时,多以合同关系作为立论视角,聚焦于“出资”或“认缴出资”的来源;在股东资格的归属上,则多从公司内外部关系作出区分认定。这些思路在一定程度上平衡了各方的利益,但尚未准确把握股东资格与隐名持股或股权代持关系的实质,也没有触及“名实分离”持股中法律真正应该关注的主体——处于隐名或被代持状态的股权受益人。事实上,股权利益归属而非出资来源,才是《公司法》《证券法》在股东资格认定上应当特别考虑的要素。近年来,隐名持股或股权代持的现象有愈演愈烈之势,经济因素虽是重要驱动力,但现有研究及立法上的不完善,尤其是

---

* 清华大学法学院商法学博士生。

① 工商登记显示,瑞海国际的股东是李亮、舒铮,分别持股55%、45%,但2位登记股东称自己都是为他人代持股份,对此,朱慈蕴教授、赵旭东教授等数位法学专家发表了相关评论。参见“如何杜绝瑞海式代持? 专家:重罚名义股东,隐形老板无人可找”,载 http://www.thepaper.cn/newsDetail_forward_1367561,2015年8月25日访问。

② 本文所称隐名持股是当事人双方合意达成的一种私法安排,不包括冒名持股。

③ 许多文献对隐名持股法律关系及股东资格的认定作出了分析,较近的文献有唐英:《论隐名股东的股东资格认定——兼谈我国公司法司法解释三相关规定的完善》,载《贵州民族大学学报》(哲学社会科学版)2014年第6期,第65~70页;张双根:《论隐名出资——对〈公司法解释(三)〉相关规定的批判与发展》,载《法学家》2014年第2期,第61~77页;程宝库、肖奎:《实际出资人股东资格正当性质疑》,载《政法学刊》2013年第6期,第5~9页;甘培忠、周淳:《隐名出资纠纷司法审裁若干问题探讨》,载《法律适用》2013年第5期,第18~24页;庞锦华:《隐名股东法律问题研究》,载《湖北警官学院学报》2013年第11期,第110~112页;赵旭东、顾东伟:《隐名出资的法律关系及其效力认定》,载《国家检察官学院学报》2011年第2期,第141~148页等。

④ 我国《公司法》根据公司类型,区分了“股权”与“股份”的概念,前者用于有限责任公司,后者用于股份有限公司。这一区分意义不大,为行文方便,本文将这两个概念统称为“股权”(广义)。是以,本文所称股权代持,包括有限责任公司的股权代持与股份有限公司的股份代持。

令其可有效规避法律、实现不法利益的缺漏，更是主要推动因素。因此，有必要梳理股权代持所涉法律关系，界定名实分离情形中股东资格的认定，并对我国现行法上的股东内涵以及股权受益人之股东资格等展开深入探讨，如此，方能有序规范股权代持现象。

一、为何要介入《公司法》：合同关系与《合同法》规制不充分

股权代持首先是一种私法上的意思自治安排，受合同法规范当属理所当然。问题是，它何以能够产生穿透合同法、渗透公司法的效果？管见认为，单纯以合同关系来理解股权代持现象，存在法律规制不充分的问题，为充分保护各方利益、遵循公司程式与治理结构，有必要将其引入公司法疆域，以多重视域加以分析。

（一）股权代持主要是一种合同关系

股权代持（或隐名持股）都是对被代持人（或隐名人）隐而不显状态的描述。所谓"隐而不显"，指的是未以股东身份载入公司章程、股东名册及工商登记等材料的情形，至于公司或其他股东是否实际知悉被代持人、代持关系，均不影响代持的定性。为设立股权代持关系，代持人与被代持人之间需要达成代持股权的意思合致，一般以股权代持协议或隐名持股协议的方式呈现。在协议中，当事人通常须对以下事项作出规定：（1）以代持人名义持有股权，包括以代持人名义认缴注册资本或新增资本，以及以代持人名义受让股权；（2）被代持人实际缴纳出资或支付受让股权的对价；（3）股权的利益由被代持人享有。此外，股权如何具体行使、代持人的报酬等，当事人往往也会在协议中约定。

作为一种意思自治的私法安排，股权代持本身并无可苛责性或罪恶性，只要约定内容不违反法律的强制性规范、公共政策，或者损害公司、第三人的利益，则股权代持协议合法有效，对双方当事人都具有法律拘束力。无论是名义股东具体行使股权，还是股权所获收益的归属，当事人都必须严格遵守协议约定与合同法规范。对协议双方而言，合同关系毋庸置疑地居于统治性地位。以合同视角来解决股权代持当事人之间的纠纷，应当说，符合双方合同关系的本质，具有理论与规范上的合理性。最高人民法院在2011年公布施行的《关于适用〈中华人民共和国公司法〉若干问题的规定（三）》（以下简称《公司法解释（三）》）中，[5]正是采行了这一思路。依据《公司法解释（三）》第24条规定，隐名出资合同的效力依据合同法来判断，实际出资人可以基于合同向名义股东主张投资权益，名义股东不能以自己被登记为股东而拒绝，这显然承认应以合同关系来处理隐名出资当事人之间的关系。

（二）合同关系是股权代持的全部吗？

如果股权代持仅仅被理解成一种合同关系，那么，基于合同的相对性特征，股权代持协议仅对当事人各方发生法律效力，对公司、其他股东及公司债权人等主体而言，股权代持协议属

⑤ 2014年2月17日，最高人民法院审判委员会第1607次会议《关于修改关于适用〈中华人民共和国公司法〉若干问题的规定的决定》对该解释进行了修正，并于2014年2月20日予以发布。本文所引法条，均以2014年修正后的司法解释为准。

于无关事实，他们并不因此与被代持人发生关系。既然公司法或证券法规范并不介入股权代持关系，自然也谈不上它是否具有公司法品性的问题。

与上述假设相反的是，股权代持（或隐名持股）这一话题在我国《公司法》上一直受到热烈讨论。现有文献一般认为，股权代持并非单纯的《合同法》问题，往往关涉《公司法》等其他规范，在股东资格、法律关系等方面具有特殊性。《公司法解释（三）》第25条规定名义股东处分其名下股权可以适用物权法善意取得的规定，其立法意图显然是因隐名持股在股权归属上具有特殊性，故有必要将名义股东与一般意义上的股东相区分。目前，主流观点均认为合同关系无法囊括股权代持全部关系，主要理由及考虑因素如下。

1. 根深蒂固的理念："谁出资、谁所有，谁就享有股东资格"

出资作为取得股权的对价，是股东享有有限责任的前提，其重要性不言而喻。长期以来，我国《公司法》坚持严格的法定资本制与实缴制，令出资的重要性进一步放大，学界逐渐形成了"谁投资、谁所有，谁就享有股东资格"的根深蒂固的理念。正如学者所言："世界范围内，自有公司制度以来，以出资或认购股权作为获取股东资格的方式，从来就是最为主要、最为核心的法律方式。"⑥

股权代持或隐名持股具有"名实分离"的特征。何为"名实分离"？"名"显然是指股权的登记名义，而"实"则含义不明。现有文献在论及"隐名持股"时，几乎无一例外地将其与"隐名出资"概念等同，对"名义股东"与"隐名股东"的分析也均以实际出资及其来源作为立论基础，认为隐名出资会对股东资格归属产生影响，⑦《公司法解释（三）》第25条⑧同样秉持这一思路。受此影响，股权代持与隐名出资也被作为同义概念使用，"实际出资""实际出资人"等词汇成为股权代持概念中必不可少的内核。⑨ 可见，所谓的"实"通常被理解为"实际出资"，"名实分离"则是指股权的登记名义人与实际出资人并非同一主体的情形。这一学说与"谁出资、谁所有，谁就享有股东资格"的理念一脉相承。

2. 对被代持人真实意思的探求

关注股权代持公司法品格的另一个原因，是意思真意的问题。当事人以代持方式持有股权，往往是出于各种需求，如员工持股人数超过公司法规定的股东人数上限，或者担心股权过于分散影响决策公司效率等，在股权代持的真实意思层面，被代持人一般并没有将股权实质移转给代持人的真实意思，股权利益也由被代持人享有，并且，被代持人往往还打算继续参与公司重大决策、选择管理者等事务。换言之，被代持人只是希望借助代持安排，隐身于公司登记材料，由代持人（名义股东）作为"人头"消极持有，或者为被代持人利益积极行使股权。如果以单纯的合同关系来处理股权代持，不考虑其公司法品性，那么，代持人将被当作唯一股

---

⑥ 虞政平：《股东资格的法律确认》，载《法律适用》2003年第8期，第70页。

⑦ 参见胡晓静、崔志伟：《有限责任公司隐名出资法律问题研究——对〈公司法解释（三）〉的解读》，载《当代法学》2012年第4期，第32～38页；华小鹏：《有限责任公司隐名股东的股东资格认定》，载《甘肃政法学院学报》2008年第4期，第115～118页。

⑧ 《公司法解释（三）》第25条规定："名义股东将登记于其名下的股权转让、质押或者以其他方式处分，实际出资人以其对于股权享有实际权利为由，请求认定处分股权行为无效的，人民法院可以参照《物权法》第106条的规定处理""名义股东处分股权造成实际出资人损失，实际出资人请求名义股东承担赔偿责任的，人民法院应予支持"。

⑨ 在中国知网上以"股权（股份）代持"为题的学术文章很少，从定义与分析来看，多将股权代持与隐名出资等同。参见陈燕：《有限责任公司股权代持法律问题研究》，华东政法大学2014年硕士学位论文，第6～7页；邓洽笑：《上市公司股份代持法律问题研究》，华中师范大学2014年硕士学位论文，第3页；付金玲：《论股份代持之股东资格的认定》，西南政法大学2013年硕士学位论文，第3页；吴凤君：《有限责任公司股份代持问题——以最高人民法院司法解释为中心》，载《法治研究》2012年第9期，第82页等。

东，而意欲享有股权的被代持人却完全排除在《公司法》之外，这将违背被代持人不实质移转股权、试图介入公司事务的真实意思。在代持人违反合同约定行使、转让股权时，被代持人也将仅能向代持人追究违约责任与损害赔偿，无法触及股权不当行使或不当处分的行为效力，这似乎与股权代持协议的真实意思相违背。

（三）仅有《合同法》无法充分规制股权代持关系

除了实际出资、当事人真实意思上的特殊性外，股权代持问题值得公司法学者关注和研究的原因，还包括合同法规制的不充分性。这主要体现在合同无效的《合同法》规定在《公司法》上难以操作、被代持人可能游离在股东义务之外，以及被代持人受到侵害时合同救济并不充分等方面。

1. 股权代持可能被用于规避法律、实现非法利益

尽管股权代持本身是一种中性的私法安排，在“法无禁止即自由”的私法精神下，其合法性、有效性一般不应受到特别的关注。但不能否定的是，在现实生活中，股权代持被广泛应用在规避法律甚至实现非法利益等诸多领域。尤为突出的是，在法律对某些主体的股东资格作出禁止或限制时，该类主体可能借助股权代持，以股权受益人身份而非名义股东的方式，规避法律的审查，享受与立法意图明显相悖的利益。典型的情形包括，很多公务员为规避《公务员法》第 53 条有关禁止公务员参与营利性活动的规定，[10]采用股权代持方式隐名投资，利用国家公权力及职位的影响力谋取非法利益；又如，我国《公司法》第 148 条禁止董事、高级管理人员“自营或者为他人经营与所任职公司同类的业务”，故一些董事、高级管理人员借用他人代持方式，开展与公司相竞争的业务，谋取非法利益。

对于上述规避法律、谋取非法利益的股权代持行为，可以基于我国《合同法》第 52 条合同无效的法定情形处理。[11] 然而，依据《合同法》处理，存在以下不完备之处。

首先，股权代持原本就是一种名实分离的情形，规避法律的意味浓厚，能否仅因其手段（他人代持）与目的（取得股利、控制公司）上的不一致，就认定它是“以合法形式掩盖非法目的”或“损害社会公共利益”，或者违反强制性规定？答案显然是不能。问题在于，目前有关“非法目的”“社会公共利益”“强制性规定”等认定合同无效的要件，都缺乏一个清晰、可信、操作性强的标准。譬如，因员工持股人数超过有限责任公司规定的 50 人上限而以代持方式持股，是否构成“非法目的”？又如，并非违反“强制性规定”均能导致合同无效，只有效力性强制性规定才具有令合同当然无效的效果，但究竟应当如何区分效力性强制性规定与管理性强制性规定，以及违反管理性强制性规定如何具体处理，目前尚无成熟规范——以上述《公务员法》第 53 条（禁止公务员参与营利性活动）为例，若单纯从合同法视域，难以判断其规则性质。合同无效认定要件的模糊性，一方面极其容易被泛化适用，令正常的股权代持也动辄得咎；另一方面也可能走向另一个极端，即过度限缩、严苛适用，令原本应当禁止或限制的股权

---

[10] 《公务员法》第 53 条第 14 项规定：“公务员必须遵守纪律，不得有下列行为：（十四）从事或者参与营利性活动，在企业或者其他营利性组织中兼任职务。”

[11] 《合同法》第 52 条规定：“有下列情形之一的，合同无效：（一）一方以欺诈、胁迫的手段订立合同，损害国家利益；（二）恶意串通，损害国家、集体或者第三人利益；（三）以合法形式掩盖非法目的；（四）损害社会公共利益；（五）违反法律、行政法规的强制性规定。”

代持行为大行其道。

其次，即便前述认定标准和理论上的困难并不存在，我们能够依据《合同法》规范清晰认定哪些股权代持情形构成无效，那么，如何处理这些无效行为，也远非《合同法》所能承受。在我国《合同法》中，无效的合同自始没有法律约束力，[12]双方应当恢复到合同订立之前的状态，处理方式包括返还财产、折价补偿与损害赔偿等。[13] 任一规定均无法适用于无效股权代持的处理之中。在法定资本制之下，公司资本未经法定程序不得减少，股东在出资之后更不能任意撤资，否则构成抽逃出资。而且，股权代持协议对公司、其他股东及公司债权人而言属于无关因素，其是否有效并不影响出资人与公司之间形成的出资关系效力。是以，代持人（名义股东）或被代持人不能以股权代持合同无效为由，从公司抽回股权出资，或者拒绝缴付到期认缴出资。因此，合同关系并非股权代持的全部，合同法规范无法处理股权代持的全部问题，尤其是无效情形。

2. 被代持人享受股权利益并可能实际支配公司，但游离在公司法、证券法的规制范围之外

股东享有广泛的权利，包括资产收益、重大决策及选择管理者等，[14]对公司的经营方针、投资计划、管理层选任、合并分立等均有着重大影响。封闭公司的股东往往还担任公司董事、高级管理人员，深度介入公司的经营管理之中。但在享有广泛权利的同时，股东也负有一定的义务，如不得滥用股东权利损害公司或其他股权利益，不得滥用公司独立人格和股东有限责任侵害公司债权人利益，[15]控制股东还对中小股东承担受信义务等。

如果仅从合同关系和《合同法》来理解股权代持关系，《公司法》的这些义务规范与立法者的良苦用心必然落空。因为通过股权代持安排，被持股人因隐身于名义持股人身后，既能享有股权上的利益，行使对公司的实际控制，又可能不受《公司法》和《证券法》有关股东义务、责任的规范。以被代持人利用代持人掏空公司、恶意侵犯公司债权人利益为例，由于认定法人人格否认的后果是追究公司股东的责任，而且该“股东”滥用股东权利是其实质要件，故即便认为掏空行为足以否定法人人格，一般也只能令代持人（登记股东）承担责任，这在代持人不具有偿债能力时，必然产生债权人保护不充分的问题，而获得巨大利益的被代持人却能够“逍遥法外”。

又如，在公众公司尤其是上市公司中，投资者持股达到一定比例（5%）后，必须进行公告，其后每增加或减少一定比例也是如此，[16]原因是持股达一定比例可能改变公司的控制股东状态，对公司生产经营产生重大影响，这在潜在对手试图兼并、收购公司时更是如此。此时，若认为股权代持只是当事人内部的一种合同关系，仅受《合同法》拘束，并将被代持人排除在前述“投资者”规制范围之外，那么，《证券法》有关上市公司持股变动公告的立法意图必然失败。有鉴于此，我国《证券法》第86条将公告主体并未限定在登记股东（名义股东），而是把

---

[12] 《合同法》第56条规定：“无效的合同或者被撤销的合同自始没有法律约束力。合同部分无效，不影响其他部分效力的，其他部分仍然有效。”

[13] 《合同法》第58条规定：“合同无效或者被撤销后，因该合同取得的财产，应当予以返还；不能返还或者没有必要返还的，应当折价补偿。有过错的一方应当赔偿对方因此所受到的损失，双方都有过错的，应当各自承担相应的责任。”

[14] 参见《公司法》（2013年修改）第4条。

[15] 参见《公司法》（2013年修改）第20条第1款。

[16] 参见《证券法》（2014年修订）第86条。

“持有或者通过协议、其他安排与他人共同持有”等情形均计算在内。这里的协议或其他安排,显然包括股权代持协议。

3. 被代持人的利益可能受到代持人、其他股东、公司管理层或第三人的侵害

股权代持协议作为代持人与被代持人之间的主要规范,对双方各自的权利义务一般均有明确规定,如股权行使、股息分配等。不过,哪怕再深思熟虑,合同都不可能事先预料到未来可能出现的全部情况。在合同的履行过程中,被代持人的利益可能受到代持人、公司或外部第三人等的侵害,可谓防不胜防。

尽管股权代持协议的“真实意图”是股权归属于被代持人,双方也可能对此有明确规定,但从单纯的合同视角来看,这一约定并无实质意义,因为名义股东是股东名册、工商登记材料上明确显示的股权持有人,其有权行使名下的股东权利,公司应当予以配合,外部第三人也应视之为股东。因此,代持人作为名义股东,未经被代持人允许擅自处分股权属于有权处分,其违约行使表决权一般也不会影响股东(大)会决议的效力。除了“背信弃义”的积极侵害行为,代持人还可能以消极懈怠的方式,不履行或不认真履行股东权利,对公司的运营情况、股利分配、利益受损等漠不关心,从而令被代持人间接受到损害。

与此同时,被代持人还可能受到其他股东、公司管理层的倾轧或侵害。控制股东压迫中小股东,从来都是公司治理上的一个重大课题,为此,《公司法》设置了诸多制度,如异议股东评估权、现金选择权、股东代表诉讼等;而负责公司日常经营活动的管理层,也对被代持人的利益有着重大影响,譬如股东(大)会的召集、利润分配方案的制定、经营计划和投资方案的决定等,都由管理层具体组织。由于股权行使与利益享有的分离,以及代理成本的存在,代持人通常对控制股东的压迫、管理层的侵害缺乏足够的关注热情,代持人的这一失职行为,往往难以受到合同责任的追究,如公司常年盈利而拒绝分配股息,代持人可能以这是公司管理层决定、有利于公司长远发展为由逃避责任;即便能够追究,被代持人往往也无法获得充分补偿,如公司董事、高管或者外部第三人实施了侵害公司重大利益的行为,代持人、其他股东或者管理层消极懈怠、拒不追责,事后向代持人索赔时,发现代持人已经宣告破产。由此可见,基于合同相对性,单纯的《合同法》难以实现被代持人精心设计的代持安排,无法为其提供充分的利益保护机制。

二、如何介入《公司法》:隐名出资与股东资格取得的剥离

为弥补《合同法》规制的不充分,维护私法主体的合法权益,有必要引入《公司法》,从公司程式和治理结构等角度出发,重新阐释股权代持关系。而股东资格取得或归属上的特殊性,毫无疑问是这一视域的核心。问题在于,是什么因素决定或影响了股权代持关系中的股东资格?现有文献认为,股权代持(或隐名持股)的特殊性在于出资来源,即由隐名人实际出资,目前有关隐名出资人股东资格的论争,无论是“实质说”[17]“形式说”[18]还是“折中说”,[19]无一

[17] 参见虞政平:《股东资格的法律确认》,载《法律适用》2003 年第 8 期,第 70、72 页。
[18] 参见潘晓璇:《实际出资人股东资格的认定》,载《法律适用》2007 年第 4 期,第 17 ~ 18 页。
[19] 参见王成勇、陈广秀:《隐名股东之资格认定若干问题探析》,载《法律适用》2004 年第 7 期,第 62 ~ 63 页。

跳出实际出资可能影响股东资格的窠臼。那么，隐名出资（出资来源）真的影响、决定股东资格的归属吗？

（一）我国《公司法》上的股东、股权与股东资格

股东资格即股东身份，我国《公司法》并未明确界定“股东”内涵与股东资格的认定。一般认为，股东是指“基于对公司的投资或基于其他的合法原因而持有公司资本的一定份额并享有股东权利的主体”，[20]简言之，持有公司资本并享有股权的主体就是公司股东。这一定义表明，某一主体若想成为公司股东，可以通过以下途径：一是“向公司的投资”，如在公司设立时认缴或实缴注册资本，或公司成立后实缴或认缴新增资本；二是通过股权转让、赠予、继承等“其他的合法原因”，以股权变动方式继受持有公司资本并取得股权。

该定义以“享有股东权利”作为股东概念的核心要素，揭示了股东资格与股权之间的密切关系。正如学者所言，依据“成员身份与成员权分离之禁止”规则，“在股东对公司之关系中，股东资格与股权，是一体之两面，二者密不可分，不存在有股东资格而无股权，也不存在无股东资格却享有股权的情形”。[21] 的确，股东资格与股权一般都是同时取得、同时消灭，一般而言，只要按照公司法的规定，履行出资或认缴出资、记载于公司章程、获得出资证明书、办理股东名册及工商部门的登记等法定程序，则出资人、认缴人或受让人将同时取得股权并成为公司的股东。又如，股权对外转让，转让合同成立生效后，受让人并没有立刻取得股权和股东资格，依据股权变动的债权形式主义，[22]受让人只有在办理股东登记之后，才能取得股权，而股东资格的取得，如下文所述，也发生在载入股东名册之时。需要注意的是，前述观点将自己限定在“股东对公司之关系”，看似范围狭窄，实则不然，须知，股东资格主要在对公司、其他股东等公司内部关系时才具有实质意义，在股东与外部第三人的关系中，主要关注某一主体是否享有“股权”，很少提及“股东资格”的概念。

当然，这并不意味着股东资格与股权是相同的概念，事实上，二者之间存在一定的界分。突出体现在，股东欠缴出资构成违约时，其股东权利可能受到限制，但仍具有股东资格；在对外关系中，我们通常说股权可以转让，但不会说股东资格的转让。

（二）股东资格取得与基础关系的区分

在物权法上，物权变动时须区分原因行为与结果行为，并依据不同的法律判断两个行为的成立生效（此即物权变动的区分原则），[23]其中，引起物权变动的是动产占有或不动产登记行为，而非生效合同本身。股东资格的取得应当借鉴这一原理，在股东资格上区分引起股东资

---

[20] 赵旭东主编：《公司法学》（第 2 版），高等教育出版社 2006 年版，第 296 页。

[21] 张双根：《论有限责任公司股东资格的认定——以股东名册制度的建构为中心》，载《华东政法大学学报》2014 年第 5 期，第 67 页。在该文后一部分，作者进一步指出：“股权与股东资格为一体之两面，彼此密不可分，甚至可以同义互指。此时股权概念之含义，一方面体现为法律地位（即股东资格），另一方面体现为对其所包含的各项权利内容（尤其是各项成员权）的行使，属于权利行使范畴”（该文第 69 页）。

[22] 有关股权变动应采行债权形式主义模式的理由，参见杨祥：《有限责任公司“一股二卖”善意取得之质疑——对〈公司法解释（三）〉第 27 条适用的限缩》，载《西南政法大学学报》2015 年第 3 期，第 77 ~ 79 页。

[23] 有关物权变动区分原则的内涵，可以参见孙宪忠：《物权变动的原因与结果的区分原则》，载《法学研究》1999 年第 5 期，第 30 页。

格确认的行为(或称基础性关系)与取得股东资格的结果行为。

出资或认缴出资(包括新增资本认缴或出资)是股东享受股东权利的前提或对价,其重要性不言而喻。然而,在整个股东资格的取得过程中,出资或认缴出资只是其中的一个环节,本身属于出资关系或认缴出资关系的履行行为。而出资关系或认缴出资关系,以及股权转让合同等,本身并不直接发生取得股东资格的效果,只是引起公司去授予或确认某一主体的股东资格,属于原因行为与基础性关系。我们绝不能说,某一主体在出资或认缴出资后立刻成为公司股东,因为"股东是相对于公司的概念,股东资格是相对于公司的特殊身份……如果公司不知道某'股东'的存在,或者公司不承认投资者的股东身份,就没有适用公司法的余地……公司确认才是股东身份的根本标志"。[24] 较早将出资关系或出资认缴关系等理解为基础关系的张双根教授认为,出资认缴关系、新增资本认缴关系都是股权资格取得的基础关系,取得股东资格必须有一定基础关系,但并非基础关系成立,取得人就能取得股东资格、行使股东权利;而且,认缴的出资是否已实际给付,也只是认缴法律关系的履行环节,出资关系与是否实际出资,均不能作为确认股东资格的实质要件。[25] 该观点将出资或认缴出资、转让合同等定性为基础性关系,令真正决定股东资格归属的要件凸显出来,给本文思路提供了很大启发。

在《公司法》上,股东资格的取得自有一套程式化的操作流程与标准。一般而言,在出资人或认缴出资人与公司之间形成出资或认缴出资关系之后,公司(在成立后)会向对方签发出资证明书、载入公司章程、股东名册并办理工商登记等。尽管若无正当化事由,公司通常不得拒绝基于合法有效的出资关系或出资认缴关系以及股权转让合同等提出的股东资格申请,但这并不能否定基础关系与股东资格的取得之间需要履行法定程序、存在时间间隔、二者分属不同法律行为的事实,况且,在判断是否存在正当化事由的过程中,公司实际上保留了股东资格的审查与授予权力,公司将某一主体载入公司材料,就是在审查后授予、确认了该主体的股东资格。笔者认为,公司审查并确认股东资格的主要依据是股东名册,在公司将基础关系中的权利主体(如认缴出资人、股权受让人)载入股东名册之前,该主体并未取得股东资格,也不可能以股东身份行使股东权利——股东名册的登记,才是股东资格取得的直接决定性要件。

因此,出资或认缴出资关系、股权转让合同等都仅仅是取得股东资格的基础性关系,并非直接决定性因素,对公司及其他主体而言,具有股东资格的一般只能是载入了股东名册的主体,该主体因公司知悉、承认和配合可以行使股东权利,同时,也因股东名册的登记、公示和公信而对外发生效力。[26]

(三)"隐名"出资在股东资格取得中并无实质意义

鉴于出资在股东资格取得中的重要性,以实际出资及其来源作为思考股权代持或隐名持股中股东资格归属的出发点,在我国迄今居于主导性学说。这在 2013 年公司资本制度改革

㉔ 叶林:《公司股东出资义务研究》,载《河南社会科学》2008 年第 4 期,第 118 页。

㉕ 参见张双根:《论有限责任公司股东资格的认定——以股东名册制度的建构为中心》,载《华东政法大学学报》2014 年第 5 期,第 68 ~69 页。需要注意的是,该文在股权变动模式上采行的意思主义,认为股权在当事人达成合意时即刻转让,结合上述基础关系的分析,作者指出,在受让人载入股东名册之前,受让人虽然享有股权但并不具有股东资格。笔者不赞同股权变动上采行意思主义,认为有限责任公司的股权变动应当采行债权形式主义,受让人只有在载入股东名册时才能取得股权,并同时取得股东资格。

㉖ 需要指出的是,股东名册制度在我国尚不完善,目前没有严格程序和处罚规范确保其准确性和公信力,但将股东名册改造成类似不动产登记簿的股东登记程序,应当说是未来的必然。

之前，似乎还有一些合理性，因为在实缴制下人们不免理所当然地认为，公司赖以经营的(部分)注册资本来自隐名出资人，隐名出资人因其实际出资应当享有股东资格("实质说")，或至少在公司内部关系上享有股东资格("折中说")。2013年，全国人大常委会修改了《公司法》若干条文，[27]废除了公司设立阶段的注册资本最低法定限额，将实缴制改为认缴制，使我国公司资本制度经历了重大改革。[28] 自此，我国《公司法》不再要求有限责任公司和发起设立的股份有限公司在公司设立时实际缴付注册资本，股东只要在公司登记机构登记认缴出资额或认购股份即可，[29]股东还可以自由约定出资缴纳的时间，在履行期限到来之前，其股东身份不会因未实际出资而遭到否定。不独我国，在英美法系授权资本制下，所谓的注册资本只是一种名义资本，公司成立时往往只发行一股或两股，股东对公司的缴付资本义务与注册资本即名义资本无关。[30] 在认缴制下，上述看似成立的理由也变得岌岌可危，因为在规定的履行期限之前，隐名出资人可能根本没有任何实际出资，对公司无任何贡献可言。即便假设基于隐名出资合同安排，认缴的出资最终是由隐名出资人偿付，但在实际偿付之前，这也只是隐名出资人对名义股东的债务，合同相对性决定了能够向他主张这一义务的只能是名义股东。

本文认为，隐名出资，无论是实际出资或认缴出资，对股东资格都不会产生实质影响。

首先，出资或认缴出资只是出资关系或认缴出资关系履行行为，本身不可能对后者的当事人、效力产生任何影响。在出资关系或认缴出资关系中，参与主体是代持人(名义人，后来的名义股东)而非隐名出资人，由代持人以自己名义与公司达成"代持人取得股权并成为股东"的意思合致，对此，双方意思表示真实合法，不存在虚伪意思、重大误解或其他不法事由。因此，代持人参与的基础关系并不存在所谓"虚伪意思表示"或"意思表示有瑕疵"等问题，其当事人只能是代持人与公司，基础关系成立生效后，公司负有依照其程式和标准将合同对方即代持人载入相关登记材料的义务。隐名出资人并非基础关系的当事人，哪怕公司明知隐名出资协议存在亦是如此，隐名出资人并不能因其"实际出资"行为而与公司发生法律关系，更不可能被公司承认或确认为股东。

其次，在形成出资关系或认缴出资关系的过程中，公司也并不关注出资财产的来源，无须深入调查出资财产的来源及其占有或持有的原因，即便出资资金是来自借贷、盗窃或其他私下安排，也无关紧要，对公司而言，动产、不动产是否以名义股东的名义出资以及名义股东是否占有或名义持有这些财产，才是唯一值得关注的事项。隐名出资人在向公司实际缴付出资时，只能以名义股东履行出资义务的名义进行，"公司股东以外的第三人向公司支付款项的，如果该第三人没有法定或者约定义务，应构成公司之无因管理或者不当得利，所收款项应当列入公司应付账款而非股本"。[31] 隐名出资的方式主要包括隐名出资人以名义股东名义直接向公司出资，以及隐名出资人将出资财产先交付名义股东，由名义股东以自己的名义交付公

---

[27] 具体条文修改参见全国人大常委会《关于修改〈中华人民共和国海洋环境保护法〉等七部法律的决定(含药品管理法、计量法、渔业法、海关法、烟草专卖法、公司法)》(主席令第8号)，2013年12月28日发布。

[28] 参见施天涛：《公司资本制度改革：解读与辨析》，载《清华法学》2014年第5期，第128~141页。该文对此次公司资本制度改革的内容、意义进行了深入解读，并就理论界和实务界的相关误解和困惑作出了澄清。另可参见施天涛：《注册资本登记制度改革的几点认识》，载《中国工商管理研究》2014年第6期，第36~38页。

[29] 《公司法》(2013年修改)第26条、第80条。

[30] 参见甘培忠：《论公司资本制度颠覆性改革的环境与逻辑缺陷及制度补救》，载《科技与法律》2014年第3期，第506页。

[31] 叶林：《公司股东出资义务研究》，载《河南社会科学》2008年第4期，第120页。

司。在这两种方式中，隐名出资人至始至终都没有与公司发生直接法律关系，自然也不可能具有股东资格。另外，哪怕没有出资、违反出资义务，或者出资来源违法，在公司以法定程序将其除名之前（基础关系的解除），股东身份也不会受到影响。

最后，正如上文指出的，出资关系或认缴出资关系只是基础性关系，股东资格的取得，直接源自公司登记材料（主要是股东名册）的载入行为。而公司在记载、变更股东登记材料时，是将代持人而非隐名出资人作为股权的持有人，并且这一登记与其基础关系相一致，不存在登记错误、程序瑕疵等问题。因此，隐名出资人凭借其出资行为而试图推翻公司的登记，显然没有实体法上的依据。隐名出资对于股东资格的取得，并不具有任何实质影响力。

三、股权代持关系的内核及本质

将隐名出资从股东资格的取得中剥离出去之后，似乎隐名持股或股权代持现象丧失研究意义，在法律关系与股东资格上毫无特殊性可言，[32]实则不然。管见认为，“隐名持股”或“股权代持”的真正价值或特殊性，不在于“隐名人”或被代持人[33]以隐名方式实际缴付了出资，而是通过股权代持协议安排，隐名人或被代持人成了利益享有人，从而令股权的利益主体与登记名义人及行使人之间发生了分离。股权名义持有人与利益享有者之间的分离，凸显出名实分离情形的正确研究思路。

（一）股权代持概念的核心是股权利益的归属

获得投资回报是市场主体成为公司股东最主要也是最终的目的。股东享有极为广泛的权利，如表决权、选举权、知情权、提案权、股利分配请求权、公司终止时的剩余财产请求权等，[34]这些权利无一不是为了保障股东的资产收益即股权利益。而《公司法》《证券法》对某些主体投资领域、股东资格等的禁止或限制，实质上也是对该类主体享受这些领域投资收益的禁止或限制。例如，法律明文禁止公务员参与营利性活动，[35]就是防止公务员利用国家权力或其影响力，为自己谋取非法利益，此时，法律禁止的不是公务员的出资行为，而是营业利益的享受；又如，出于国家安全或公共利益的考量，外国投资者在我国某些行业的投资、持股受到限制（此即负面清单），这实际上也是对外国投资者享受某些特定行业利益的限制，试问，投资或出资行为本身中性，有何限制的必要呢？再如，我国《公司法》要求有限责任公司的股东在对外转让股权前要“取得其他股东过半数同意”，[36]这主要是考虑到有限责任公司的封闭性、人合性、利益追求的融洽性，担心外部人成为公司股东后可能因利益诉求不同而影响公司有序运转。

一般而言，股权的利益享有者与登记名义人是同一主体，股东不仅明确被公司登记材料

---

[32] 参见张双根：《论隐名出资——对〈公司法解释（三）〉相关规定的批判与发展》，载《法学家》2014年第2期，第72～76页。

[33] 现有文献以出资或出资来源为视角研究隐名持股，多将隐身于名义股东背后的主体称为隐名出资人或实际出资人。本文澄清了出资或出资来源与股东资的关系，认为名义股东背后的利益享有人称作隐名人、被代持人或股权受益人更为妥当。

[34] 关于股东权利的具体介绍，可以参加赵旭东主编：《公司法学》（第2版），高等教育出版社2006年版，第301～306页。

[35] 《公务员法》第53条第14项规定：“公务员必须遵守纪律，不得有下列行为：（十四）从事或者参与营利性活动，在企业或者其他营利性组织中兼任职务。”

[36] 《公司法》（2013年修改）第71条第2款。

记载,而且通过实际行使股权,获得公司股利分配、取得公司剩余财产。但二者也可能发生分离,这就是我国司空见惯的隐名持股、股权代持现象,在国外则是名义人持股、股权信托等情形。在法律对投资领域、主体资格等作出明文限制时,为了谋取法律原本禁止或限制享有的利益,受限主体如公务员、外国投资者等,可能以隐身在名义人背后的方式,试图规避法律与执法部门的审查。被代持人也可能出于某些合法原因,以他人作为名义人、自己作为受益人的方式持有股权。在股权代持合法有效的情形下,被代持人的利益应当受到充分保护。

结合本文第一部分第(三)节与第二部分的分析,笔者认为,隐名持股或股权代持的内涵,应当以股权利益的归属而非出资来源("隐名出资")作为立足点。唯有考虑股权的利益归属,才能对股权代持形成充分的规制,才能打开其与公司法相连通的接口。隐名持股或股权代持应当被定义为:公司股东名册及工商登记材料所载股东(可称作名义人、名义股东或登记股东)系为他人利益而非个人利益持有股权的情形。股权代持的主要特征是,股权的登记主体或名义主体与利益享有主体发生了分离——名义股东不能享有代持股权的利益,[37]而享受利益之人则隐身于名义股东身后,没有载入股东名册和工商登记材料之中。如果事后因继受等法律事实导致名义人与受益人合一,则名义股东转而为自己的唯一利益持股,构成通常意义上的股东,不再属于股权代持关系。股权代持的分离特征可能令《公司法》《证券法》的某些条文无法实现其规范目的,同时,《合同法》在很多情况下为受益人提供的救济往往也并不充分,这决定了《公司法》等其他法律特别介入的必要性。

(二)股权代持关系的本质就是信托关系

股权代持关注的焦点是股权利益归属及受益人,而非隐名出资或隐名出资人,那么,以隐名出资(人)为基础构建的现有学说,确有进一步商榷的余地。商榷之处主要体现在股权代持关系的性质与股东资格的特殊性。在此,主要分析股权代持关系的性质,有关股东资格的问题将在下文详述。

1.股权代持关系符合信托本质

股权代持的基础构造是,代持人作为名义股东登记记载于股东名册等公司材料,其所持股权的利益则由被代持人享有。这样一种法律关系,完全符合信托的基本内涵。所谓"信托",是指"委托人基于对受托人的信任,将其财产权委托给受托人,由受托人按委托人的意愿以自己的名义,为受益人的利益或者特定目的,进行管理或者处分的行为"。[38] 在信托关系中,受托人是信托财产的名义所有人,而信托财产及其收益则归属于信托文件指定的受益人,受托人必须为了信托受益人的利益而非个人利益管理处分信托财产。信托这种名义所有人与实质利益享有人、管理主体与利益主体相互分离的特征,正好与股权代持的名实分离特征不谋而合。

我们可以将股权代持的可能情形列举如下:

(1)被代持人或第三人(对应委托人)将一笔资金交付代持人(对应受托人),约定代持人

---

[37] 除非名义股东是受益人之一,但此时他是以受益人而非登记股东的身份享有利益。

[38] 《信托法》第2条。

以自己名义投资于某公司股权,股权收益由被代持人(对应受益人)享有,代持人必须依照双方约定,或者听从委托人或其指定人的指示行使股权;

(2)被代持人或第三人(对应委托人)将其所持股权全部或部分转让到代持人(对应受托人)名下,代持人依约管理处分股权,并将股权收益及时分配给被代持人(对应受益人)。

这两种情形中,股权代持的各方当事人及其权利义务,显然与信托关系一一对应,二者完全吻合,无缝对接,尤其是代持人是以自己名义行使股东权利,并且是为被代持人的利益、依据代持协议的约定行权,其实质与信托受托人并无二致。利益主体与行权主体的分离,令股权代持呈现出名实不符的典型特征。只要是在名实不符的情形中,皆有信托适用的空间。因此,股权代持关系的实质就是信托关系,属于股权信托的重要类型。

2. 以股权信托理论解释股权代持关系的优势

以信托关系及信托法来解释、规范股权代持现象,准确揭露了股权代持关系的实质,有助于澄清现有认识误区,并对现实乱象的解决提供可行路径。具体而言,在解释股权代持关系上,股权信托理论主要存在以下优势。

第一,可以为股权代持是否合法提供一个清晰、可靠的认定标准。

股权代持具有规避法律的特性,但规避法律并不必然导致无效的后果,那么,如何区分规避法律的情形是否无效?对此,信托法上的理论可以提供借鉴。一般而言,凡是法律禁止某类主体享有某一利益,则该类主体就不能透过信托方式变相享有,违反者应属无效。《日本信托法》(2006年修正)第9条规定:"依法令不得享有一定财产权者,不得以受益人身份享有与该权利相同之利益。"将这一理论运用于股权代持之中,则可以得出这一结论:凡是《公司法》《证券法》禁止某一主体成为公司股东是出于利益归属考量的,则该主体通过股权代持规避法律应属无效,否则,不应认定为无效。如员工为规避《公司法》股东人数上限而设立的股权代持,不涉及享有非法利益的问题,应属有效,自无疑义。而为人们所深恶痛绝的公务员隐名持股问题,则亦因公务员据此享有了法律禁止的利益而构成无效。外国投资者以他人代持方式投资我国禁止外商投资的领域,同理,违背上述原理,构成无效。[39]

第二,《信托法》尤其是受信义务的介入,可以全面规范代持人行为,切实保障被代持人权益。前文已经指出,合同关系及《合同法》实际上不足以充分保护被代持人的利益。以股权信托理论来解构股权代持后,《信托法》的基本原则及任意性规则,可以弥补合同的空白、缺漏,平衡双方的权利义务,应对意料之外的情势。尤其是《信托法》上成熟的受信义务,可以令代持人忠实、谨慎、勤勉地为被代持人的利益服务,一旦代持人从事利益冲突交易,或者消极懈怠、疏忽大意地行使股权造成损失,即便合同并无约定,被代持人都能追究代持人的责任。

第三,在股东资格认定上,股权代持的信托本质,令其能够借鉴股权信托尤其是表决权信托中受益人股东资格的现有判例与立法成果。对此,将在第四部分分析。

---

[39] 参见王涌:《中国信托法的基本问题》,载《中国法律》2012年第5期,第30页。

四、股权代持乱象的规范化:例外承认受益人的股东资格

以“名实分离”的方式代持股权,并非我国独有的现象,相反,普遍存在于任何有公司制度的地方。不过,归因于成熟的“名义人持股”制度,以及在某些情形下对股权受益人之股东资格的承认,股权代持在以美国为代表的英美国家非但没有造成混乱,反倒为法律所鼓励。为恰当地引导和规制我国的股权代持现象,有必要对其所涉法律关系作出正确厘定,并结合规范目的及域外制度,对股东资格的认定确立可行的标准。

(一)域外借鉴:美国公司法对股权“名实分离”的规制路径

1. 名义人持股与信托持股的常态化

公众公司尤其是上市公司,股份高度分散、流通迅速,换手极为频繁,如果任何股份转让都要办理股东名册载入、变更,势必给公司或公司委托的登记结算公司造成巨大的负担;同时,投资者交易股票的目的是获得投资收益,而证券市场瞬息万变、价格波动很大,为抓住最佳价格、及时规避风险,股票经纪人需要处理股票的灵活权限,由此,名义人持股(shares held by nominee)应运而生。名义人持股也称作 shares held in street name,其内涵是投资者将其所购股票登记在股票经纪人开设的名义账户下,由股票经纪人为投资者利益持有的情形,其中,股票经纪人是名义人或登记股东,而投资者构成股份的受益人。一般而言,受益人须通过经纪人获得股利分配与公司信息、参与公司重大决策,不过,美国《标准公司法》第 7.23 条特别规定了一种公司与受益人直接联系的渠道,即公司可以设立程序,承认名义持股中受益人在某些权利方面的股东资格。

除了名义人持股外,英美国家还存在另一种股权代持方式——股权信托。以信托方式持有股权,不仅广泛存在于金融领域,而且也是极为寻常的财产继承方式,尤其是家族企业的传承。信托的最基本特点是名义所有权与实质所有权的分离,故在股权信托中,将受托人理解为股权的名义所有人、受益人理解为股权的实质所有人,合情合理。基于对受益人利益的保护,英美对股东的定义较为宽泛,正如下文阐释的,包括部分受益人在内。

2. 股权受益人在某些情形中具有股东资格,可行使股东权利

美国法对于“股东”的界定十分灵活,体现了效果导向的法律实用主义思维,并且明显受到了权利分割思想的影响。与信托法将信托财产的“legal title”“equity title”分别授予给受托人和受益人,并将二者分别认定为“法律上所有人”和“实质上的所有人”相一致,美国公司法一般区分股权的登记人和实际受益人,将股东划分为登记股东(record shareholders)与受益股东(beneficial shareholders)。

(1)公司股东一般指称登记股东,包括受益权证书授权的受益股东在内

依据美国《标准公司法》第 1.40 条规定,“股东”的一般内涵是“公司登记册(a record of a corporation)上股权被登记在其名下之人,或者,在公司备案的‘名义人证书’(nominee certificate)授权范围内的股权受益人”。[40]其中,“名义人证书”指的是遵照该法第7.23条名义人持股程序签发的受益权证书,即公司可以设立一种程序,将名义人所持股权的受益人(beneficial owners)认定为公司股东,并且可以规定公司承认的受益人能够享有的具体权利或能力(privilege)范围。名义持股的受益人在公司承认的权利范围内,如可以出席股东(大)会[41]投票,才构成公司股东。可见,登记股东与依严格程序承认其权利范围内的名义持股的受益人,是“股东”的通常内涵。

不过,该法在“股东”的定义上不甚明晰,beneficial owner 与 beneficial shareholder 的使用也较为混乱,有时作同义替换,有时又明确区分。而且,该法对受益股东的界定过于狭窄,因为即便股权的受益人没有依据第7.23条程序取得受益权凭证,该法的许多条款也允许受益人以股东身份提起诉讼。基于此,2012年,美国律师协会商法分会公司法委员会(以下简称“美国公司法委员会”)二读批准了一份修改报告(目前尚未三读采纳)——《修改标准公司法——对第7.23条、第1.40条中定义及相关条款的修改建议》(以下简称《建议稿》),[42]建议重新定义第1.40条、第7.23条及其他相关条款中的股东相关概念。《建议稿》主要作出了以下修改说明:

第一,重新定义第1.40条中的“股东”“登记股东”(record shareholder)与“受益股东”(以beneficial shareholder 取代 beneficial owner),并增加“表决权信托受益股东”的定义。其中,“登记股东”是指公司登记册上股权登记在其名下之人,或者,被第7.23条下在公司备案的受益权证书认定为股权受益人的人,在该凭证授予权利的范围内属于登记股东。可见,除了公司登记册上的股权登记人外,第7.23条的受益权证书上记载的受益人,在授权范围内也被归入登记股东。而“受益股东”,则被定义为对股权拥有受益利益之人,受益股东可以是登记股东,也可以是为了自己利益而将股权登记在中介(an intermediary)或名义人名下之人。“股东”,除非特定条款因目的不同作出扩张或限缩外,一般是指“登记股东”,可见,《建议稿》并未改变《标准公司法》有关“股东”的实质范围,只是将第7.23条受益权证书授权范围内的受益股东归入了“登记股东”。

第二,修改《标准公司法》第7.23条有关名义人持股的规定。该条原本仅规定公司在名义人持股中可以设立一种承认受益人股东权利的程序,没有提及执行主体、权利证书等问题,致使第1.40条“股东”定义中的“名义人证书”究竟何意,令人困惑。故《建议稿》增加了程序设立主体及受益权证书等要素,规定公司董事会通过在公司备案的受益权证书(beneficial ownership certificate)可以设立承认程序,允许中介或名义人持股的受益人选择公司是否将其作为登记股东对待;该程序必须具体规定承认的权利范围、前提条件与限制,在该程序授予的范围内,受益人就是登记股东,完全行使登记股东的权利或能力。这一修改与第1.40条实现了对接,后者明确将受益权证书授权范围内的受益人认定为登记股东,纳入了股东的范畴之中。

---

[40] Model Business Corporation Act § 1.40(21)(2011 revised).

[41] 我国《公司法》根据有限责任公司、股份有限公司的分类,将公司权力机构分别称作股东会、股东大会。为陈述方便,在未特别指出公司性质时,本文将以“股东(大)会”指称各类公司的权力机构及其会议。

[42] Changes in the Model Business Corporation Act-proposed amendments to section 7. 23, definitions in section 1. 40 and related sections,载 http://go. galegroup. com/ps/i. do? id = GALE% 7CA316663797&v = 2. 1&u = nypl&it = r&inPS = true&prodId = AONE&userGroupName = nypl&p = AONE&digest = 3b9089e8f95934fed29622b1e6317491&rssr = rss。

此外,《建议稿》还修改了其他涉及“股东”“受益股东”“登记股东”词汇的法条。突出体现在第7.40条(股东代表诉讼)、第13.01条(评估权)及第16.02(g)条(账簿查阅权)。对此,下文将予论及。

(2)具体条款可根据目的需要,对“股东”内涵作相应扩张或限缩

尽管《标准公司法》上的股东一般是指登记股东,即公司登记册上的股权登记人与依据第7.23条受益权证书授权范围内的受益股东,但基于不同目的,该法允许具体条款对“股东”的一般内涵作出适当的扩张或限制。特殊意义的“股东”内涵体现在以下几种情形中。

其一是表决权信托。美国《标准公司法》规定,表决权信托在信托股权登记在受托人名下时生效;表决权信托合同签订后,受托人需要置备一份信托受益人的名册(其官方评论在解释时称作“受益股东名册”(list of beneficial shareholders),详细记载受益股东的姓名、住址及其转让给信托的股权数量和类别,[43]有些州还要求向受益股东签发表决权信托证书(voting Trust certificate)。可见,表决权信托中同时存在登记股东和受益股东两类股东。在地位上,由于表决权信托中实质移转的是表决权,故作为登记股东的受托人只能行使表决权,而受益股东因保留了表决权之外其他股权权能,享有更为广泛的权利。有判例指出,无论是表决权信托证书的持有人(受益股东)还是受托人,都不能取得股东的全部权利,二者只能为某些目的而各自享有部分股东权利。[44] 在大多数判例中,表决权信托所持股权的原股东被认为是立法下的股东,因为他们是股权的横平所有人,但也有法院认为,查阅公司账簿、记录的权利立法仅授予给了登记股东,受益人不能强制履行。[45] 2012年,美国公司法委员会在《建议稿》中增加了两个定义,规定“表决权信托的受益人”(voting trust beneficial owner),是指享有依据第7.30(a)条设立的表决权信托所持公司股权的受益权的人;若无论涉及股东的任何权利,表决权信托的受托人行使某一有疑问的股东权利均不违反表决权信托协议,则该信托的受益人属于“不受限制的表决权信托的受益人”(unrestricted voting trust beneficial owner)。由于“不受限制的表决权信托”授予了受托人表决权及其他广泛的股东权利,故应由受托人而非受益人作为股东来行使这些权利。

其二是股东代表诉讼。为进一步明确受益股东的地位和权利,美国《标准公司法》在“股东代表诉讼”一节中特别规定,可以提起代表诉讼的“股东”,包括表决权信托所持股权的受益人,或者由名义人为其利益持有股权的受益人。[46] 这些受益人对股权享有直接经济利益。2012年《建议稿》将第7.40条修改为,“股东”指的是登记股东、受益股东以及不受限制表决权信托的受益人。换言之,股权的一切受益人,不论是否拥有受益权证书授权,都可以提起代表诉讼,这显然不同于该法第1.40条中的“股东”定义,后者仅指登记股东(限于登记人与拥有受益权证书授权的受益股东)。

其三是评估权一章中的股东内涵。结合《建议稿》,美国《标准公司法》第13.01条将该章的“股东”界定为登记股东、受益股东及表决权信托的受益人。在评估权的行使上,第13.03

[43] See Model Business Corporation Act § 7.30.

[44] Roelofs v. Apple, 49 Ohio App. 2d 155, 359 N.E.2d 710(1975).

[45] Model Business Corporation Act annotated: Model Business Corporation Act with Official Comments and Reporter's Annotations, Fourth Edition(2011 revised), Vol. 1, at 7-254 to 7-255.

[46] Model Business Corporation Act § 7.40(2)(2011 revised).

条规定一般由登记股东依照法定程序行使评估权，但若受益股东和表决权信托的受益人向公司提交了登记股东同意的书面材料，并且将拥有受益权的股权统一行使，则他们也能够行使评估权。

其四是查阅公司账簿的股东范围。《美国标准公司法》第16.02(g)条规定，有权查阅公司账簿的股东包括表决权信托或名义人持股的受益人。《建议稿》将其改为，本节的"股东"是指登记股东、受益股东与不受限制表决权信托的受益人。这一修改使查阅权的主体更为明确和宽泛。

(二)启示与借鉴：我国应在具体情境中承认受益人之股东资格(代结论)

在《公司法》上，代持人是出资关系等基础关系的当事人，因公司履行法定程序、载入股东名册而取得股东资格。这一过程不存在意思表示错误、登记错误等情形，只要股权代持关系本身不违反法律强制性规定、公共政策、公司章程或损害公司利益，则代持人的股东身份是毋庸置疑的，公司通常应向代持人履行其对股东所负义务。美国公司法一般以登记股东作为股权的行使人，体现了这一原则。《美国统一商法典》在第8~207条也规定，在证券转让登记尚未提出之前，证券发行人或担保受托人可以将登记人视为证券所有人，专属性地享有投票权、获得通知权，并能够行使作为所有人享有的全部权利和权力。[47]

1. 适当承认股权受益人之股东资格，推进公司法与证券法的立法目的

尽管如此，由于代持人取得股东资格是为了被代持人的利益，必须遵照代持协议的约定行使股东权利，不能恣意妄为或谋取私利，很多情形中代持人还只是消极人头，故在直接关涉股东利益如股东代表诉讼，或者被代持人严重损害他人利益等情形时，需要考虑受益人的股东资格问题。借鉴美国《标准公司法》的上述规定，结合我国的具体实践，在以下情形中，可能需承认被代持人(股权受益人)的股东资格，令其能够以股东身份行使部分权利。

第一类是与被代持人的利益关系最为紧密且难以借助代持人实现的事项，主要包括知情权、查阅权、股东代表诉讼等。这类权利直接关涉股权利益的实现，是被代持人了解代持股权状况、监督代持人不可或缺的途径。在代表诉讼中，公司受到侵害而公司机构没有提起诉讼，间接损害了被代持人利益，授予被代持人提起诉讼的股东资格，在维护其自身利益之时也促成了公司、其他股东的利益。对此，被代持人无须取得登记股东的同意，即可以股东身份主张上述权利。

第二类是与被代持人的利益关系极为紧密，但可以借助代持人实现，或者事后可以向代持人追责弥补的事项，如异议股东股份回购请求权、评估权、股利分配请求权等。多数权利属于这一类，由于代持人不当行使这些权利时，被代持人可以通过事后的追偿弥补损失，故在这些领域，被代持人若要以股东身份行使前述权利，需要满足公司承认受益人股东资格的程序规定(如《美国标准公司法》第7.23条)，并且取得登记股东的同意。

第三类则是对被代持人利用代持人严重损害公司、其他股东、公司债权人利益情形的规制。即便股权代持关系原本合法有效，如果事后被代持人借用代持人滥用股东权利损害公

---

[47] See Uniform Commercial Code § 8 - 207(a).

司、其他股东利益，或者，滥用公司法人独立地位和股东有限责任损害公司债权人利益，[48]如指令代持人（名义股东）将公司资产以超低价格转让给其控制企业、恶意掏空公司，则在刺破公司面纱时，不应止于代持人，而应触及被代持人，令股权的受益人与名义持有人承担连带清偿责任。

第四类则是公司法、证券法等基于特定目的考量而对"股东"范畴的特别扩张。譬如，公司在决定合并、兼并、重大资产出售等重大事项时，有利害关系的股东就不能仅考虑名义持股，事实上，该主体（及其关系人）作为受益人持有的全部股权都应该计算在内。又如，在证券法上，内幕交易受到严格禁止，如果不承认被代持人的股东身份，则在代持股权不具有控制性且被代持人没有担任公司职务时，往往难以将其纳入内幕信息的知情人之中。[49] 这一类是一个开放类型，由公司法、证券法根据立法目的，在具体情境中对股权受益人的股东资格作出特别规定。

2. 不可过分宽泛承认受益人的股东资格

在某些情形下承认股权受益人的股东资格，实属必要。但需要注意的是，名义股东作为登记股东，是通常情况下的股东，其股东资格不容轻易否定；股权受益人被作为股东，只是立法基于特定利益保护的考虑而例外授予，并且其存在情形、权利范围等均受到限制。如果过分宽泛认定受益人的股东资格，可能动摇公司程式、增加交易成本、阻碍股权流通效率。

具体而言，在股权代持关系中，如果将被代持人（股权受益人）常态化地当作（实质）股东，由于代持人作为股权受托人对股权并不享有实质所有权，仅能依据信托条款的规定行使、处分股权，故第三人在购买信托股权时，必然被要求尽合理的注意义务，包括查阅信托文本了解代持人的处分权限、查看被代持人同意股权处分的证明书等，若第三人未尽此义务，则在代持人擅自处分或超出权限时，被代持人作为委托人或受益人可能行使撤销权。信托原本就具有保密性，第三人要清晰掌握代持人的处分权限并非易事，需要支出巨大的调查成本，还可能蒙受交易被撤销的无端侵害，况且，在多数情形中，信托持有的股权，如上市公司的股票并非不可替代，第三人完全可以选择与信托之外的股东交易。因此，过分宽泛认定股权受益人（被代持人）的股东资格，可能影响代持股权的流通性，大大增加交易成本，有碍股权交易的便捷安全。

---

[48] 参见《公司法》（2013 年修正）第 20 条。
[49] 参见《证券法》（2014 年修正）第 74 条。

从比较法的视角论金融消费者客户分类机制

陈静芳*

一、前　言

2013 年由中国人民银行颁布试行的《中国人民银行金融消费权益保护工作管理办法》第 4 条规定的“本办法所称金融消费者，是指在中华人民共和国境内购买、使用金融机构销售的金融产品或接受金融机构提供的金融服务的自然人”是国内法源中首次定义“金融消费者”一词者。按其定义，“金融消费者”为自然人，不包含法人。

唯衡诸 2008 年金融风暴与过去 1999 ~ 2000 年的网络泡沫或者 2002 年恩龙公司和世界通讯公司财报不实造成的资本市场动荡不同，过去几次造成损失的主要对象是零售投资人（俗称“散户”），本次受到损失的，不仅是零售投资人，包含一般法人，甚至金融机构均为重受灾户，根据美国 SEC 于 2010 年 4 月对于高盛的起诉书，德国著名的金融机构 IKB 和 ABN 集团旗下的 ACA 都是买受有毒证券的相对方，这是否意味着金融商品和服务的复杂化程度已经突破传统认知的自然人和法人的界限？另外，2014 年前后我国台湾地区爆发“目标可赎回远期合约”（Target Redemption Forward，TRF，本质上属于美元对人民币汇率选择权衍生性商品）争议，[①]投资者大都为中小企业法人，按案发当时我国台湾地区“金融消费者保护法”之规定，总资产超过新台币 5000 万元者不适用“金融消费者保护法”，在超额损失且求助无门之情形下引发一波社会争议。由此可知，以自然人/法人切割能否纳入金融消费者保护的范畴，亦即不区分法人之专业程度、资本额等，一概将其排除适用金融消费者保护法是否妥适？进一步言之，非金融专业之一般法人，甚或专业金融机构有无权利要求知悉更多信息？

哪些人应该受到特殊保护？——换句话说，谁是“金融消费者”，一直是金融消费者保护法令持续探索的根本问题。本文将介绍欧盟、日本、我国台湾地区有关金融消费者客户分类

---

* 清华大学法学院 2009 级博士生，台湾地区律师。

① TRF 为一种人民币汇率选择权商品，由银行与投资人进行汇率走势的对赌，投资门槛为 100 万美元，契约期间为 1 年或 2 年，客户若赌人民币升值，银行需给客户“本金 * 汇差”的金额，如猜错方向，客户需赔银行“本金 * 汇差 * 杠杆倍数”之金额，杠杆倍数通常为 2 倍。另银行通常设有保护机制，当汇率碰触到某价位时，银行有终止合约之权，但客户则无，故一旦客户赌错方向，则只能等合约到期方能平仓，属获利有限、损失无限的合约类型。2014 年市场上一般将人民币看升，也是 TRF 销售高峰，但人民币兑美元一路 6.0395贬到 2016 年年初 6.5953，客户持有 TRF 商品者被银行要求补缴保证金，如缴不出则强制终止合约，损失惨重。相关新闻及报导参见《什么是 TRF？白话文讲给你听》，载 http://money.udn.com/money/story/8853/1489994；http://www.businessweekly.com.tw/KIndepArticle.aspx？id =26493；http://money.udn.com/money/story/5617/1191926。

机制之规定，并将该机制区分为弹性规定及硬性规定两类，最后比较其优劣，以供未来规范之参考。

二、弹性规则——以欧盟、日本为例

（一）欧　盟

1. 客户分类

欧盟于2004年出台、2007年年底生效的《金融工具市场指令》（MiFID）是一部欧盟金融市场中迄今最重要的制度变革。该法之目的在于促使欧盟形成金融工具批发以及零售交易的统一市场，促进金融业者的竞争、加强对客户的保护。该指令将保护的主体称为“客户”（client），其定义为接受金融机构提供投资服务或/及附属服务之自然人或法人。② 客户依其经验、知识、专业程度区分为“专业客户”（professional client）和“零售客户”（retail client），说明如下：

（1）专业客户：MiFID将“专业客户”以附表列举，③包含下列4类：①信贷机构、投资公司、其他获核准或受监管的金融机构、保险公司、集合投资计划及其管理公司、养老基金及其管理公司、商品或衍生性商品之交易商、当地机构及他机构投资者；②满足资产负债表资产20,000,000欧元、营业净额40,000,000欧元、自有资金2,000,000欧元中任何两项标准之大型企业；③国家、地方政府、管理政府债务之公部门、中央银行、国际组织和超国家机构，如世界银行、国际货币基金、欧洲中央银行、欧洲投资银行等；④以投资金融工具为主要活动的其他机构投资者，包含专门从事资产证券化或其他融资交易的实体。④

（2）合格交易对手：属于专业客户的再区分一部份特殊机构称为“合格交易对手”（eligible counter party，ECP）。⑤ 例如，主营业务为进行商品或衍生性商品之自营交易之人、投资公司、信用机构、保险公司、基金管理公司、养老金基金或管理公债之政府机构及国家政府及其相应机构，包含管理公共债务之公共机构、中央银行及超国家组织等。此外，MiFID并开放欧盟成员国自行设定量化的标准定义合格交易对手。

（3）零售客户：MiFID附表列举之外的即属于“零售客户”。

客户分类的目的在于区分金融机构对相对人执行指令中所定“商业行为准则”⑥（conduct-of-business rules）宽严程度之不同，商业行为准则包含适当性原则及为客户利益最佳执行两大类，其上位概念是金融业者之忠实义务（fiduciary duty），在指令中以诚实、公平、专业来表示。⑦ 申言之，面对知识经验和专业水平较低的零售客户，在进行销售商品或投资建议时，必须严格执行适当性原则及说明义务，并需为客户最佳利益执行客户指令；反之，如面

---

② Directive 2004/39/EC, Art 4(1)(10).
③ Directive 2004/39/EC, Annex Ⅱ.
④ Directive 2004/39/EC, Annex Ⅱ.
⑤ Directive 2004/39/EC, Art 24.
⑥ Directive 2004/39/EC, Art 19.
⑦ JP. Casey and K. Lannoo, THE MiFID REVOLUSION. 1st ed., UK: Cambridge University, 2009, pp. 45–46.

对的是知识经验和专业水平较高之专业客户，甚至是属于专业金融机构之合格交易对手或专业客户，则相关义务得以豁免或减轻。

2. 弹性规则

需要注意的是，欧盟的《金融工具市场指令》(MiFID)的客户分类为一弹性规则，亦即被归类为经验知识专业水平较高层级的，得指定特定交易或概括的要求金融机构以较低层级的客户对待，并负担较严格的商业行为准则义务。诸如合格交易对手有权要求普遍的被当作客户对待，或于特定交易个案请求被当作客户对待。如果被当作客户对待时，往来的金融机构则必须遵守适当性原则、说明义务、最佳执行原则等商业行为准则；[⑧]被视为专业客户者，如认为不能自行正确或适当的评估或管理风险者，得与投资公司订定一份书面协议，主动请求不被作为专业客户对待，且投资公司应提供较高水平的保护。此外，指令还要求，如果投资公司(往来机构)要将客户视为专业客户时，必须在提供服务前向其说明，并且必须通知客户可以修改其对待，以获得较高水平的保护。不过，若较低层级的客户要求成为较高层级客户时，必须符合"法定要件"并经过"法定程序"方得为之，[⑨]主要原因在避免金融机构利要求客户签订合同主动升级，借以规避商业行为准则之相关义务：

(1)法定条件：有关"法定要件"指满足以下任三项标准：①客户交易经验：客户在相关市场上展开过较大数量交易，前4季平均交易频率为每季10次；②客户风险承受度：客户包含现金存款和金融工具在内的投资组合规模超过500,000欧元；③客户专业知能：客户目前在金融行业专业职位工作至少满一年，该职位需要进行交易或提供的服务方面的知识。

(2)法定程序：有关"法定程序"指客户要主动放弃商业行为准则所赋予的保护，必须：第一，以书面向投资公司声明希望被视为专业客户，内容包含是普遍针对所有交易或服务，还是特定交易类型、商品或服务；第二，投资公司必须书面向客户提供清楚的警示，提醒客户注意可能失去的各种保护和投资者的权利；客户必须在合同以外，另行订定其他书面文件，陈述其知悉丧失相关保护的后果。[⑩]

欧盟指令与他国最大的不同，在于采取弹性的客户分类制度，亦即在金融机构做完"认识你的客户"(KYC)，将其分类为合格交易对手、专业投资者或零售投资者后，被归类为风险承受度较高的投资者可以自愿降级，享受保护较周延的行为规范；相对地，如果被归类为风险承受度较低的投资者，在金融机构履行程序上严格的告知义务后，亦能自愿放弃受保护的权利，购买风险较高、收益亦可能较高的金融商品。指令为避免客户轻易放弃权利，也为避免金融机构为逃避较高的商业行为义务而误导客户放弃权利，所以要求金融机构针对客户的技能、经验和知识进行充分评估后，其结果如能合理确定客户有能力进行自主投资决策，且有能力理解所涉风险者，客户对于其权利之放弃方为有效，前开"法定条件"在提供监管硬性规定，而"法定程序"即在确保客户为自愿性放弃，避免因金融机构不当销售而购买，事后造成争议。此外，指令并要求金融机构执行KYC完毕并危客户分类后，如嗣后客户风险承受等条件改

⑧ Directive 2004/39/EC, Art 24.
⑨ Directive 2004/39/EC, Annex Ⅱ.
⑩ Directive 2004/39/EC, Annex Ⅱ.

变,无法再继续满足风险承受度较高之专业客户条件时,必须主动采取适当的措施。[11]

欧盟 MiFID 指令关于客户分类仅以下表归纳说明:

专业投资人		零售客户	
合格交易对手	一般专业投资人	得变更为专业投资人	不得变更为专业投资人
·投资机构 ·信用机构 ·保险公司 ·法律授权的集合投资计划或该计划的管理公司 ·退休基金及其管理公司 ·欧盟法律或欧盟经济区国家法律授权或监管下的其他金融机构 ·国家政府或其办公室(包括处理公债的公共组织) ·中央银行 ·跨国组织	至少符合下列其中两项的大型事业: 1. 资产总计 2000 万欧元 2. 净营业额达 4000 万欧元 3. 自有资金达 2000 万欧元 ·投资机构 ·信用机构 ·其他被授权或被监管之金融机构 ·保险公司 ·集合投资计划 ·退休基金公司、管理退休基金之公司 ·商品交易商、衍生性商品交易商 ·当地政府机关 ·其他机构投资人	至少符合下列其中两项: 1. 经验:客户在相关市场上在过去 4 季中以平均每季 10 次的频率从事规模交易 2. 资产:客户的金融资产总和(包含现金和其他金融工具)超过 50 万欧元 3. 客户在金融领域专业岗位工作至少 1 年以上	不该当前项之一般投资人

(二)日本:弹性规则[12]

2006 年日本将原本《金融商品贩卖法》有关说明义务、适当性原则等部分,并扩张有价证券概念,更名为《金融商品交易法》。立法时,即针对所有金融法规行为规范制度之检讨,并提出两点修订方向:(1)对于以机构投资人为中心的专业投资人为规范对象时,其贩卖金融商品之行为规范谋求其弹性化;(2)对于以个人投资人为中心之一般投资人为规范对象时,其贩卖金融商品之行为规范,则基于适当投资人保护的确保观点,进行必要的规范修正。

1. 客户分类

日本金融商品交易法将保护对象以“投资人”称之,区分为“专业投资人”和“一般投资人”,其规范并考虑得否进行主体变更之选择可能性,区分为专业投资人得选择变更为一般投资人者及一般投资人得选择变更为专业投资人者,共区分为 4 类:

(1)不得变更为一般投资人之专业投资人:适格机构投资人、国家、日本银行。

(2)得选择变更为一般投资人之专业投资人:内阁府另订之法人(上市企业)。

---

⑪ Directive 2004/39/EC, Annex Ⅱ.

⑫ 行政院金融监督管理委员会(台湾地区)委托财团法人万国法律基金会:《日本〈金融商品交易法〉之研究报告》2007 年。

(3)得选择变更为专业投资人之一般投资人:中小企业、知识经验财产状况与专业投资人相当之个人。

(4)不得变更为专业投资人之一般投资人:不该当于前项一般投资人之个人。

2. 弹性规则

比较日本金融商品交易法与欧盟 MiFID 对于客户分类之规范,可发现在法律硬性分类为专业客户(专业投资人)与零售客户(一般投资人)后,亦辅以弹性规则,使部分原本被区分为专业投资人者(非专业金融机构之大型企业),得变更为一般投资人,要求金融机构履行较充足的商业行为规范;反之,部分具有金融知识、投资经验或财产状况足以承担较高风险之人或中小企业,则得变更为专业投资人,此弹性规则的立法精神与欧盟相类,针对日本金融商品交易法关于主体的规定,另以下表说明:

专业投资人		一般投资人	
不得变更为一般投资人	得变更为一般投资人	得变更为专业投资人	不得变更为专业投资人
·适格机构投资人 ·国家 ·日本银行	·内阁府令所定法人(预计以上是企业为对象) ·投资人保护基金	·中小企业等不该当专业投资人之法人 ·参照知识、经验、财产状况,与专业投资人相当之个人	不该当前项之一般投资人

三、硬性规则——以我国台湾地区为例

我国台湾地区"金融消费者保护法"于 2011 年订定,其间经过 5 次修订,最近一次修订为 2015 年,系针对复杂性高风险商品再做细部规定。此外,金融消费者保护法授权订定之 6 则法规命令,包括依据该法第 4 条第 2 项规定所发布之令,以及"金融服务业从事广告业务招揽及营业促销活动办法""金融服务业确保金融商品或服务适合金融消费者办法""金融服务业提供金融商品或服务前说明契约重要内容及揭露风险办法""金融消费争议处理机构设立及管理办法""金融消费争议处理机构评议委员资格条件聘任解任及评议程序办法",至此,我国台湾地区有关金融消费者保护法制于焉形成。

(一)客户分类

根据"金融消费者保护法"第 4 条第 1 项规定本法所称金融消费者,指接受金融服务业提供金融商品或服务者。但不包括下列对象:(1)专业投资机构;(2)符合一定财力或专业能力之自然人或法人。同法第 2 项规定:前项专业投资机构之范围及一定财力或专业能力之条件,由主管机关定之。又根据"金融监督管理委员会令订定'金融消费者保护法'第 4 条第 1 项但书之专业投资机构、法人及符合一定财力或专业能力之自然人条件"之规定,我国台湾地区将客户分类为"金融消费者"及"非金融消费者"两类:

1. 金融消费者:所称金融消费者,指接受金融服务业提供金融商品或服务者。

2. 非金融消费者：

(1)专业投资机构：包含：①境内外之银行业、证券业、期货业、保险业、基金管理公司及政府投资机构；②境内外之政府基金、退休基金、共同基金、单位信托及金融服务业依证券投资信托及顾问法、期货交易法或信托业法经理之基金，或接受金融消费者委任交付或信托移转之委托投资资产；③其他经主管机关认定之机构。

(2)符合一定财力或专业能力之法人：最近一期财务报告总资产超过新台币5000万元。

(3)符合一定财力或专业能力之自然人：此部分授权相关业法中有关"专业投资人"之规定，通常为总资产超过新台币3000万元。

(二)硬性规定

我国台湾地区关于金融消费者客户分类之规范为硬性规定，与日本和欧盟弹性规定不同，亦即一旦根据规则划分后，被分类为专业投资者，没有提供任何程序得以主动要求"降级"为金融消费者，而得以享受"金融消费者保护法"对于其倾向性保护之程序；反之，如被分类为金融消费者，原则上亦无提供放弃金融消费者相关保护之程序，而能"升级"为专业投资者之规定。

然而，由于我国台湾地区"金融消费者保护法"仅系金融法规中之一般规定，又因过去分业监管之历史因素，金融法规中有为数不少针对特定商品或业别所订定的特别规定，有些规定在分级后可以选择"降级"但不能"升级"，例如，"证券商受托买卖外国有价证券管理规则"规定专业投资人得以书面向证券商申请变更为非专业投资人，但非专业投资人在未符合前项专业投资人之资格前，不得申请变更为专业投资人；有些规定在分级后如符合法定要件，得选择"升级"为专业投资人，例如"境外结构型商品管理规则"规定，同时符合下列3项条件并以书面向受托或销售机构申请为专业投资人之自然人者，得"升级"视为专业投资人：(1)新台币3000万元以上之财力证明或单笔投资逾新台币300万元之等值外币，且于该受托、销售机构之存款及投资(含该笔投资)往来总资产逾新台币1500万元并提供总资产超过新台币3000万元以上之财力声明书；(2)投资人具备充分之金融商品专业知识或交易经验；(3)投资人充分了解受托或销售机构受专业投资人委托投资得免除之责任，同意签署为专业投资人者之规定。

(三)银行办理衍生性金融商品业务内部作业制度及程序管理办法

另值得注意的是，为因应上述2015前后我国台湾地区银行办理人民币TRF之交易缺失，我国台湾地区金融监督管理委员会分别于2015年、2016年2次修订"银行办理衍生性金融商品业务内部作业制度及程序管理办法"，将银行办理衍生性金融商品业务之客户分类细化为"专业机构投资人""高净值投资法人"及"一般专业客户"3类，即将不受金融消费者保护法之"非金融消费者"，再将净资产较低、不具金融投资经验之一般法人及自然人分离出来，要求必须主动申请方得参加高风险的衍生性金融商品投资，兹将3类说明如下：

(1)专业机构投资人：系指银行、保险公司、票券金融公司、证券商、基金管理公司、政府投资机构、政府基金、退休基金、共同基金、单位信托、证券投资信托公司、证券投资顾问公司、信托业、期货商、期货服务事业及其他经金融监督管理委员会核准之机构。

(2)高净值投资法人：同时符合下列条件者得申请为高净值投资法人，并规定金融机构针对高净值投资法人所提供推广文宣资料、核给交易额度、告知交易条件重要内容及揭露相关风险，均比照专业机构投资人办理，不适用办理复杂性高风险商品交易时之交易条件重要内容说明及相关风险揭露之规定，亦无须录音或录影保留记录之规定。

其一，最近一期经会计师查核或核阅之财务报告净资产超过新台币200亿元者；

其二，设有投资专责单位，并配置适任专业人员，且该单位主管具备下列资格条件之一：曾于金融、证券、期货或保险机构从事金融商品投资业务工作经验3年以上；金融商品投资相关工作经验4年以上；有其他学经历足资证明其具备金融商品投资专业知识及管理经验，可健全有效管理投资部门业务者。

其三，最近一期经会计师查核或核阅之财务报告持有有价证券部位或衍生性金融商品投资组合达新台币10亿元以上。

其四，内部控制制度具有合适投资程序及风险管理措施。

(3)一般专业客户：

其一，最近一期经会计师查核或核阅之财务报告总资产超过新台币1亿元，并以书面向银行申请为专业客户之法人或基金。

其二，自然人同时符合下列条件，并以书面向银行申请为专业客户：①提供新台币3000万元以上之财力证明；或单笔交易金额逾新台币300万元，且于该银行之存款及投资往来总资产逾新台币1500万元，并提供总资产超过新台币3000万元以上之财力声明书。②客户具备充分之金融商品专业知识或交易经验。③客户充分了解银行与专业客户进行衍生性金融商品交易得免除之责任，同意签署为专业客户。

四、分　析

(一)客户分类之目的

客户分类在的目的在于保护金融消费者，使投资经验较少、财务及风险承担能力较弱的金融消费者，不至于因金融机构销售上的话术或行销手法而误买不适合投资的商品。另外，金融机构也会因为客户分类机制达到降低营运成本的利益。赋予金融消费者倾向性保护的反面，即是金融机构必须负担较多的商业行为义务，包含说明义务、录音录影义务等，所以倾向性保护的对象必须具有针对性，不能适用全体客户，否则会造成金融机构经营成本不必要的支出。此外，专业投资人本身亦不必然期望得到保护，举例言之，专业投资人的知识、经验以足了解各项金融商品及投资目的，如果强制要求在说明义务的要求下，必须“听完”金融机构冗长的说明，或要求书面确认“听懂且能理解”，不啻浪费其时间，故客户分类机制除了能达到保护金融消费者之目的外，也能适当的分配金融机构之合规成本。

(二)弹性规则与硬性规则

如前所述，比较法上客户分类机制大致可分为弹性规则与硬性规则两类。“弹性规则”赋予金融机构及客户较大的空间，即金融机构可在执行完 KYC 后，依照其专业判断客户是否适合投资相关商品，客户也能选择根据自身对于商品的投资经验及了解程度，个案决定是否接受金融机构 KYC 后的分类，监理规范仅在由金融消费者欲转换为非金融消费者的程序上做严格控制，例如，需要证明具备相当投资经验、相当资产足以承受风险，及独立书面同意等实体及程序规范。反之，“硬性规则”则由监理机关直接立法订出标准一体试用。采用硬性规则的优点在于容易遵循，但缺点则是以法规禁止金融消费者进入市场，或限制购买商品选择之权利，不区分商品及金融消费者个别差异，也不提供放弃权利保护的方式，直接即以法令限制缔约的权利是否适当仍有疑义，毕竟被分类为金融消费者之人，亦可能在某些特殊商品已有相当投资经验，反而符合硬性标准被分类为专业投资人者，亦可能在某些特性商品的交易上，未必熟悉或具备相关投资经验而出现逆选择的情形，故硬性规则的立法方式可能无法达成客户分类的目的。此外，硬性规则的立法方式，恐需根据商品的复杂度、风险高低分别设计不同的标准，分裂规范的方式将使监管及法规趋于复杂。

五、结　语

我国大陆有关客户分类概念的规章已经零星出现，包含《中国证券监督管理委员会关于建立金融期货投资者适当性制度的规定》[13]要求在开户前必须测试投资者的金融期货基础知识，及《商业银行理财产品销售管理办法》[14]要求将客户依照风险承受分成至少 5 级，另于第 31 条将客户分为“私人银行客户”和“高资产净值客户”唯该规定虽然较为具体，但与我国台湾地区“立法”相同，均属硬性规则的立法方式。

以我国台湾地区为例，因 TRF 争议而将衍生性商品的客户分类标准，独立于原本金融消费者保护法之外，将专业法人的净资产标准从 3000 万元新台币拉高到 1 亿元新台币，看似加强保护了本次受伤严重的中小企业，但在 TRF 的销售过程，大部分金融机构不涉诈欺、已践行 KYC 等程序、相关书面均经客户签署（当然是否详细阅读不得而知），监理机构是否该因个别商品风险调整客户分类的标准诚值思考。笔者认为，过度采用家父式的的监理方式，反而有害于金融市场的持续发展，法律及监管制度的制定者，必须划定部分投资者之非理性行为属投资者应自我负责的领域。此外，金融监管单位必须协同金融机构，持续进行金融消费者的教育训练，使其了解基础的金融常识，知悉基本的权利义务，以资提升金融消费者的素质，并可以减少投诉或争议之发生。

---

⑬ 中国证券监督管理委员会《关于建立金融期货投资者适当性制度的规定》第 7 条规定，期货公司应当深化客户服务，向投资者充分揭示金融期货风险，全面客观介绍金融期货法律法规、业务规则和产品特征，测试投资者的金融期货基础知识，认真审核投资者开户申请材料，审慎评估投资者的风险承受能力，不得为不符合适当性标准的投资者申请开立金融期货交易编码。

⑭ 《商业银行理财产品销售管理办法》第 27 条规定，商业银行应当对客户风险承受能力进行评估，确定客户风险承受能力评级，由低到高至少包括五级，并可根据实际情况进一步细分。第 31 条规定商业银行为私人银行客户和高资产净值客户提供理财产品销售服务应当按照本办法规定进行客户风险承受能力评估。私人银行客户是指金融净资产达到 600 万元人民币及以上的商业银行客户；商业银行在提供服务时，由客户提供相关证明并签字确认。高资产净值客户是满足下列条件之一的商业银行客户：

（一）单笔认购理财产品不少于 100 万元人民币的自然人；

（二）认购理财产品时，个人或家庭金融净资产总计超过 100 万元人民币，且能提供相关证明的自然人；

（三）个人收入在 3 年每年超过 20 万元人民币或者家庭合计收入在 3 年内每年超过 30 万元人民币，且能提供相关证明的自然人。

对证券市场价格重大影响之主客观标准

林振东*

一、引　言

对“证券市场价格重大影响”判断标准，又称“重大性”判断标准，重大性英译为 Material、Significant 两种意思，是内幕信息的主要特征之一，[①]其和“尚未公开”如同内幕信息之双轨，缺一不可，“尚未公开”此一特征争议在立法技术及执行上多已解决，其在内幕信息的形成时程由初始到结束到最后公开，唯重大性仍是判定内幕信息主要且绝对的标准，由初始到结束相始相随，缺少重要性所有内幕信息的特征将失所附丽，迄今重大性的议题仍是争议四起，未有定论。争议所在是因为依我国《证券法》第 75 条条文对内幕信息之定义是指涉及公司的经营、财务或者对公司证券的市场价格有重大影响尚未公开的信息，上述文字“重大影响”本质上属不确定之法律概念。其次在《证券法》第 67 条及第 75 条列举的内幕信息中，又渗杂了诸多“重大”不确定的用词，如经营方针“重大”变化、经营范围“重大”变化、“重大”投资行为、“重大”购置财产的决定、“重大”债务、“主要”资产、“重大”损害赔偿责任、“有关”方案等，上述用词似属多余，引用于内幕交易之判定上，更令人有治丝益棼之感觉。实务作业上如何判定重大性，理论上有主观标准及客观标准，[②]主观标准指完全以投资人的想法和看法为主的；客观标准是指除了投资人的部分看法之外，还会有考虑到诸多的外在情境因素的影响所得出结论，这两者多少都会有互相影响，由证券市场各国的立法例来看，似乎没有绝对的主观标准与客观标准，只存在完全主观标准及部分客观标准，此乃因为投资人会有自己的价值判断，其次投资人亦会受到外在事件与自己关联程度而影响。基本上对重大性的判断标准，主观标准以个人主观对重大消息的价值认知即一般投资人如获悉该消息是否会影响其投资决策作为判断，例如，美国是以可能影响一个理性投资人（a reasonable investor）的投资决定作为判断标准；客观说则系依证券市场价格的波动、证券市场的大盘走势及同类股的变动对比来判断，例如，我国《证券法》第 75 条规定，其中所称内幕信息指对证券交易价格有显著或较大影响而

* 清华大学法学院 2010 级博士研究生。

① 内幕信息的特征，无论是依国内学者采取二特征说、三特征说、四特征说，重大性都涵括在内。

② 在本文用语中如“主观标准、主观说”“客观标准、客观说”“内幕交易、内线交易”“内幕信息、内线消息”“重大影响、重大性”等，都代表着同样意义。

言，通常情况下有关信息一旦公开公司证券的交易价格在一段时期内与市场指数或相关分类指数发生显著偏离或者致使大盘指数发生显著波动，此可由实务在 2013 年 8 月 16 日发生的光大证券“乌龙指”套利事件验证一斑，该证券商因交易系统出状况成交量遽增造成股价巨大波动即被认定为重大信息。主观标准与客观标准何者合适？比较国外之立法例，并反思我国现行状况，爰提出一些建议，以期对我国内幕交易之监管作业、投资人保护及证券市场之公平有所助益。

二、对证券市场价格重大影响之判断标准

（一）主观标准及客观标准

在司法实务上“重大影响”为一个不确定的法律概念用语，将之作为判定内幕交易之认定标准，往往是争议之所在、风暴之所在。对内幕信息的法律上的界定，在立法例上有定义式、列举式、定义和列举式及完全无定义四种模式，[③]定义和列举式在逻辑学的内涵（intension）与外延（extension）可以引用进来讨论，内涵是指一个概念所概括的思维对象本质特有属性的总和，外延则是指一个概念所概括思维对象的数量或范围。由世界各国对内幕信息的多只定义内幕信的的内涵，几乎没有表明内幕信息的外延为何？例如欧盟、德国、英国，即采定义式，此之“定义式”为主观判断。日本虽然采取的方式为列举式，然而列举的内幕信息简单明了，对于一些发生事实，决算事实或预算业绩，其他关联的重要事实仍会采取主观标准。美国虽然未对内幕信息“完全无定义”，但是法院法官的判决具有充分专业性，相关的重大判例结果显示采行的是主观标准。然而我国大陆和台湾地区在内幕信息的范围上[④]同时采用了内涵及外延的定义，外延部分同时有列举式和概括式两种，大陆《证券法》第 67 条第 2 款和第 75 条第 2 款规定，则以“具有重大事件性质”之列举 + “其他内幕信息”之概括。有学者指出完全采用列举式，容易导致实践中人们通过简单对比来认定内幕信息的存在，概括式可能防止列举式的遗漏，但在具体把握上容易导致或宽或严的趋势，也不利于维护证券市场秩序，故现行法律采取了概括式与列举式相结合的方式。我国台湾地区，同样是系采取列举兼概括式，至列举式与概括式何者为佳？我国采取二者之综合，是否有实质的效应，从我国台湾地区防治内幕交易的实证结果来看，侦查机关依此列举加概括界定的内幕信息范围去查处内幕交易的成效并非卓著，其所引起的社会动荡及证券市场的不安定远超过立法当时所能想象。例如，中华两岸科技人文学术交流协会 2008 年举行的一场“活化金融市场与社会正义”论坛中，我国台湾地区的联电荣誉董事长曹兴诚，即批评我国台湾地区内幕交易的规范不清，充满陷阱，让企业界动辄摔成重伤。

我们可以用下面的一故事作说明主观及客观的判定标准：某一渔港单位举办老鼠雕刻比赛，经过激烈角逐及淘汰，剩下二件雕刻作品，第一位参赛者使用上等木料，雕刻的老鼠外貌

---

③ 参见肖伟：《内幕信息的法律界定模式》，载《证券法苑》第 13 卷，第 251 ~263 页。

④ 广义的范围内，日本亦是采取了列举及概括的方式。

栩栩如生、纤微毕露、刀法细腻、形状几近百分之百，另一位参赛者则以渔港随地可见的大鱼骨头作材料，简单线条、朴实地勾勒出老鼠偷吃鱼干，神态可掬的表情。因为各有特色难分轩轾，评审委员甲认为应以雕工手法、细腻、技巧的作品取胜，采取客观说；另一派评审委员乙则认为能以表达创新价值，不受传统包裹束缚，着重在雕刻者能对艺术意境表达的作品取胜，尤其是艺术家要传达的创新内涵，而不是临摹、拍照或复制，采取主观说。在大家为此争论不休之际，一只猫窜进来在众人惊讶声中出其不意的叼走以第二位雕刻者的作品，事出意外，举办单位认为猫叼走了参赛者的老鼠作品，应该是认同，最后判定第二位雕刻者取胜，上面的决定，似乎是采取主观标准，即在雕刻者的主观意境表达，但实际的影响却是由猫叼走作品所引起，所以评审的主观判定上，多多少少也受客观环境的影响。至于猫为何不叼走形状完全近似的老鼠，却选择一个不像老鼠的雕刻品，其理由至为明显一块木头对猫没有任何意义无法当成食物。鱼骨头也许有点残余价值，留有腥味，对猫而言，或许是一样美食，这也涉及猫的主观认知，即猫对鱼骨头的实质(material)认知。由此也可以归纳出对重大影响股票价格的标准，二者不同的区分，是着重在股价的变动实际对股价有影响的客观标准，或者是只要投资人主观上认定对股票有重大影响即是。至于是否会真正影响到价格的变动，并非重点所在；至于主观的专业判定，例如，似猫一样的专业投资机构主观标准，则是更狭义的主观标准判断，此一专业机构投资人并非是有受保护的必要，并此说明。

(二)世界各国的立法判断标准

1. 美国：个案主观判定且无鲜明界限

美国对重要(大)性的判断主要是建立在 TSC industries v. Northway 以及 Basic v. Levinson 两个判决基础上，所谓重要(material)消息，是以可能影响一个理性投资人的决定作为判断标准，[5]此之所谓理性投资人是指有敏锐商业判断能力的机构投资者以外的一般投资人，懂得交易市场趋利避祸决策能力之投资人而言。[6] 美国对内幕交易的处罚基础，源自"反诈欺条款"。但是内幕交易处罚对象是内部人以及消息受领人，此与反诈欺条款处罚对象一般人，二者自是泾渭有别。因此，美国乃于1933年订立的《证券法》(Securities Act of 1933)第5条、第17条a款及b款，以及1934年订立的《证券交易法》(Securities Exchange Act of 1934)第10条b款，以及规则10b－5，作为民事上及刑事上处罚内幕交易的都没有对内幕信息作出定义。早期传统上，美国司法实务对内幕信息重大性的认定，都是以股票价格是否受到影响的结果作为推论基础，然而重大信息公开后，股票价格已趋于平稳，甚难去追诉内幕交易行为，直到美国最高法院在 TSC Industries, Inc. v. Northway, Inc. 两案例，乃决定内幕信息的重大性最重要的判决，其采取的观点，亦即某项信息是否成为内幕人交易之内幕信息，影响及于各项相关的判决。

TSC Industries, Inc. v. Northway, Inc. 是第一个对重大性认定的滥觞，旨揭判决要旨指出，符合证券交易法14a－9规则之一般重大性原则，其标准应为遗漏未揭露之事实，若具有

---

⑤ 彭冰教授指出，某一信息是否能对证券价格有重大影响，一般理论是以普通投资者的合理判断为假设基础，而不是看实际效果。参见彭冰：《内幕交易行政处罚案例初步研究》，载《证券法苑》2010年第3卷，第85～130页。

⑥ 陈彦良：《涉及企业并购之内线消息之认定》，载《月旦法学》2015年第236期，第57页。

实质可能性使一合理之股东认为是决定如何投票时之重要因素者，则其系属重大（An omitted fact is material if there is a substantial likelihood that a reasonable shareholder would consider it important in deciding how to vote.），至于如何认定重大的争议是一个法律和事实的混合问题（the issue of materiality is a mixed question of law and fact），此涉及法律上的标准在特定一连串事实上的应用，唯有在确立未揭露讯息对于投资者而言，如此明显的重要，以至于一个投资人理性地对于该重大性之认定不会有所争议之情况下（"so obviously important to an investor that reasonable minds cannot differ on the question of materiality"），始有涉及重大性。[⑦]

本案事实为 National Industries 公司收购 TSC Industries 公司，由对方公司之创立人、主要股东及家族身上，购买了 34% 有表决权之股份，因而有 5 名 National Industries 公司的代表人分别担任了被收购公司的董事。其后，被收购公司之创立人和其儿子在其董事会上辞去董事职位，改由收购公司提名的五位代表取代，其中包括随后成为被收购公司董事会主席和执行委员会主席之收购公司的总裁和执行副总裁。之后，被收购公司的董事会通过一项清算和卖掉所有资产之决议，其方法为以 TSC Industries 公司普通股和特别股（common and preferred stock）来交换 National Industries 公司的特别股及可购买 National Industries 公司普通股之认股权证。尔后上述 2 家公司联合发表委托书征求声明（proxy statement）给他们股东，建议他们承认这项提案，委托书的征求状况很成功，TSC Industries 公司因而开始进行清算程序，其股份的转换也产生效力，最后完成并购行为。一位 TSC 的股东（Northway 公司）对上述的行为提出诉讼，主张损害赔偿、恢复原状及其他之救济，主张他们公开征求委托书的共同声明并不完整且有重大误导，违反联邦《证券交易法》第 14（a）条及 14a－9 规则规定，因为该委托书征求声明就 National Industries 公司对于 TSC Industries 公司之控制程度之重大讯息有所遗漏（如前所述并未揭露收购公司的总裁和执行副总裁在被收购公司所担任之职位），以及有关被收购时有利程度之说明（如投资银行有利或不利之建议事项等）。

联邦最高法院认为如果任何事实，在一个股东决定如何投票时，非常可能会认为重要者；则该被遗漏之事实即属于重大。所谓非常可能地，并不须要证明揭露该遗漏之事实的话会导致理性的股东改变投票。所应衡量的是，一个理性的股东考虑所有因素，该遗漏的事实是否非常可能有重大影响。这项重大性认定标准，虽然有关于征求委托书的判决，唯在内幕交易案件仍同样可以适用。

第二个 Basic v. Levinson 案件判决，则主要解决地方法院及上诉法院对适用"初期合并谈判"，重要性之不同看法，略以依 1934 年订立的《证券交易法》第 10 条 b 款以及规则 10b－5 规定，初期公司合并谈判，对一个理性投资人（a reasonable investor）于投资决策时认为重要的信息，并不会因为合并双方于价格及条件未达成原则性协议而不具重要性，信息并不会因为公开声明否认其存在而不具重要性，易言之，一项事实的重要性于任何时间都将取决于该事件即将发生的可能性（indicated probability）及该事件就整个公司所有活动中所具有的预期重要程度（anticipated magnitude）加以平衡判断。合并谈判于某一特定案例是否重要，取决于个

⑦ 刘连煜：《重大内线消息之认定——最高法院九十八年度台上字第六四九二号判决评释》，载《月旦裁判时报》2010 年 2 月，创刊号，第 126～134 页。

案事实（so that whether merger discussions in any particular case are material depends on the facts）。

1978 年 12 月 20 日之前，Basic Incorporated 是一家为钢铁业制造化学耐火材料的公开发行公司，早于 1965 年、1966 年，一家生产铝制耐火材料的 Combustion Engineering, Inc. 曾向 Basic Incorporated 表达收购意愿，但是考虑可能违反“反拖拉斯法”而放弃。迨至 1976 年起相关法规松绑，双方又开始接触，并经由主管会议或电话讨论并购之可行性，其间，Combustion Engineering, Inc. 于该公司之策略计划（Strategic Plan）中包含了以 3 千万元收购 Basic Incorporated 为目标，然而在 1977 年至 1978 年间，Basic Incorporated 3 次发表公开声明，否认正在进行任何合并磋商。至 1978 年 12 月 18 日，Basic Incorporated 要求纽约证券交易所暂停其公司股票之交易，同时发表声明其正与另一个公司接洽商谈合并事宜。同年 12 月 19 日，Basic Incorporated 的董事会通过 Combustion Engineering, Inc. 以每股 46 元购买其股份之要约，并于 1978 年 12 月 20 日对外公布其已核准了 Combustion Engineering, Inc. 要约收购其所有已发行股份。爰此，有部分的 Basic Incorporated 股东于 1977 年，由第一次公开否认合并磋商至 1978 年股票停止买卖期间卖出股票，提出集体诉讼，指控该公司上开 3 次公开声明之内容虚伪不实且足以误导投资人致使该股价遭到人为的压低，又因为信赖上述不实声明低价卖出股票而受有损害，指控 Basic Incorporated 及其董事违反美国证券交易法 Section 10（b）及 Rule 10b－5。

地方法院认为当事人适格提起集体诉讼，然而 Basic Incorporated 3 次公开否认合并磋商均不符合重大信息，第一次发表公开否认之声明时尚未合并磋商，第二次、第三次公开否认之同时虽已进入合并磋商阶段，但因尚无法确信合并双方已就重要原则达成合意（to become a merger agreement m principle），予以驳回。

上诉法院第六巡回法院，将本案发回更审的理由为：（1）发表公开声明否认合并协商不存在足以对投资人造成误导；（2）初步合并磋商或许不具重大性，不过一旦公司发表公开声明否认存在，将使不重要性的事件而成就重要性。另第三巡回法院则认为：（1）太早公开磋商中之合并计划，易使此一并购案失败，应等收购价格及合并基本条件确定后再公开才不容易曝光；（2）磋商本身属暂时、未定的性质，过早公开磋商之进行，可能造成误导投资大众之结果；（3）重要原则达成合意之判断标准，已为实务上常采用之见解，上述主张初步合并磋商必须等到合并双方对于价格及合并基本架构等原则性内容达到合意之程度，才能被认定为重大信息。

联邦最高法院，续援引 TSC v. Northway 一案对于重大性之定义，除就地方法院及上诉法院之见解，提出驳斥的意见外，认为信息披露是证券交易法所一贯的主张，目的在使投资人在信息充分公开的投资环境中自负投资风险，法院不必把投资人当作傻子，认为他们没有能力理解初步磋商中之合并计划具有不确定性的风险，必须等待合并案之重要原则已达成合意后才能公开的观点并不合理。且违反上述证券交易法公开之立法意旨，重大性的认定对信息而言是为了评估该信息是否会对理性投资人的投资决策造成重大影响，与并购案中的机密性二者风马牛不相干的事；换言之，合并计划具有机密性，应该是发行公司有无披露义务的范畴，发行公司尽管得以没有评论来回答相关之询问，却不可以不实之否认，否认双方有磋商之事实来作答。巡回法院所持的明确性标准（bright-line rule）固然使高管人员或内部人容易遵守法规,但是不应该使公司漠视证券交易法 Rule 10b－5 之立法意旨,重大信息之认定应属个案认定,以此机械而无弹性之标准予以界定,并不是有效之判断准据。[⑧]

联邦最高法院并进一步指出,推测性或不确定性信息或事件应如何适用 Rule 10b－5 之重大性规定,第二巡回法院在 SEC v. Texas Gulf Sulphur Co. 一案所主张的"概率/影响程度"(probability/magnitude)判断标准值得借鉴,第二巡回法院 Friendly 法官在另一案之判决见解,因为合并可能决定一家公司之存续与否;相较之下,合并的内幕信息应该在磋商初期即被认为是重大信息,纵然在当下合并破局的可能性极高,亦应该如此认定。上述之"发生概率",事实调查者有必要去调查公司高层对于系争交易之兴趣如何,包括董事会决议、公司对于投资银行的指示,以及双方公司间协商内容等,都可以用来评估事件发生的可能性。至于"影响程度"则可以参考双方公司的规模大小,以及该事件对公司所发行有价证券可能产生的溢价等。

由以上的两个案例及文中提及之 Texas Gulf Sulfur 一案,我们可以归纳出美国对重大性之实务见解重点如下:(1)当一位理性投资人"极可能"(substantial likelihood)认为某一信息为影响其投资决定的重要因素时,该信息即具重大性。(2)单独对一项信息进行考虑时未能决定其是否重大,则经与其他可获得的信息综合判断下可能影响理性投资人的决策时才符合重大性之要件。(3)一项事实是否具重大性,基本上属个案事实探讨之问题,不应以僵化而无弹性的重要原则已达成协议标准(agreement-in-principle,即以价格与基本架构已达合意时始可谓具重大性而应予公开)作为重大与否之判断基础。(4)若事件本身性质上属于不确定或推测性的情况,则应以发生之可能性与影响程度二者加以判断。

此外,依据美国证管会于 2000 年 8 月 10 日公告之公平披露规则,尽管针对重大(material)、未公开(non-public)信息而制定,但在本规则中并未就此二名词加以明确定义,对信息何为重大、未公开时,仍沿用上述法院之见解。然而美国证管会亦列举了一些具有重大性质之信息,其中即包括合并、收购、要约收购、合资或营业让与等并购行为。[⑨]

2. 欧盟:主观判断基础为可靠的信息

欧洲议会及欧盟理事会于 2003 年 1 月 28 日通过之《市场滥用指令》(Directive 2003/6/EC),根据其第 1 条第 1 款定义:"内幕信息"是指还没有被公开、性质明确的信息,直接或间接与一个或多个金融工具发行人或一个或多个金融工具有关,如果被公开,将可能对这些金融工具或相关衍生金融工具的价格的价格显著的效果。[⑩] 对期货(derivative on commodities)而言,"内部信息"系指性质明确之未公开信息;该信息直接或间接与一种或多种衍生性商品相关,并与市场交易人所预期之价格有关。对受委任执行金融工具买卖单的人而言,"内幕信息"系指客户买卖单中传达之信息;该信息与客户尚未执行之买卖单有关而具明确性质,直接

⑧ 苏秀玲:《美国内线交易案例与理论研析》,载《证券柜台》2008 年第 137 期,第 40～51 页。

⑨ Regulation Fair Disclosure, Reg. FD。如(1)企业获利状况;(2)合并、收购、要约收购、合资或营业让与;(3)关于其客户或供货商之新产品、新发明或新发现;(4)经营权或管理阶层之异动;(5)更换监察人;(6)关于发行企业有价证券之重要事件;(7)破产与接管等。

⑩ Inside information' shall mean information of a precise nature which has not been made public, relating, directly or indirectly, to one or more issuers of financial instruments or to one or more financial instruments and which, if it were made public, would be likely to have a significant effect on the prices of those financial instruments or on the price of related derivative financial instruments. 并参考 1989 年 89/592/EEC 号指令第 1 条规定。

或间接与一个或多个金融工具发行人或一个或多个金融工具有关，如果被公开，将可能对这些金融工具或相关衍生金融工具的价格的价格显著的效果。上述《市场滥用指令》第 1 条第 1 款所述"信息一旦公开，可能对金融工具或相关衍生性金融商品之价格有重大影响"一节，参据指令开场白的条件系叙述指的是一个理性投资人极有可能考量作为投资决策评估之特定部分信息，该特定部分的信息对多数理性投资者是可靠的信息。

此外，另为使上述欧洲议会及理事会颁布之《市场滥用指令》得顺利施行，欧盟执行委员会于2003 年 12 月 22 日颁布 2003/124/EC 指令（Commission Directive 2003/124/EC），进一步说明内部信息定义，此一理性投资人所评估的内部信息，尚涉及性质明确性，前揭《市场滥用指令》第 1 条第 1 款内部信息定义之"性质明确"，系指倘某信息指涉某种存在或可合理预期将会发生的情况、已发生或可合理预期即将发生的事件，以及如该信息之明确性足以推论就该等情况或事件对相关金融工具或衍生性金融工具之价格所产生之影响为何，则该信息应被视为具明确性质。此外，依据欧洲证监会（Committee of European Securities Regulators, CESR）[11]于 2007 年 7 月 12 日颁布的"等级三，第二部市场滥用指令之指导纲要及信息"（Level 3 – second set of CESR guidance and information on he common operation of the Directive to the market），对内幕信息，依据 Commission Directive 2003/124/EC 第 1 条规定，再补充性内幕信息性质明确（of a precise nature）的意义，即信息应被视为性质明确，如果它映射（indicates）一组的情况存在或可以合理预期未来存在，或者一件事件已经发生或可合理预期发生（to do so），如果足够具体使一个结论呈现出来，即一组情况或事件对金融工具或相关衍生金融工具的价格可能产生的影响[12]如下：

第一，有可靠且客观存在的事证证明该信息并非谣传或臆测（能被证明已发生或未来会发生）。

第二，如果该信息涉及发生在阶段过程中，该过程的各阶段以及整个过程都可能是一个性质明确的信息。举例说明，一个要约收购，该要约收购可能无法在年底发生，但是这并不意味着与目标公司的协商行为，本身不是性质明确的信息。

第三，此外，没有必要加以综合考虑一条信息为明确性。例如，某公司与目标公司接洽公开收购可视为明确的信息，尽管收购价格可能还没决定；或者是某公司同时与多家公司洽谈公开收购此一事实也可被视为明确的信息，尽管其尚未决定谁才是最后的收购目标。

第四，某信息是否具体到足以影响价格。欧洲证监会（CESR）认为在下列两种情况：其一，让理性的投资者采取投资决策的信息是没有或者非常低的财务风险，或者是投资者评估后，相信该信息一旦公开会影响相关的金融工具和相关衍生金融工具的价格。其二，信息可能立即在市场上被使用，其一旦公开，市场参与者亦会以该信息作为交易的基础。

由上述二者结合可知，作为一个理性投资人决策影响证券市场股票价格的信息，并非单

---

⑪ 2011 年 1 月 1 日，欧洲证券及市场管理局（European Securities and Markets Authority，ESMA）正式取代欧洲证券监管委员会（CESR），其使命是建立欧盟统一的资本市场监管规则，通过有效的监管为欧盟投资者提供保护，并为金融机构提供公平的竞争环境。

⑫ For the purposes of applying point 1 of Article 1 of Directive 2003/6/EC, information shall be deemed to be of a precise nature if it indicates a set of circumstances which exists or may reasonably be expected to come into existence or an event which has occurred or may reasonably be expected to do so and if it is specific enough to enable a conclusion to be drawn as to the possible effect of that set of circumstances or event on the prices of financial instruments or related derivative financial instruments.

一的事件，若在阶段过程，如并购行为，各个阶段的各个事件都有可能，纵使这个并购行为到最后，并没有发生并购的结果或者并购成功、失败，只要对理性投资人而言，这性质明确的信息就是内幕信息。

3. 英国：主观判断基础为特定及明确的信息

英国有有关内幕交易的管理，是在1980年将内幕交易纳入公司法规范，这是首度将内线交易纳入规范。随后在1985年《公司证券内线交易法》作进一步规范。依《公司证券内线交易法》第10条的立法解释规定，内幕消息系指“未公开股价敏感的信息”（unpublished price sensitive information），详言之，“内幕信息系直接或间接对这家公司有关或涉及的特定事件，而不是一般性的有关或涉及这家公司的信息，而且这消息不是被习惯性或者可能性交易的这些投资人普遍知道；但是这消息如果被这些投资人普遍知道，则有可能是重大影响有价证券的价格”。⑬

迨至1986年的Big Bang，英国国会通过《金融服务法》，在该法第七编（Part VII）明确规定内线交易之种类与法律责任。同时授权专责的证券管理机构，证券投资管理委员会。并在第七编第177条、第178条分别规定，内幕交易的调查及妨碍内幕交易调查的处罚。由于英国系欧盟的成员之一，为因应配合1989年欧洲经济共同体的内幕交易指令，英国乃于1993年订定《刑事审判法》，2000年订定《金融服务暨市场法》，⑭前者《刑事审判法》系透过刑罚的手段来制裁内幕交易，后者《金融服务暨市场法》则系以行政裁罚的手段来规范内幕交易。

基本上，1993年订定《刑事审判法》和2000年订定《金融服务暨市场法》二者都对内幕信息有大致上相同的基础定义，即（1）内幕信息系涉及特定证券或一个特定的证券发行人或特定的证券发行人，而不是一般证券或一般证券的发行人。（2）内幕信息是特定的或明确的。（3）内幕信息还未被公开。（4）内幕信息如公开可能对任何证券的价格有重大影响。此外，《金融服务暨市场法》第118C条（2）至（4），将内幕信息又细分为三种类型：（1）与合格投资或非衍生性商品之相关投资有关之性质明确的消息；（2）与合格投资或衍生性商品相关投资有关之性质明确的消息；（3）与执行任何合格投资或相关投资之交易人员有关之性质明确的消息。第一种类型之内幕信息与传统的内幕信息类似，均要求具有未公开、相关性、重大性以及明确性等特征，排除纯粹的臆测或谣言。第二种类型之内幕信息系就衍生性商品之特性以及不同市场所存在的不同市场惯例，要求此类内幕信息是“该衍生性商品之市场使用者依市场惯例期待其可获悉者”。第三种类型之内幕信息则是针对负责执行交易之人员，由于负责替客户执行交易指令之人因处理交易指令得以获悉特定有价证券将被大量取得或处分之消息，而有价证券之取得或处分本身可能即为一重大的内幕信息。如负责执行交易指令之人利用此一机会为自身利益私下对该证券进行买卖，则此一行为即应被认定为内线交易，故此类

---

⑬ Companies Securities (Insider Dealing) Act 1985 第10条，原文如下：

"10. Any reference in this Act to unpublished price sensitive information in relation to any securities of a company is a reference to information which –

(a) relates to specific matters relating or of concern (directly or indirectly) to that company, that is to say, is not of a general nature relating or of concern to that company, and

(b) is not generally known to those persons who are accustomed or would be likely to deal in those securities but which would if it were generally known to them be likely materially to affect the price of those securities."

⑭ Financial Services and Markets Act 2000, FSMA.

内幕信息适用于负责执行交易之场合。依《金融服务暨市场法》第118C条(6)之定义,上述所提对证券的价格有重大影响者,系指一个合理的投资者极有可能会作为投资决策部分基础使用的信息。[15]

其次,而所谓信息具有明确性(information is precise)大体和欧盟的规定相同,指信息所涉及之情况已存在或可能合理预期将会存在,或已发生或可能合理预期将会发生之事件,且已具体足以推断该情况之可能影响或该事件在合格投资或相关投资价格方面的可能结果。

4. 德国:主观判断辅以客观说

德国于1994年制定《德国证券交易法》(Securities Trading Act ,德文简称WpHG),该法于1998年9月9日颁布,为配合欧盟金融工具市场指令(MIFID)规定,并配合落实欧盟市场滥用指令与信息透明化指令,德国乃于2009年7月修订相关条文,修订后全部条文分为13章,共46条;其中第三章内部人监视及信用评等机构,第12条至第20条规范内容摘略如下:第12条为内幕证券(Insider securities),第13条为内幕信息,第14条为禁止内幕交易(Prohibition of insider dealing),第15条为通知、刊物及公司内幕信息传递输到公司注册处(包括15A,交易、出版物、传输的通知到公司注册处,15B内幕名单维护),第16条为记录保管义务(包括16A监管监督机构聘用人士所进行的交易,16B呼叫数据保留),第17条为信用评级机构的监管,第18条至第20条现已删除。

其中关于内幕信息部分,《德国证券交易法》第13条针对内幕信息(Insider information)的定义为:内幕信息是一种具体的内幕信息,是在不为公众所知的情况,涉及一个或多个内幕证券的发行人,或者与内幕证券本身,如果它成为公众所知(publicly known),将有可能在证券交易所或市场的内幕证券价格有重大的影响。认为这种可能性是存在一个合理的投资人会考虑作为投资决策的信息。在实务作业上,德国也采取了部分的客观标准,亦即若内幕信息影响证券市场之价格超过某个百分比率或幅度,亦算是具有重大性。[16]

一个单一的基本评估,为公众所知的情况下便不是内幕信息,即使该消息可能对内幕证券的价格有显著影响。[17] 上述所谓合理的投资人指熟悉市场运作并信赖市场情况与法制的投资人。其投资决策完全以经济利益来考虑其交易,并追求尽可能获得最大利益及避免损失,在作投资决定时亦会对市场上不合理的过度发展加以判断并考虑在内,唯其并无须达到证券投资专家或专业财产管理人的水平,亦非为熟悉市场事务的学者。[18]

5. 日本:部分采主观说

《日本金融商品交易法》第6章有价证券交易之相关规定,第166条第2项明定了内幕信

---

⑮ (6) Information would be likely to have a significant effect on price if and only if it is information of a kind which a reasonable investor would be likely to use as part of the basis of his investment decisions.

⑯ 参见洪秀芬:《德国证券交易法对内线消息规范之探讨》,载《月旦财经法杂志》2011年第25期,第81~84页。

⑰ 原条文如下:Section 13, Inside information, (1) Inside information is any specific information about circumstances which are not public knowledge relating to one or more issuers of insider securities, or to the insider securities themselves, which, if it became publicly known, would likely have a significant effect on the stock exchange or market price of the insider security. Such a likelihood is deemed to exist if a reasonable investor would take the information into account for investment decisions. The term circumstances within the meaning of sentence 1 also applies to cases which may reasonably be expected to come into existence in the future. Specifically, inside information refers to information about circumstances which are not public knowledge within the meaning of sentence 1, (2) A valuation based solely on information about publicly known circumstances is not inside information, even if it could have a significant effect on the price of insider securities.

⑱ 参见洪秀芬:《德国证券交易法对内线消息规范之探讨》,载《月旦财经法杂志》2011年第25期,第81~84页。

息之四种类型及其定义,说明如下:

第一种类型:公司决定事实,是指与公司的意思决定相关联的事实,该类事实一旦发生,必然对公司证券产生影响。亦即该上市公司等的业务执行决定机关决定执行下述事项或者该机关决定不执行有关该决定(限于被披露者)的事项。例如,股票分割、股票交换、股票转移、合并、公司的分立、营业的全部或一部的转让或收购……[19]

第二种类型:该公司发生事实,是指与公司的意思决定无关的发生事实,如灾害或因业务状况不良而生的损害,除去影响显著轻微者外,该类事实的发生一般会对公司证券造成影响,上市公司发生的事实,包括:

(1)发生灾害或因业务进行过程中而发生的损害。

(2)主要股东的变动。

(3)归类为下市股票或者登记为财务不佳的管理股票或期权等相关情况。

(4)准用于上述(1)~(3)中所列事项而由内阁政令规定者。

第三种类型:决算情报,是指公司的决算情报或预算业绩与最近的预算值、实绩值相比产生显著差异时,限于对投资者的投资判断产生重要影响而符合内阁法令者。

第四种类型:补充条款,是指其他的与公司的运营、业务或财产相关的重要事实,该类事实中,对投资者的投资判断造成显著影响者。

由上述四种类型可知,日本也采用了列举与概括相结合的方式。其与我国大陆的《证券法》以及我国台湾地区的"证券交易法"有所差别的是,日本对于重要含义的理解,程度上似乎是应体现出一定的差异性,规定内幕信息的重要性时的特色在于,根据事实性质的不同而设定不同的重要标准,由影响,到较大影响,到重要影响,到最后的显著影响,程度成逐渐加强之势。第一类及第二类内幕信息的分类系以该信息是否与公司自主性有关,或者是与公司自主性无关联的,如灾害等,都被视为内幕信息,无须价值判断。其中重要及显著影响,系以投资者之投资判断,即主观标准作为依据。[20]

(三)小　结

由世界各国对内幕信息的判定标准,我们可以归纳如下:美国、欧盟、英国、德国采取的是抽象原则的规定,美国法院并未对内幕信息作任何范围界定,系以主观说作为对重大性的一个重要抽象原则的分水线,没有鲜明界限,纵使美国证监会曾在揭露规则中对内幕信息采取

---

[19] 详细如下:(1)《公司法》第199条第1项规定,对上市公司股票认购人或者经由证券公司出售库藏股的募集(包括认购合作结构金融协会发行的优先股),包括募集是根据相同于本条文的外国法令(此情况限于上市公司是一家外国公司时,同样适用本条文)在募集认购库藏股的人员,或者依据合同法第238条第1项对股票选择权的人募集。(2)资本的减少。(3)资本公积及盈余准备金的减少。(4)上市公司依据《公司法》第156条第1项的规定(包含《合同法》第163条和第165条),或者相当于外国的法律和命令(限于上市公司等为外国公司时)买回自己的股份。(5)无偿配股。(6)股票分割(包含优先出资法规定的优先出资)。(7)盈余分配。(8)股票交换。(9)股票转移。(10)合并。(11)公司的分立。(12)营业的全部或一部的转让或收购。(13)解散(由合并而导致的解散除外)。(14)新制品或新技术的商业化。(15)业务结盟或其他的准用上述(1)~(14)所列事项而由政令所规定者。

[20] 张小宁:《证券内幕交易罪研究》,中国人民公安大学出版社2011年版,第168~171页。并参访日本FSA官方网站http://www.fsa.go.jp/en/index.html,2016年4月5日访问,基本上,《日本金融商品交易法》对于"重要"含义的理解,通说认为自应根据对"投资者的投资判断造成的影响"来决定,由此可见美国法的"实质影响"标准对日本法的实质影响。虽然同为内幕信息,但在影响证券交易的程度方面是存在一定的差别的,如关于企业的合并与分立的信息一般要比业绩涨跌的信息对证券交易造成更大的影响,因此,虽然该类信息同属于"重要"信息,但在重要性的程度上似乎是应体现出一定的差异的,《日本金融商品交易法》便考虑到了该问题,在规定内幕信息的重要性时的特色在于,较宽泛的概括性前提:"影响投资者的投资判断"。

某种程度的例示，亦不足以否定对内幕信息之重大性采取抽象的原则，即除以一位理性投资人之决策判断外，可能性及影响性亦是一项判断重大性之标准。欧盟随之在后，亦是采取主观判断为原则，即内幕信息必须对证券市场之股票价格有所影响，此一抽象原则同是建立在一位理性投资人的决策判断基准，想当然地，此一内幕信息一旦公开即立刻作为交易之基础。在受欧盟指令规范指导下的成员，英国、德国亦异曲同工地以抽象原则作为判断内幕信息的标准。日本显然地采取了部分主观的看法，并以有层次性地，分成四种类型去界定内幕信息，要强调的是，企业并购信息属于第一种类型，是为公司意思决定的相关联事实，其一旦发生必定对股价产生影响。

三、我国的现况及衍生问题

我国大陆及台湾地区对内幕信息重大性之判断标准，多有采取客观说及主观说，大陆依据《证券法》第75条规定："内幕信息指证券交易活动中涉及公司的经营财务或者对该公司证券的市场价格有重大影响尚未公开的信息"，以及中国证券监督管理委员会制定的《证券市场内幕交易行为认定指引（试行）》第7条、第8条及第9条[21]规定，采取的是客观判断。但在上市公司披露部分，例如《上市公司信息披露管理办法》第11条、第19条规定，凡是对投资者作出投资决策有重大影响的信息均应当披露，采取的是主观判断，唯在该办法第30条规定，当发生可能对上市公司证券及其衍生品种交易价格产生较大影响的重大事件，投资者尚未得知时，上市公司应当立即披露，说明事件的起因、目前的状态和可能产生的影响。又采取了客观判断。我国台湾地区依据"证券交易法"第157条之一及"'证券交易法'第157条之一第5项及第6项重大消息范围及其公开方式管理办法"规定，内幕信息涉及公司之财务、业务，对其股票价格有重大影响，或对正当投资人之投资决定有重要影响之消息，采取的是主观判断及客观判断二者之结合。

承上说明，我国大陆《证券法》对内幕信息规定，采用概括式与列举式相结合的方式界定范围，主要包括有：(1)《证券法》第67条第2款所列重大事件，[22]其中计有12项，由此12项条文的内容来看，其中对该公司证券的市场价格有重大影响信息下，仍使用有重大（含重要）的条文，即有7项，例如在经营方针和经营范围、投资行为、购置财产的决定、订立合同、发生债务和未能清偿到期债务、生产经营的外部条件发生变化、诉讼事件等，几乎达一半以上。(2)公司分配股利或者增资的计划。(3)公司股权结构的重大变化。(4)公司债务担保的重大变更。(5)公司营业用主要资产的抵押、出售或者报废一次超过该资产的30%。(6)公司

---

[21] 参见《证券市场内幕交易行为认定指引（试行）》第9条规定，前条第5项所称的对证券交易价格有显著影响，是指通常情况下，有关信息一旦公开，公司证券的交易价格在一段时期内与市场指数或相关分类指数发生显著偏离，或者致使大盘指数发生显著波动。前款所称显著偏离、显著波动，可以结合专家委员会或证券交易所的意见认定。

[22] 《证券法》第67条第2款条文如下："（一）公司的经营方针和经营范围的重大变化；（二）公司的重大投资行为和重大的购置财产的决定；（三）公司订立重要合同，可能对公司的资产、负债、权益和经营成果产生重要影响；（四）公司发生重大债务和未能清偿到期重大债务的违约情况；（五）公司发生重大亏损或者重大损失；（六）公司生产经营的外部条件发生的重大变化；（七）公司的董事、1/3以上监事或者经理发生变动；（八）持有公司5%以上股份的股东或者实际控制人，其持有股份或者控制公司的情况发生较大变化；（九）公司减资、合并、分立、解散及申请破产的决定；（十）涉及公司的重大诉讼，股东大会、董事会决议被依法撤销或者宣告无效；（十一）公司涉嫌犯罪被司法机关立案调查，公司董事、监事、高级管理人员涉嫌犯罪被司法机关采取强制措施；（十二）国务院证券监督管理机构规定的其他事项。"

的董事、监事、高级管理人员的行为可能依法承担重大损害赔偿责任。(7)上市公司收购的有关方案。(8)国务院证券监督管理机构认定的对证券交易价格有显著影响的其他重要信息。

我国台湾地区更将列举的内幕信息划分为二种类型:(1)涉及公司之财务、业务之重大消息及公司有重大影响其支付本息能力之消息,涉及公司之财务、业务之重大消息是指股票,对公司有重大影响其支付本息能力之消息,是指公司债。(2)涉及该证券之市场供求之重大消息。依"证券交易法施行细则"第7条所定有9项,另依"证券交易法"第157条之一第5项及第6项重大消息范围及其"公开方式管理办法"第2条规定扣除第1项,则有17项,第3条规定则有5项,上述二行政命令,都有兜底条款规定。[23]

上述内幕信息范围二者立法之差异性,其中有关重大信息的范围,在大陆系由《证券法》明文规定,在我国台湾地区则授权证券主管机关经由行政命令订定。

内幕信息依据大陆及我国台湾地区现行法规所列举之项目,[24]可以将内幕信息性质分成本身即具有重大性、有必须达到定的量化标准以及必须再作进一步判定重大性者3种,其分类如下:

第一,某些事件不论是否对证券的价格有所影响,本身即构成具有重大影响的内幕信息,包括有:

(1)减资、合并、分立(分割)、解散、破产、收购、股份交换、股份转换、股份受让、重整、终止上市。

(2)股东大会、董事会决议撤销、无效。

(3)公司、董监事、高管人员涉嫌犯罪,被搜索、调查、董事会无法正常行使。

(4)配股、增资计划。

(5)收购方案进行、停止。

第二,须达到一定量化标准的事件,才构成内幕信息者,包括有:

(1)董事、监事、高管人员变动达一定比率(如1/3)。

(2)资产抵押、出售、报废超过该资产的一定比率。如一次超过该资产的30%等。

(3)持有一定比率股份之股东、实际控制人,或控制股权异动。如持有公司5%以上股份。

第三,有一定的弹性标准,须再作进一步判定者,包括有:

(1)经营方针、经营范围变化。

(2)投资、购置、取得或处分资产。

(3)合同、备忘录、策略联盟、合作计划之订立、变更、终止或解除。新产品开发、试验产品开发成功进入量产阶段、取得、出让知识产权等。

(4)发生债务、违约、退票、被银行拒绝往来、丧失债信。

(5)亏损、减产、停工、厂房设备出租、资产质押。

---

[23] 参见我国台湾地区"证券交星所""法规分享知识库"查询系统:http://211.78.81.227/TW/law/DAT0201.aspx? FLCODE = FL039378,2016年4月5日访问。

[24] 参考《证券法》第67条第2款、第75条第2款第2项至第7项规定,我国台湾地区"重大消息范围及其公开方式管理辩法"规定,及《日本金融商品交易法》第166条第2项规定。

(6)生产经营外部条件变化、灾难、集体抗议、罢工、环境污染、停工、停业、歇业、废止、撤销相关许可。

(7)诉讼、非讼、行政处分、行政争讼、保全程序、强制执行。

(8)募集、定向增发。

(9)股权结构变化。

(10)债务担保变更、关系人、债务人、连带保证人遭退票、声请破产、重整;公司背书或保证之主债务人无法偿付到期之票据、贷款或其他债务者。

(11)董事、监事、高级管理人员承担损害赔偿责任。

上述的三种分类的梳理,并不意味着,只要是符合上述的列举项目,即当然构成内幕信息。例如第一类项目中的减资、分立,其可能是利空或利多消息,股价会涨会跌并不一定,则无法由股价的变化,客观判断其重大性,再如简易合并只要经过董事会决议即可,并不具备重大性。至于第二类须达一定的量化标准,如30%,但如何说明29.9%和30.1%二者之重大性差异性为何?此外第三类的内幕信息,例如投资、购置、取得或处分资产,若只是少量或轻微财产的交易并不具备有重大性,是否一概视为重大性,其答案不言可明。易言之,上述列举的信息项目,至少仍必须具备内幕信息的"重大性"及"尚未公开"两个特征,才符合内幕信息。然而重大性的判断又回到主观判断及客观判断的重复思维模式。

四、结 论

由世界各国的立法例观察,对内幕信息重大性的认定采取主观判断标准为主要原则,亦即兼或部分采取客观说只有我国台湾地区及大陆;由实证的角度,一个信息公开会不会直接反应证券市场价格的变动,这答案当然是肯定的。然而影响证券市场价格的因素太多,诸如整体经济环境因素、企业经营的因素、市场因素、产业和区域因素等,信息的公开与股价的影响二者没有必然的绝对关连,若以事后证券市场价格的变化作为判断重大性的唯一标准,这种逻辑上的错误及风险不言而喻。以美国为例,早期系以客观说为判断标准,但是内幕信息公开后,股价即趋于平稳,到最后经由法院之判例导引改采主观说。与大陆及我国台湾地区同质性较高的日本立法例观察,日本虽然同样将内幕信息采取列举的方式,将之分为四种类型,第一类型及第二类型直接即视为内幕信息为免争议。第三类型及第四类型则采取了主观判断标准,德国对重大性的判断仍是以主观判断为准,只是辅以价格幅度变化的百分比作为参考值,严格地说,并非采取客观判断。

以一个理性投资人而不是专业投资机构的主观判断对证券市场价格的重大影响或重大性,是较为正确的做法,例如一个企业并购案,对公司成长及发展是有正向的经济意义,并购对一家被并购的上市公司而言当然重要,并购信息若公开,其在证券市场的股票价格一定会受到影响,任何一位理性投资人必定会认定是重大的信息,至于该信息是否对投资人为可靠、具体、明确的信息,经由专业的法院判断,在技术上不会困难,更无须拘泥地将内幕信息列举或概括般的规范,立竿见影地告诉证券市场或内幕交易的行为人,除了这些之外的信息都不具有重大性,不符合内幕信息范围;另概括由主管机关认定未列举的内幕信息,更增加证券主管机关的工作负荷，亦不符合法律保留、罪刑法定主义的原则。

采取重大性主观判断的国家如美国、欧盟、英国及德国，在程度上仍有不同的修正及调整，对于推测或不确定的信息，美国采取了概率及影响程度作为配套的判断标准；欧盟、英国及德国则要求信息必须可靠、具体或明确的信息，至少不是谣言或者臆测性的信息，日本则将部分的信息直接规定具有重大性，而对于决算情报、补充条款仍以主观判断为准。大陆及我国台湾地区的立法，虽已将内幕信息明文规定列举及概括，唯就重大性之判断仍可改采主观判断，以避免无谓争议，同时亦符合国际上共同的判断原则。

外资并购的反垄断审查制度研究
——可口可乐收购汇源事件的再思考

陈　宇*

一、绪　论

外商对华投资始于20世纪70年代末，当时的投资方式以委托加工为主。1992年邓小平南巡讲话后，通过合资、合作方式进行的外商直接投资有所增加。2001年12月中国"入世"以后，对外资进入中国市场的限制逐渐放宽，外商独资的直接投资也开始增多。同时，随着外企与国内企业合作开发中国市场和利用外资进行国企改革获得了进展，通过跨国并购的方式引进外资也有所增加。① UNCTAD② 的统计结果显示，2003年38亿美元的外资在华并购金额2005年时增至82亿美元。③ 随着外资在华并购的增多，"外资的垄断问题""外资并购与国家经济安全问题"等引起了激烈的争论。④

在这种背景下，2009年3月18日，中国商务部宣布根据刚实施的《反垄断法》禁止可口可乐收购汇源。这是自2008年8月1日该法实施以来，首例未通过商务部审查的并购案。⑤

可口可乐的全资子公司2008年9月以约179.2亿港元要约收购汇源果汁集团有限公司的全部已发行股份，在汇源接受要约的情况下向商务部递交了反垄断审查的申请。如果此次并购得以实现，那么将是最大规模的外资并购案。但是，国内舆论对将汇源出售给外资的反对意见十分强烈。新浪网当时实施的调查结果显示，82%的受访者表示反对可口可乐公司收购汇源公司。众多意见认为不希望中国的大型民族企业因外资并购而消失。最终，商务部根据《反垄断法》否决了该并购案。⑥

对此，众多海外媒体认为，此次并购并非存在竞争上的问题，而是因中国政府保护本国企

---

* 日本名古屋商科大学助理教授、日本庆应义塾大学法学博士。

① ［日］关根荣一：《急速推进的M&A相关制度建设和今后的展望》，载《中国资本市场研究》2007年春季号，第70页。

② United Nations Conference on Trade and Development（联合国贸易和发展会议）的简称。

③ 参见联合国贸易和发展会议《世界投资报告》。

④ 刘园、张晓芳、［日］西村友作：《中国外资M&A的现状及其影响》，载《中国经济》2009年1月号，第71页。

⑤ 《商务部对可口可乐收购汇源说不》，人民网日文版 http://j.people.com.cn/94476/6617674.html。

⑥ 该并购案的详细过程参见新浪网专题报道 http://finance.sina.com.cn/focus/huiyuan_2009/index.shtml。

业和民族品牌而被否决。[7] 另外,中国外交部发言人秦刚在2009年3月19日的记者会上称"中国政府禁止可口可乐并购汇源公司是根据《反垄断法》做出的客观裁决",[8]否认存在贸易保护主义。

关于此次并购的争论大多是围绕"民族感情"和"贸易保护主义"展开,几乎未见从法律角度对本案加以论证。在这种情况下,商务部部长陈德铭2009年3月22日的"这两个外资企业兼并不涉及中国投资政策"[9]的发言耐人寻味。可口可乐无疑是外资企业,汇源果汁集团看上去则完全是中国公司。但实际上汇源是一个在开曼群岛注册、在香港上市的公司,也就是所谓的"红筹股"公司。红筹股是指在境外注册、香港上市的股票,公司的主要业务和资产在中国大陆。[10] 因此,此次并购是可口可乐这一外国公司对汇源果汁集团这一红筹股公司在中国大陆以外发起的收购。这样就产生为何汇源果汁这一民族品牌变成了红筹股公司、为何在中国大陆以外进行的外国公司之间的并购适用中国法律的疑问。因此,本稿拟对红筹股公司的设立和上市以及外资并购的反垄断审查制度进行分析,以阐明对外资收购红筹股公司进行监管的法律依据,并通过上述分析探讨此次并购案对外资并购制度带来的影响。

二、红筹股公司的设立和上市

境内公司的境外上市要追溯到1993年青岛啤酒在香港上市。当时,由于中国国内资金不足且证券市场尚不成熟,很多境内企业远赴香港等境外市场筹集资金。另外,20世纪80年代中英就香港回归达成协议后,外资因担心大陆的计划经济影响香港而逐渐撤离。为了保持香港的活力,来自大陆的资金开始大量涌入香港。部分企业借助大陆资本进行资产重组,并有一些企业在香港实现上市。[11]

(一)境内企业在香港上市的方法

境内企业在香港证券交易所上市的手法大致分为三种类型。[12] 第一,通过"借壳上市"的手法。境内企业收购香港上市公司的股份并成为其最大股东后,通过向该公司增资或转移资产等,使其成为企业集团的核心企业。这种情况下,从香港上市公司获得的股权收益多回流至中国大陆用于进一步投资。1993年香港证监会和证券交易所发表意见认为这对小股东有欠公平,之后这种手法较少被利用。

第二,境内企业直接在香港证券交易所上市发行H股的手法。境内企业想在中国大陆以外直接上市必须得到中国证监会的批准,因此H股企业基本限于中国国内的大型优良国企。1993年在香港上市的青岛啤酒是发行H股的首例,现在有众多国企发行H股。截至2009年3月,H股上市公司达150家,总市值高达约2.8万亿港元。

---

⑦ 参见《日本经济新闻》2009年3月19日第14版;路透社报道 http://jp. reuters. com/article/marketsNews/idJPnTK833896420090318。

⑧ 参见 http://news. xinhuanet. com/world/2009-03/19/content_11037065. htm。

⑨ 参见 http://news. xinhuanet. com/finance/2009-03/23/content_11054379. htm。

⑩ 杨东:《中国的M&A法制》,中央经济出版社2007年版,第258页。

⑪ 杨东:《中国的M&A法制》,中央经济出版社2007年版,第258页。

⑫ [日]吉村直子:《香港的证券监管和中资企业的股票》,载《国际商事法务》1997年8月号,第859页。

第三，在国外或香港设立子公司并上市的手法。中国的自然人或企业等中国居住者在维京群岛或开曼群岛等设立特殊目的公司，该特殊目的公司以现金等收购境内企业的股份，随后VC（Venture Capital）向该特殊目的公司注资，达到一定条件后特殊目的公司在境外上市的手法。这是中国自然人或企业等中国居住者利用境外的控股公司支配境内企业的回流型投资方式，通常被称为返程投资。截至2009年3月，借助该手法在香港上市的红筹股公司达96家，总市值高达2.7万亿港元。

如上所述中国企业直接在境外市场发行股票必须经过审批，因此通过这种红筹股的方式进行返程投资的主要目的是回避审批。采用红筹股方式另外还有以下几个理由。[13] 例如，持股人获得的股息和转让股份获利无须课税、公司注册等手续较为简单等。此外，对外国的风险投资基金而言，最为关心的是能否回收资金。如果直接取得中国境内企业的股份，那么该股份的流通性较低。尤其非上市公司的股份难以找到买家，即使找到买家最终也要经过有关部门的审批。即便是上市公司的股份，普通外国投资者进行交易也要经过商务部等的审批。这样不但花费时间，而且审批结果不得而知。因此，对外国的风险投资基金而言，投资境外控股公司更有吸引力。

（二）红筹股公司上市的相关制度

1. 红筹股公司上市制度的变迁

如上所述，H股公司一般是大型优良国企。相比之下，红筹股公司大多是规模相对较小的IT、广告等新兴民营企业。[14] 最先上市的红筹股公司是1999年在香港GEM上市的民营企业“裕兴科技”。随后民营企业几乎都是通过红筹股方式在香港上市。但是，在2006年《关于外国投资者并购境内企业的规定》公布之前，这种上市方式一直没有法律依据，中国政府的态度也几经变化。

鉴于未能在裕兴科技的上市过程中充分发挥监管作用，2000年中国证监会向各律师事务所发出《关于涉及境内权益的境外公司在境外发行股票和上市有关问题的通知》，要求在出具红筹股上市所需的法律意见书前应先报送证监会，取得无异议的批复函。但是，取得证监会无异议的批复函据说短则用时3个月长则2年，并且缺乏审查的标准和依据。因此，2003年证监会废止了关于无异议批复函的通知。

商务部等6部委2006年8月8日公布的《关于外国投资者并购境内企业的规定》规定，特殊目的公司境外上市交易，应经证监会批准（第40条第1款）。特殊目的公司是指中国境内公司或自然人为实现以其实际拥有的境内公司权益在境外上市而直接或间接控制的境外公司（第39条第1款）。为实现红筹股上市而设立的境外控股公司正是特殊目的公司。这意味着中国政府将监管网扩大到了之前无法可依的红筹股上市，可以说红筹股方式进入了新的阶段。

---

[13] ［日］中川裕茂、李加弟：《以红筹股方式进行的中资企业的境外上市和换股》，载《Lexis企业法务》2006年11月号，第74页；［日］吉村直子：《香港的证券监管和中资企业的股票》，载《国际商事法务》1997年8月号，第859页。

[14] 于澜涛：《中国企业的香港上市和香港证券市场的定位》，载《经营研究》第53卷4号，第229～230页。［日］中川裕茂、李加弟：《以红筹股方式进行的中资企业的境外上市和换股》，载《Lexis企业法务》2006年11月号，第74页。

2. 特殊目的公司的设立、并购境内公司和境外上市的审批

如前所述，红筹股方式的上市程序为：第一，中国居住者在维京群岛或开曼群岛等设立特殊目的公司；第二，该特殊目的公司以现金等收购境内企业的股份；第三，达到一定条件后特殊目的公司在境外的证券交易所上市。《关于外国投资者并购境内企业的规定》对这三个步骤分别规定了审批手续。

（1）特殊目的公司的设立

《关于外国投资者并购境内企业的规定》明确规定，境内公司在境外设立特殊目的公司应向商务部申请办理核准手续。办理核准手续时，境内公司除向商务部报送《关于境外投资开办企业核准事项的规定》要求的文件外，另须报送以下文件：①特殊目的公司实际控制人的身份证明文件；②特殊目的公司境外上市商业计划书；③并购顾问就特殊目的公司未来境外上市的股票发行价格所作的评估报告（第42条第1款）。

这意味着境内企业根据本规定设立特殊目的公司仅限于以将来上市为目的的情形，设立的初始阶段就需要并购顾问共同参与。此举旨在防止毫无计划的乱设特殊目的公司。

（2）特殊目的公司并购境内公司

根据并购境内企业时的不同支付方式，特殊目的公司应向商务部报送不同的文件。以现金并购时，只需报送被并购公司同意并购的股东大会决议等普通外资并购所需的文件即可。以股份并购时，除了《关于外国投资者并购境内企业的规定》第四章规定的以股权作为支付手段的外资并购所需文件外，与申请设立特别目的公司相同，还必须向商务部报送特殊目的公司境外上市商业计划书和并购顾问的评估报告（第44条第1款）。也就是说，在为上市进行重组的阶段也要求制订上市计划。

（3）特殊目的公司的境外上市

商务部对上述报送的文件初审同意的，出具原则批复函，境内公司凭该批复函向国务院证券监督管理机构报送申请上市的文件。证监会于20个工作日内决定是否核准（第45条第1款）。境内公司获得核准后，向商务部申领批准证书。商务部向其颁发加注"境外特殊目的公司持股，自营业执照颁发之日起1年内有效"字样的批准证书（第45条第2款）。境内公司应自收到加注的批准证书之日起30日内，向登记管理机关、外汇管理机关办理变更登记，由登记管理机关、外汇管理机关分别向其颁发加注"自颁发之日起14个月内有效"字样的外商投资企业营业执照和外汇登记证（第46条第1款）。也就是说，需要获得附期限的临时核准和办理登记。

境内公司应自特殊目的公司或与特殊目的公司有关联关系的境外公司完成境外上市之日起30日内，向商务部报告境外上市情况和融资收入调回计划，并申请换发无加注的外商投资企业批准证书（第47条第1款）。如果境内公司在前述期限内未向商务部报告，境内公司加注的批准证书自动失效，境内公司股权结构恢复到股权并购之前的状态（第47条第2款）。同时，境内公司还应向外汇管理机关报送融资收入调回计划，由外汇管理机关监督实施（第47条第1款）。这是为了防止境内资产非法流失到境外的措施，是中国政府为确保在境外上市的境内公司的资产质量而作出的规定。此外，境内公司及自然人从特殊目的公司获得的利润、红利及资本变动所得外汇收入，应自获得之日起6个月内调回境内（第48条第3款）。从

该规定可以看出税务部门希望准确把握境内公司及自然人从境外上市获得的利润等以进行相应课税的意图。

(三)对红筹股公司进行监管的理由及其影响

围绕红筹股方式等中国企业的海外上市,谨慎派和推进派之间展开了争论。作为谨慎派的代表人物,中国人民大学前任校长纪宝成2006年3月在十届全国人大四次会议上从国家经济安全和培养内地资本市场的战略角度对大型企业纷纷到海外上市提出了警示。⑮

另外,中国政府正积极完善上海证券市场,力争将上海建成国际金融中心。因此有意见认为,“要采取积极措施让那些业绩优、规模大,并且是中国经济支柱的大型企业在内地A股逐步上市,以形成中国蓝筹股市场。只有拥有大量优质的具有长期投资价值的蓝筹股公司,中国资本市场才能越来越多地吸引投资者进入市场;只有源源不断的优质上市公司进入市场,资本市场才能保持可持续发展……当然,对企业自身而言,海外上市也许是其利益最大化的选择,因为纽约、香港等国际性资本市场能够更好地满足其大额融资的需要,也能够扩大公司的国际影响力。但是如果我们将判断的视角从公司角度上升到国家角度,这一选择就不合适了。政府在政策设计上也不应鼓励这种选择。我们应该认识到,在新时期,优质企业已经成为上市的战略资源,成为各个国家资本市场竞相争夺的稀缺资源,这从纽约、纳斯达克、伦敦、新加坡等交易所竟相赴国内推介可见一斑。我们必须深刻地认识到,在现代金融活动中,上市资源是最重要的金融资源。我们要努力把我国的优质企业留在国内资本市场,让中国国内的投资者享受这些具有核心竞争力企业所创造的财富”。⑯

虽然上述观点只是著名学者的个人见解,但是一般看来不可否认中国政府可能存在这样的想法一不希望国内企业在海外红筹股上市,而希望推动其在国内上市。如果商务部和证监会希望推动中国企业在国内A股市场上市(股权分置改革完成后该可能性进一步增大),那么红筹股公司的上市申请可能将难以获得批准。这样对民营企业而言,将无法再使用通过特殊目的公司间接在海外上市的资金筹集手段,今后筹集资金将变得更加困难。另外,对外资并购者而言,今后也无法通过在设立特殊目的公司时向其出资和成为上市后的红筹股公司的大股东来控制中国国内实际开展业务的公司。实际情况也与之相符,《关于外国投资者并购境内企业的规定》实施后,2007年还有少数之前已设立的特殊目的公司在香港上市,但进入2008年就没有出现新上市的红筹股公司。

三、《反垄断法》中的并购规定

(一)《反垄断法》制定前的外资并购反垄断制度

众所周知,我国的《反垄断法》经过了长达13年的立法历程,2007年8月30日终获第十

⑮ 参见纪宝成等:《论大规模企业盲目海外上市的缺失》,载《人民大学学报》2006年第5号。
⑯ 吴晓求:《中国资本市场战略目标与战略转型》,载《上海证券报》2007年2月27日第A8版。

届全国人大常委会第二十九次会议通过。在此过程中，外资并购的件数和交易金额剧增，政府有关部门均认识到对外资的市场垄断进行监管的必要性和紧迫性。因此，商务部等部门在《反垄断法》出台前，先于2003年3月7日公布了《外国投资者并购境内企业暂行规定》，对外资并购作出了反垄断性的规定。2006年9月8日公布的修改后的《关于外国投资者并购境内企业的规定》在进一步规范外资并购的同时，就反垄断问题也作出了原则性的规定。现在这些规定已被删除，本节所引用的均为2006年公布的《关于外国投资者并购境内企业的规定》的条文。

1. 并购境内企业

外国投资者并购境内企业有下列情形之一的，投资者应就所涉情形向商务部和国家工商行政管理总局报告：(1)并购一方当事人当年在中国市场营业额超过15亿元人民币；(2)1年内并购国内关联行业的企业累计超过10个；(3)并购一方当事人在中国的市场占有率已经达到20%；(4)并购导致并购一方当事人在中国的市场占有率达到25%(第51条第1款)。商务部和国家工商行政管理总局应自收到规定报送的全部文件之日起90日内依法决定批准或不批准(第52条)。

2. 境外适用

《关于外国投资者并购境内企业的规定》针对国际性的并购活动首次引进"境外适用"原则。第53条规定，境外并购有下列情形之一的，并购方应在对外公布并购方案之前或者报所在国主管机构的同时，向商务部和国家工商行政管理总局报送并购方案。商务部和国家工商行政管理总局应审查是否存在造成境内市场过度集中，妨害境内正当竞争、损害境内消费者利益的情形，并做出是否同意的决定：(1)境外并购一方当事人在我国境内拥有资产30亿元人民币以上；(2)境外并购一方当事人当年在中国市场上的营业额15亿元人民币以上；(3)境外并购一方当事人及与其有关联关系的企业在中国市场占有率已经达到20%；(4)由于境外并购，境外并购一方当事人及与其有关联关系的企业在中国的市场占有率达到25%；(5)由于境外并购，境外并购一方当事人直接或间接参股境内相关行业的外商投资企业将超过15家。

境外并购也负有申报义务是因为其有可能影响中国市场。比如说美国企业和英国企业合并时，如果双方在中国均拥有一定市场份额，那么合并后将集双方的市场份额于一身，有可能妨害境内市场的正常竞争。

上述申报标准中(1)~(3)中，只要并购当事人有一方达到标准即可。另一方当事人在中国完全没有市场份额的情况下，虽然并购后双方在中国的营业额和市场份额未发生任何变化，但也必须向中国政府进行申报。然而，可口可乐这样的跨国大企业收购境外小企业时，要求其向中国政府进行申报并不现实。

(二)《反垄断法》关于经营者集中的申报和审查制度

与外国投资者相关的并购活动以往是由商务部根据《关于外国投资者并购境内企业的规定》进行审查。《反垄断法》制定后从公平竞争的观点出发，对并购等引起的国内外企业的"经营者集中"作出了新的规定。《反垄断法》规定的"经营者集中"是指下列情形：(1)经营者合并;(2)经营者通过取得股权或者资产的方式取得对其他经营者的控制权;(3)经营者通过合同等方式取得对其他经营者的控制权或者能够对其他经营者施加决定性影响(第20条)。

1. 经营者集中的申报标准

中国《反垄断法》对"经营者集中"采取事前申报制度。《反垄断法》规定由国务院制定"经营者集中"的申报标准(第21条)。根据国务院2008年8月3日公布的《关于经营者集中申报标准的规定》,经营者集中达到下列标准之一的,经营者应当事先向国务院商务主管部门申报,未申报的不得实施集中:(1)参与集中的所有经营者上一会计年度在全球范围内的营业额合计超过100亿元人民币,并且其中至少两个经营者上一会计年度在中国境内的营业额均超过4亿元人民币;(2)参与集中的所有经营者上一会计年度在中国境内的营业额合计超过20亿元人民币,并且其中至少两个经营者上一会计年度在中国境内的营业额均超过4亿元人民币(第3条第1款)。

在可口可乐收购汇源案中,"由于交易后可口可乐公司将取得汇源公司绝大部分甚至100%股权,从而取得了汇源公司的决定控制权,因此,该交易符合集中的法定标准;同时,可口可乐公司和汇源公司2007年在中国境内的营业额分别为12亿美元(约合91.2亿元人民币)和3.4亿美元(约合25.9亿元人民币),分别超过4亿元人民币,达到并超过了《国务院关于经营者集中申报标准的规定》的申报标准,因此此案必须接受相关审查"。[17]

将该申报标准与上述《关于外国投资者并购境内企业的规定》的标准相比较后可以发现以下特点:[18]

第一,《关于外国投资者并购境内企业的规定》规定的是外国企业或个人的并购境内企业的申报标准。《关于经营者集中申报标准的规定》则不区分国内外企业和个人,对所有经营者集中均适用。

第二,《关于外国投资者并购境内企业的规定》以任意一方当事人的营业额作为申报的条件之一。《关于经营者集中申报标准的规定》则将所有当事人的营业额合计作为申报标准,并且设置了其中至少两个当事人在中国境内的上年度营业额超过4亿元的条件。

第三,《关于外国投资者并购境内企业的规定》将并购一方当事人在中国的市场占有率也列为申报标准之一,而《关于经营者集中申报标准的规定》的唯一标准是营业额。日本等多数国家均不采用市场占有率的标准,中国也取消该标准可以说是个进步。毫无疑问,申报标准必须是对监管部门和当事公司而言易于判断、内容明确的标准。因此,申报标准应该采用资产额或营业额这样客观、量化的指标。而计算市场占有率的前提是应先划定市场,因而具有不确定性。虽然市场占有率在分析并购等对竞争的影响的阶段可派上用场,但不适合用于判断是否应该进行申报。

第四,经营者违反《关于经营者集中申报标准的规定》实施集中的,由国务院反垄断执法机构责令停止实施集中、限期处分股份或者资产、限期转让营业以及采取其他必要措施恢复到集中前的状态,可以处50万元以下的罚款(《反垄断法》第48条)。《关于外国投资者并购

[17] 商务部发言人姚坚在记者会上的发言。参见商务部主页 http://www.mofcom.gov.cn/aarticle/ae/ag/200903/20090306123715.html。

[18] [日]久田真吾:《中国反垄断法和企业结合的相关规定》,载《国际商事法务》2008年6月号,第793页。

境内企业的规定》则没有如此严厉的处罚规定。以往境外的企业并购的当事人根据《关于外国投资者并购境内企业的规定》向商务部作出申报的例子并不常见。除了该规定的申报条件存在上述不合理之处外,其原因还在于该规定中没有关于不作申报的处罚规定。因为《反垄断法》作出了上述严厉的处罚规定,所以预计今后境外的企业并购的当事人向中国反垄断执法机构作出申报的例子将会增多。

《反垄断法》制定前,《关于外国投资者并购境内企业的规定》是中国唯一的关于企业并购反垄断审查的法规。《反垄断法》公布和实施后,从二者的优劣关系来看,应该适用《反垄断法》的相关规定。《关于外国投资者并购境内企业的规定》原本就只对外资适用,其中的反垄断审查的规定在中国入世后可能违反国民待遇原则。因此,商务部于 2009 年 6 月 22 日发布商务部令,对《关于外国投资者并购境内企业的规定》作如下修改:删除第五章“反垄断审查”,在“附则”中新增一条作为第 51 条,表述为“依据《反垄断法》的规定,外国投资者并购境内企业达到《国务院关于经营者集中申报标准的规定》规定的申报标准的,应当事先向商务部申报,未申报不得实施交易”。至此,《关于外国投资者并购境内企业的规定》的反垄断规定与《反垄断法》并存的状态终于解除,外资并购适用《反垄断法》得以明确。

2. 经营者集中的审查

与美国、日本等国法律相同,中国《反垄断法》将经营者集中的审查分为初步审查和进一步审查的两个阶段。国务院反垄断执法机构应当自收到经营者提交的文件、资料之日起 30 日内,对申报的经营者集中进行初步审查,作出是否实施进一步审查的决定,并书面通知经营者。国务院反垄断执法机构作出决定前,经营者不得实施集中(第 25 条第 1 款)。国务院反垄断执法机构决定实施进一步审查的,应当自决定之日起 90 日内审查完毕,作出是否禁止经营者集中的决定,并书面通知经营者。作出禁止经营者集中的决定,应当说明理由。审查期间,经营者不得实施集中(第 26 条第 1 款)。

审查经营者集中,应当考虑下列因素:(1)参与集中的经营者在相关市场的市场份额及其对市场的控制力;(2)相关市场的市场集中度;(3)经营者集中对市场进入、技术进步的影响;(4)经营者集中对消费者和其他有关经营者的影响;(5)经营者集中对国民经济发展的影响;(6)国务院反垄断执法机构认为应当考虑的影响市场竞争的其他因素(第 27 条)。商务部在综合考虑这些因素后,对经营者集中是否影响市场竞争作出判断。《反垄断法》规定的经营者集中的违法性判断标准是“具有或者可能具有排除、限制竞争效果”,符合该标准时国务院反垄断执法机构应当作出禁止经营者集中的决定(第 28 条)。

(三)《反垄断法》关于国家安全的审查制度

为了预防和制止垄断行为,保护市场公平竞争,提高经济运行效率,维护消费者利益和社会公共利益,促进社会主义市场经济健康发展(第 1 条),《反垄断法》对以下垄断行为作出了规定:经营者达成垄断协议;经营者滥用市场支配地位;具有或者可能具有排除、限制竞争效果的经营者集中(第 3 条)。然而,许多外国企业担心《反垄断法》不是用于确保公平竞争,而是用于保护国内企业免受外国企业竞争,或者作为产业政策的手段用于培育国家战略重要领域的全球性大企业。虽然《反垄断法》的条文对境内企业和境外企业平等适用,但是外界对产业政策和保护主义会使条文变质、反垄断执法机构会有意针对特定的外国企业还是充满了不安。[19]

实际上从《反垄断法》的条文来看,这种不安也并非完全没有根据。《反垄断法》第 31 条规定,对外资并购境内企业或者以其他方式参与经营者集中,涉及国家安全的,除依照本法规定进行经营者集中审查外,还应当按照国家有关规定进行国家安全审查。根据该规定,外资并购境内企业涉及国家安全时,必须接受经营者集中和国家安全的双重审查。

《反垄断法》对国家安全审查作出规定有特殊理由。第一,《反垄断法》制定前对此缺乏统一规定。此前,国家安全审查的相关规定分散于多个政府法规中。例如,1995 年,经国务院批准,国家计委等联合发布《指导外商投资方向暂行规定》,首次以法规形式对外公布鼓励、限制、禁止外商在华投资的产业领域,指导外商在华投资的产业方向。其第 7 条将属于危害国家安全的外商投资项目列为禁止类,并具体体现在与之相配套的《外商投资产业指导目录》之中。2006 年 12 月,国资委在《关于推进国有资本调整和国有企业重组的指导意见》中明确提出,包括军工、电网电力、石油石化、电信等 7 大行业由国有经济保持绝对控制力。此外,《关于外国投资者并购境内企业的规定》规定,外国投资者并购境内企业并取得实际控制权,涉及重点行业、存在影响或可能影响国家经济安全因素或者导致拥有驰名商标或中华老字号的境内企业实际控制权转移的,当事人应就此向商务部进行申报(第 12 条第 1 款)。

第二,《反垄断法》的立法过程中出现了特殊情况。近年来,在国内支柱产业和著名企业相继被外资并购的情况下,应对外资并购提高警惕的呼声高涨。此外,中海油收购优尼科因受到外国的安全审查而以失败告终的案例在国内被大为报道。《反垄断法》的立法过程中也讨论了这些问题,并最终制定了国家安全审查的规定。[20]

虽然《反垄断法》对国家安全审查作出了规定,但是并未规定安全审查的具体标准和程序等。随后,国务院 2011 年 2 月 3 日发布了《关于建立外国投资者并购境内企业安全审查制度的通知》,规定自 2011 年 3 月 5 日起,对两大类外资并购进行安全审查:(1)境内军工及军工配套企业,重点、敏感军事设施周边企业,及关系国防安全的其他单位;(2)境内关系国家安全的重要农产品、重要能源和资源、重要基础设施、重要运输服务、关键技术、重大装备制造等企业,且实际控制权可能被外国投资者取得。根据该通知,申请者应向商务部提交申请,由未来的外国投资者并购境内企业安全审查部际联席会议来具体承担安全审查工作,先进行一般性安全审查,没有通过的,联席会议将启动特别审查程序。对被认定对国家安全已经或可能造成重大影响的并购,政府部门将终止或采取措施消除影响。但是,该通知也只对安全审查提出了纲领性要求,没有具体操作层面的规定。关于国家安全审查,如不尽快出台具体细则,将在客观上影响外资并购的审批工作,对中国投资环境产生负面舆论压力。

(四)对可口可乐并购汇源案的分析

2009 年 3 月 18 日,商务部宣布根据刚实施的《反垄断法》禁止可口可乐收购汇源。其理

---

[19] [日]内藤裕史等:《中国反垄断法的实施和今后的课题》,载《国际商事法务》2008 年 9 月号,第 1209 ~ 1210 页。

[20] 戴龙、林秀弥:《中国反垄断法关于企业结合的规定》,载《法政论集》229 号,第 23 页。

由是此次并购将产生如下不利影响：(1)集中完成后，可口可乐公司有能力将其在碳酸软饮料市场上的支配地位传导到果汁饮料市场，对现有果汁饮料企业产生排除、限制竞争效果，进而损害饮料消费者的合法权益；(2)品牌是影响饮料市场有效竞争的关键因素，集中完成后，可口可乐公司通过控制“美汁源”和“汇源”两个知名果汁品牌，对果汁市场控制力将明显增强，加之其在碳酸饮料市场已有的支配地位以及相应的传导效应，集中将使潜在竞争对手进入果汁饮料市场的障碍明显提高；(3)集中挤压了国内中小型果汁企业生存空间，抑制了国内企业在果汁饮料市场参与竞争和自主创新的能力，给中国果汁饮料市场有效竞争格局造成不良影响，不利于中国果汁行业的持续健康发展。[21]

商务部在决定中认为可口可乐公司有能力将其在碳酸软饮料市场上的支配地位传导至果汁饮料市场。随后，商务部发言人姚坚在记者会上就可口可乐公司在碳酸饮料市场是否拥有支配地位及如何实现上述传导作出解释称：“根据中国饮料工业协会提供的数据，可口可乐公司占全国碳酸饮料市场份额为60.60%。同时，考虑到可口可乐公司在资金、品牌、管理、营销等诸多方面已经取得的竞争优势，经认真核实和评估，商务部认定，可口可乐公司在碳酸软饮料市场占有市场支配地位。碳酸饮料和果汁饮料尽管彼此间替代性不强，但却同属非酒精饮料，彼此属于紧密相邻的两个市场。此次收购完成后，可口可乐公司在碳酸饮料已有支配地位基础上又进一步增强了其在果汁类饮料市场的竞争优势和影响力，产生强强联合的叠加效应。为谋求其自身的利润最大化，可口可乐公司有能力在并购后利用其在碳酸软饮料市场上的支配地位，将果汁饮料与碳酸饮料搭售、捆绑销售或附加排他性交易条件，将其在碳酸饮料市场上的支配地位传导至果汁饮料市场，这将严重削弱甚至剥夺其他果汁类饮料生产商与其形成竞争的能力，从而对果汁饮料市场竞争造成损害，最终使消费者被迫接受更高价格、更少种类的产品。”[22]也就是说，可口可乐公司在并购后可能将以大幅折扣价向零售商捆绑销售碳酸饮料和果汁饮料，同时以高价单独销售碳酸饮料。不成套购买两种饮料的零售商就只能高价单独购买可口可乐的碳酸饮料，并另外购买汇源以外的果汁饮料。如果这种状况长期持续，那么无疑将削弱其他果汁类饮料生产商的竞争能力，从而妨害市场竞争。

自《反垄断法》于2008年8月1日实施以来，截至2011年年底，商务部共审结382起经营者集中案件，其中禁止1起，附条件同意10起，其余的均无条件同意。[23] 目前对经营者集中的审查标准作出明确规定的实施细则也尚未出台。这种情况下，对商务部上述裁定理由的独特性进行论证就带有局限性。另外，作为企业合并等的反垄断审查标准，《日本独占禁止法》中规定了“对竞争的实质性限制”的标准(第10条第1款、第15条第1款第1项等)。中国的立法者和经济法学者均认为中国的经营者集中的审查标准与日本这一标准相一致。[24] 因此，下文通过与日本的反垄断审查、判例和《关于企业结合审查的独占禁止法的运用指针》中的审查标准进行比较，对商务部上述审查理由作出分析。

关于“对竞争的实质性限制”的首例判例是“东宝・SUBARU营业租赁事件东京高等法

---

[21] 商务部公告2009年22号。参见商务部主页http://www.mofcom.gov.cn/aarticle/b/c/200903/20090306108617.html。

[22] 参见商务部主页http://www.mofcom.gov.cn/aarticle/ae/ag/200903/20090306123715.html。

[23] 参见人民网http://legal.people.com.cn/GB/188502/16844006.html。

[24] 曹康泰编：《中华人民共和国反垄断法解读》，法制出版社2007年版，第144页；史际春编：《反垄断法理解与适用》，法制出版社2007年版，第237页。

院判决”。[25] 本案是东宝公司(被审查者、原告)租借SUBARU公司的电影院被裁定为违反《独占禁止法》第16条的案例。东京高等法院在判决中指出,“对竞争的实质性限制”是指“已经出现竞争减少,特定的经营者或经营者集团可随意在一定程度上自由决定价格、质量、数量和其他各种条件,对市场进行支配的状态;或者至少到了即将出现这种状态的程度”。鉴于租赁完成后原告在丸之内和银座区域的电影院座位数约占总数的57.9%,尤其是在上述区域中最为便利、最能招揽顾客的丸之内和有乐町一带,原告的座位数约占90.4%的事实,该法院判定“通过原告的本次租赁,在上述交易领域竞争将受到实质性限制”。也就是说,“对竞争的实质性限制”,是指“可对市场形成支配的状态”,从而给市场竞争造成不良影响。用“可对市场形成支配的状态”来解释“对竞争的实质性限制”成为之后的反垄断审查、判例和通说的见解。关于本案中市场占有率以外的重要因素,该判决支持综合考虑各电影院的设施优劣、格调等各种情况后作出决定的审查结果。

另外,为确保反垄断审查的透明性和提高经营者的可预测性,日本公平交易委员会2004年5月31日公布了《关于企业结合审查的独占禁止法的运用指针》(2009年1月5日经过修改)。作为该指针中“水平型企业引起的对竞争的实质性限制”(第四章)的“基本看法”即第四章之一(三)部分内容,反垄断审查中重在关注市场的构造性变化。关于通常不认为会对竞争形成实质性限制的标准(安全港)的具体指标,采用的是被认为可显示市场整体构造的HHI及其增额。HHI是指一定交易领域中各经营者的市场份额的平方的总和。HHI的增额为企业结合前后HHI的差额(只有两家当事公司时的HHI的增额为当事公司市场份额的乘积的两倍)。例如,在一定交易领域中各经营者的市场占有率分别为A公司30%、B公司20%、C公司20%、D公司15%、E公司10%、F公司5%。如果A公司和F公司合并,那么合并前的HHI = 30 × 30 + 20 × 20 + 20 × 20 + 15 × 15 + 10 × 10 + 5 × 5 = 2050,合并后的HHI = 35 × 35 + 20 × 20 + 20 × 20 + 15 × 15 + 10 × 10 = 2350,HHI的增额为2350 − 2050 = 300。安全港的具体标准为“结合后的HHI ≤ 1500以下”“1500 < 结合后的HHI ≤ 2500且HHI增额 ≤ 250”“结合后的HHI > 2500且HHI增额 ≤ 150”的三种情况。在上述例子中,虽然1500 < 合并后的HHI ≤ 2500,但HHI增额 > 250,因此不符合安全港的标准。

此外,如果只知道当事公司和该领域部分公司的市场份额,那么按照(HHI = 首位企业的市场份额^2 × 0.75 + 前三位企业的累计市场份额 × 24.5 − 466.3)计算出HHI的推算值,在与HHI的理论最小值和最大值对照后,判断是否符合安全港的标准。例如,在一定交易领域中,A公司的市场占有率为30%、B公司30%、C公司25%、D公司5%,其他公司市场份额不明。如果C公司和D公司合并,那么合并后的HHI的推算值 = 30 × 30 × 0.75 + 90 × 24.5 − 466.3 = 2413.7。这时HHI的理论最小值为2700(按众多企业瓜分剩余的10%份额来计算),理论最大值为2800(按一家企业独占剩余的10%份额来计算)。虽然HHI的推算值小于2500,但是HHI的理论最小值达到了2700,因此最终应断定HHI大于2500。因为HHI增额为$(25 + 5)^2 - (25^2 + 5^2) = 250$,所以不符合安全港的标准。

如果HHI及其增额不符合安全港的标准,则需要进行个别审查。关于进行个别审查时的

---

[25] 东京高等法院昭和26年9月19日判决,参见高民集4卷14号第497页。

“对竞争的实质性限制的判断要素”(第四章之二),首先被列举的是当事公司(集团)的市场占有率及其排名,其他还有进口壁垒的程度、市场进入壁垒的程度和来自需求者的竞争压力等。

通过以上分析可以看出,日本的反垄断审查、判例和《关于企业结合审查的独占禁止法的运用指针》在认定“对竞争的实质性限制”时,是在考虑当事公司的市场占有率的基础上,对市场的各条件进行综合衡量后作出判断。与之相比,商务部在本案中始终未公布两家当事公司在果汁饮料市场的占有率,仅以可口可乐公司可能将其在碳酸软饮料市场上的支配地位传导至果汁饮料市场为由,认定此次并购将对市场竞争造成损害。按照日本的《关于企业结合审查的独占禁止法的运用指针》,如果两家当事公司在果汁市场的份额经计算后符合安全港的条件,那么通常不认为会对竞争形成实质性限制,因此无须研究捆绑销售等是否可能排除、限制竞争。相反,如果两家当事公司在果汁市场的份额经计算后不符合安全港的条件,那么需要进行个别审查,应该在综合考虑市场占有率等各条件后认定是否将对竞争形成实质性限制。本案中,因为可口可乐公司在碳酸饮料市场占有支配地位,所以无法完全否定捆绑销售等可能排除、限制竞争。但是在研究该可能性时,应该综合考虑市场占有率等各条件,尤其当事公司的市场占有率是非常重要的判断要素。即使同样进行捆绑销售,如果集中后当事公司的市场份额及其增额较大,那么比市场份额较小时对竞争产生的影响无疑更大。实际上,虽然可口可乐公司在碳酸饮料市场占有支配地位,但几乎未曾将本公司的可乐和果汁进行过捆绑销售。因此,如果要证明集中后通过捆绑销售排除、限制竞争的可能性变大,那么就应该先出示市场份额及其增额变大的证据。本案中,商务部未公布两家当事公司在果汁饮料市场的占有率就认定此次并购将对市场竞争造成损害,其理由显然不够充分。

四、结　语

如上所述,《关于外国投资者并购境内企业的规定》对红筹股公司的上市从手续、资金筹集和资金运用上作出了严格的规定,预计红筹股公司的设立和在香港上市将变得更加困难。对外资并购者而言,也将无法通过在设立特殊目的公司时向其出资和成为上市后的红筹股公司的大股东来控制中国国内实际开展业务的公司。

这种情况下,外资并购者若想通过红筹股公司支配中国国内实际开展业务的公司,剩下的手段只有收购已有的红筹股公司。《反垄断法》实施前,还有像哈尔滨啤酒并购案那样的境外企业在香港市场要约收购红筹股公司的成功案例;《反垄断法》实施后,收购红筹股公司很可能像可口可乐并购汇源案一样成为经营者集中的审查对象。但是,从本案商务部的审查结果来看,审查的标准并不明确,难以称得上是“根据《反垄断法》做出的客观裁决”。因此,如果今后商务部未能进一步明确审查标准以提高审查结果的预测可能性,那么收购已有的红筹股公司也将非常困难。

此外,本案商务部的决定对外传递了这样的讯息一即使是在境外进行的外国企业之间的并购案,只要可能影响到中国市场,都将受到《反垄断法》的约束。对外国企业而言,最为担忧的是中国政府以反垄断审查为名保护本国企业和民族品牌。去除这种担忧的最好方法就是商务部进一步明确对经营者集中的审查标准,提高审查结果的预测可能性。

证券场外交易场所的法律界定

郑春玉*

在证券交易实践、法律文本以及学说理论中，关于证券场外交易场所存在多种表述方式。在我国的证券交易实践中，证券场外交易场所表现为“证券交易中心”“交易系统”或者“交易所”等多种形式。我国证券法和国务院有关规范性文件中将证券场外交易场所界定为“其他证券交易场所”。在美国的证券交易法文本和学术文献中很少使用“场外交易场所”这样的概念，而是经常使用“交易场所”（market place）、“市场中心”（market center）、“交易平台”（trading platforms）等概念，而这些概念则涵盖了证券交易所和交易所以外的各种交易场所。证券场外交易场所的界定受制于一定的证券市场结构和证券法的制度架构，也与一个国家（地区）的政治、经济、文化背景有着密切关系。

一、交易市场 vs. 交易场所：概念比较与立法分析

证券交易市场是一个具有多重含义的概念，人们经常在不加厘清的情况下使用该概念，往往会造成混乱，这种现象在法学理论研究中更为常见。从概念的范畴来看，“证券市场”或者“证券场外交易市场”属于经济学或者金融学领域的概念，在法学领域或者法律文本上应当使用“交易场所”或者“场外交易场所”的概念。由于法律学者也常常以“证券场外交易市场”来表达“场外交易场所”这一概念，经常对二者不加区分地使用。对于“证券场外市场”和“场外交易场所”不加区分地使用，不但也会造成概念上的混乱，也影响对于证券交易场所进行的法律制度构造。

（一）证券交易与证券交易市场的概念

1. 证券交易的法律内涵

（1）证券交易的法律概念

我国有学者认为：“证券交易行为的本质为买卖契约。”[①]这是从民法层面对证券交易的界定，其包含的范围较为广泛，包含了所有关于证券权利移转的民事法律行为。证券交易的概念有广义和狭义之区分。广义上的证券交易是指证券权利进行移转的各种活动，从证券交易

---

* 清华大学法学院2011级博士生。

① 刘俊海：《现代证券法》，法律出版社2011年版，第145页。

形式上看，可以是以买卖形式进行的有偿转让，也可以是以赠予、继承、划拨、公司合并形式而进行无偿转让；从交易当事人的意思表示角度看，既包括自愿转让，也包括司法机关采取强制执行措施进行的强制转让。狭义的证券交易仅指依照证券法和证券交易规则进行的证券买卖行为。[②]

在美国证券法上，广义上的证券交易可以界定为证券销售。美国1933证券法 section 2 (a)(3)对于证券销售的界定是"任何以变现为目的的证券销售合同或者证券及其利益的任何处置"。证券销售主要是一个普通法上的概念，其外延除了通过证券市场的交易活动实现的证券权利移转外，还包括以其他民事手段移转的证券权利。在美国法上证券销售是比证券交易更为宽泛的概念，即证券交易包含在证券销售的范围之内，其中那些属于1933年证券法规定的豁免注册的证券交易根据国会的立法意图也属于证券销售的范围。[③]

广义上的证券交易强调的是证券权利变动，而并不考虑其交易机制。狭义上的证券交易则强调证券权利移转活动应当在证券交易市场中进行，交易机制对于证券交易至关重要。证券交易市场还可以进一步分为发行市场和交易市场。但是，证券发行所遵循的法律规则与二级市场上证券交易的法律规则有很大的不同。证券发行包含了发行人发售证券的法律行为、监管机关的核准或者注册行为、证券商的承销行为以及投资者的买受行为，是证券权利创设的全部过程。证券发行市场承担的是融资功能，证券发行人通过股票、债券等证券向资本市场筹集资金。尽管证券发行活动也属于广义上的交易活动，但是证券发行活动中的交易机制与证券交易市场上的交易机制有本质的不同。在证券发行活动中，尽管也按照市场化原则以及公平、公开、公正的原则进行，[④]但是证券的定价权由证券发行人或者承销商所掌握，投资者按照已经确定的发行价购买证券。在证券交易市场上，交易在证券商和投资者之间或者投资者之间进行，交易具有更强的竞争性和投机性，证券价格的形成过程更为复杂。因此，狭义上的证券交易指的就是二级市场上的证券交易，证券交易市场指的也就是证券二级市场。

证券交易市场上的证券交易规模十分庞大，对交易效率有着很高的要求，只有通过一定的交易平台证券交易才能实现，证券交易呈现出定型化和技术化的特点。因此，尽管证券交易关系在法律属性上属于买卖行为，可以准用合同法关于买卖合同的规定，但是基于证券交易的特殊性，需要证券法对其特别规范。[⑤] 并且，狭义上的证券交易与证券价格形成机制直接相关，所涉及的利益主体不限于交易双方当事人，还与所交易证券相关的其他投资者的利益密切相关。与证券价格形成机制无关的证券交易，证券交易只涉及交易双方当事人的利益，普通民法规则完全可以对其进行调整。如果证券交易与证券价格形成机制相关，交易价格的形成过程必然对证券市场上的其他相关利益主体产生影响。再者，证券的价格形成机制与普通商品有很大的不同，具有很强的投机性和风险性，容易引发内幕交易、操纵市场、欺诈客户等违法行为，因而需要特别的法律规则对其进行规制。[⑥] 因此，狭义的证券交易应当遵守证券法和证券监管规则的规定，证券法上的证券交易活动也必然是在证券交易市场上按照一定的

---

② 万国华：《现代证券法》，清华大学出版社2010年版，第254页。
③ Thomas Lee Hazen, *Principles Of Securities Regulation*, Thomson Reuters, 2009, p.137.
④ 参见雷兴虎、汪沂：《论我国新股定价机制市场化的法制路径》，载《商事法论集》第18、19合卷，第427页。
⑤ 李永军主编：《商法学》，中国政法大学出版社2007年版，第298页。
⑥ 参见叶林：《证券法教程》，法律出版社2010年版，第13页。

价格形成机制进行的。这样，证券交易也就必须在一定的证券交易制度下进行，证券交易制度对于证券交易也产生着深刻影响。

(2) 证券交易制度的基本内涵

证券交易制度具有经济学和法学两个方面的含义。从经济学或者金融学的角度看，证券交易制度是关于证券价格形成的若干制度安排，包括交易的处理方式、交易委托方式、交易信息披露规则、交易指令的撮合方式和稳定市场的措施等，证券交易制度是影响价格形成的内在因素。[⑦] 证券交易场所在设计交易制度时所要考虑的是经济绩效问题，即交易制度要能够使交易场所实现证券交易的流动性、有效性、稳定性和透明性。从法律规范的角度看，证券交易制度的规范目标在于维护证券市场的秩序和实现公平交易。两种意义上的证券交易制度有着明显区别，也有着密切联系。二者的主要区别在于制度设计的基础存在差异，经济意义上的交易制度是以证券交易的经济绩效为基础，法律上的交易制度则是以证券交易中的公平正义为基础。二者的联系在于目标的共同性。从经济意义上看，“交易制度的目标在于提供健全的交易设施，保证证券价格公平、有效地形成”，[⑧]同样，证券价格的公平和有效率也是证券法上交易制度的目标。

为了实现证券交易的经济绩效，交易场所在交易制度的设计方面应当具有自主权利。当然，证券交易场所的交易制度设计自主权必须以法律的授权为基础。英国采取自律的证券监管模式，证券交易场所具有交易制度设计的自主权。美国证券交易法对于交易场所的交易制度设计主要采取了交易场所自治原则，对于涉及有关证券交易参与者利益和投资者保护时，美国证监会会进行必要的干预。法国、德国、我国台湾地区的证券交易法对于交易场所的交易制度采取国家干预的做法。我国台湾地区“证券交易法”第 12 条规定，证券交易所应当采取竞价交易制度。中国证券法对于证券交易场所的交易制度也采取了国家管制模式。1998 年颁布的证券法规定，证券交易所应当采用公开的集中竞价交易方式。2005 年证券法修订后，证券交易所的交易方式修改为公开的集中竞价交易方式或者国务院证券监督管理机构批准的其他方式。因此，我国证券交易所在证券交易方式方面没有自治权利，而是由法律和监管机构所决定。很显然，这样就使证券交易所在交易方式的制度设计方面在很大程度上不能完全按照经济意义角度上的交易制度进行考量，而是要受制于监管机构的许可。

2. 证券交易机制的重要性

(1) 价格形成机制：证券交易机制的核心

证券是通过一定的法律机制创制出来的在资本市场上流通的金融商品，虚拟性是其本质特点。“证券是被创造出来的，而不是被生产出来的，而且几乎可以以无成本的方式被无限创造”，[⑨]这就是证券本身所具有的虚拟性。对于投资者而言，证券本身包含着大量的未知信息，证券价格也就具有很大的不确定性。证券价格的确定主要依赖两个方面的因素，一是有效的信息披露，二是公平、富有效率的交易组织机制。正如美国著名证券法学者 Palmiter 所说的：

---

⑦ 何杰博士在其著作《证券交易制度论》中对证券交易制度的内容有详细而深入的研究，参见何杰：《证券交易制度论》，经济日报出版社 2001 年版，第 6～7、14～18 页。

⑧ 何杰：《证券交易制度论》，经济日报出版社 2001 年版，第 51 页。

⑨ Thomas Lee Hazen, *Securities Regulation*, Thomson Reuters, 2006, p. 1.

"没有任何一种商品的价格会像证券一样依赖商品生产者所掌握的关于该商品的信息。"[10]证券发行人披露与其所发行证券相关的全面、准确的信息,才能保证投资者能够在证券交易市场做出有效的投资决策。但是,信息披露只是对证券进行准确定价的必要条件,有效的证券价格形成机制才是对证券进行准确定价的充分条件。证券价格形成机制不仅是经济问题,也是重要的法律问题。证券价格形成机制与交易公正性、交易场所的法律地位、交易参与者权利的保护都有着密切关系。

证券的历史非常悠久,证券市场的诞生却是近代以来的事情。证券在其产生以后的很长一段时间内只是一种财产权利凭证,证券的转让、担保等行为与普通财产没有本质的区别。近代以来,欧洲一些国家的政府通过发行债券的方式进行融资,逐步兴起的股份公司也大量发行股票和公司债券,使证券市场上流通的证券数量和种类大大增加。当证券成为融资工具以后,就需要通过一定的交易组织形式发现证券价格,证券市场因此而诞生。分散的、原始的柜台市场是最早出现的证券市场形式。[11] 证券市场萌芽于16世纪末的欧洲,当时欧洲的安特卫普、巴黎等地,股票、债券的持有人开始在一些场所进行交易,投资者直接进行讨价还价以达成交易。这样的交易模式,投资者虽然能够直接参与交易,交易的公正性比较有保障,但是交易效率较低,交易市场中的流动性也比较低。并且,交易成本对于证券市场的影响较其他市场更为重要,甚至对市场组织形式和交易制度产生决定性影响。再者,证券价格直接决定于与证券相关的各种信息,在证券市场上,获取与证券价值相关的信息、知晓交易对方及其报价需要更高的成本,因而对证券进行定价比其他商品困难得多。证券交易市场需要创造有效的价格形成机制,解决证券交易过程中存在的信息供给不充分、不公正问题。职业的证券交易商则发挥了证券定价职能。证券交易商能够通过市场机制获取与证券定价相关的信息,因而使证券交易指令集中在证券商手中,提高了证券交易的流动性,使交易成本大大降低。

(2)证券商的交易媒介职能:证券市场初始的交易组织活动

那些在证券交易市场上长期担当交易媒介角色的交易者发展成为了职业的证券交易商。证券商通过组织证券交易柜台的方式进行交易,并在证券交易中担任经纪人和自营商的角色,成为了证券市场的交易组织者。"就券商而言,它是证券交易市场上起基础作用的市场主体,同时也是最为活跃及与其他市场主体联系最为密切的市场参与者。"[12]职业的证券经纪商和自营商的出现直接促使了柜台交易场所的建立。柜台交易市场适合于大多数商品的交易,因为大多数商品对于市场交易者来说都是知情者,交易双方有讨价还价的可能。因此,柜台交易市场作为一种市场交易模式仍然被当今社会大多数的商业活动所采用。柜台市场的本质特点就是交易参与者向市场发出自己的报价,有意者则与其进行协商,议价成功后双方成交。合同法上的要约、承诺法律规则充分反映了柜台交易模式的制度特点。

与其他柜台交易市场相比,证券柜台市场交易中具有十分突出的价格信号的稀缺性。出于获取交易信息的需要,职业的证券商往往集中在一定的地点进行交易。证券商出于收集和发布证券交易价格信息的需要集中在一定的地点进行交易,形成了固定的证券经营场所。但

---

[10] Palmiter, Toward Disclosure Choice in Securities Offering, 1999 *Colum. Bus. L. Rev.* 1.
[11] 林煊:《柜台市场理论与实践研究》,《证券市场导报》1997年8月号,第5页。
[12] 原凯:《美国券商交易中介行为规制研究与借鉴》,中国商务出版社2012年版,第15页。

是，这些经营场所并非证券交易场所。证券交易场所的重要内涵在于其能够向交易参与者提供一定的交易制度，并且按照这种交易制度形成证券价格。在传统的柜台交易市场模式下，证券商所提供的交易制度无非是以下两种方式：一是担当交易居间人角色，将买卖双方的交易订单汇集在一起进行撮合；二是证券商在自己向投资者提供证券的买入和卖出的报价并与投资者进行交易。在担任居间商的情况下，证券商没有参与证券定价活动，证券的价格发现仍然由投资者自身完成，只是节约了投资者寻找交易对方的成本。这种居间交易模式，在信息传递手段落后的情况下，难以成为一种基本证券交易模式。证券商的报价交易模式大大降低了证券定价成本，为证券交易提供了流动性，是一种比投资者以直接协商方式进行交易更为有效率的交易模式。从证券交易市场的发展过程来看，“报价驱动的做市商制与指令驱动的竞价制是两种最基本的交易机制，代表了两种不同的价格发现方式和过程”。[13] 最古老的证券商以居间商和做市商两种模式发挥着最基本的证券交易组织职能，成为最早的证券交易场所。

(3)证券交易所：证券交易场所的最初形式

证券商尽管能够发挥证券交易的基本组织职能，但是一个有效运行的证券交易市场需要实现公平性、流动性、稳定性和透明性四个方面的目标，单个的证券商组织交易活动难以实现上述目标。每个证券商都是一个独立的证券市场经营者，基于利益最大化的追求，非常有可能进行欺诈性的证券交易活动，投资者利益必然会遭受损失。在缺乏有效监督机制的情况下，证券交易活动的公平性难以得到保障。并且，证券商的交易组织活动是分散进行的，由于信息传递方式落后，每个证券商都控制着一部分交易指令，这些交易指令获得交易机会需要花费很多时间，也很难在最佳价格水平上成交。因此，在证券商组织的证券交易市场上，交易的公平性和交易效率都较低，证券的流动性较为有限。

提供流动性是证券交易所产生的重要动因。“交易所最基本的功能是跨越空间和时间撮合买卖双方，为市场经济提供基本服务。”[14]交易所能够将证券和投资者集中在一起进行交易，大大降低了证券的交易成本。交易的公平性居于首要地位。实现证券交易的公平性，就需要建立证券交易的监督机制。证券商以订立协议的方式让渡自身的权利成立一个对证券交易进行监督的组织。1792 年华尔街的证券商订立了“梧桐树协议”，组成一个协会来监管他们自身的行为。[15] 可见，对证券商的交易组织活动进行监督保证交易的公平性是证券交易所产生的基本动因。证券交易所根据会员证券商的授权有权制定证券交易监管规则，并且根据这些规则对证券的上市和交易的全部过程进行监管，证券交易市场因此也就成为了有监管的市场。所以，制定规则并且对交易过程进行监管是交易所概念的内在本质。[16]

3. 证券交易市场：经济和法律上的两重含义

我国法律学者在法学论著中大量使用了“证券市场”或者“证券交易市场”的概念，如场内市场、场外交易市场，以及使用主板市场、二板市场、第三市场、第四市场、柜台市场等概念。但是，一般都不对这些与“市场”有关的概念进行界定。这些与“市场”有关的概念在内涵、外

---

[13] 姚秦：《债券市场微观结构与做市商制度：中国银行间市场的理论与实证》，复旦大学 2006 年博士学位论文，第 2 页。

[14] 拉纳尔德·米基：《历史与全球化背景下的交易所》，载《监管下的交易所》，中信出版社 2010 年版，第 5 页。

[15] [美]乔治·J. 兰克维奇：《纽约简史》，上海人民出版社 2005 年版，第 68 页。

[16] Stavros Gadinis, Howell E. Jackson, Markets as Regulators: a Survey, 80 *S. Cal. L. Rev.* 1239(2007).

延和使用的语境等方面存在着不统一现象，在一定程度上也造成了概念使用上的混乱。证券交易市场概念具有多重性的特点，从概念的属性来看，证券交易市场是一个经济学或者金融学概念，它将包括证券交易场所在内的各个要素融合在一起，而不是法律概念。它可分为抽象意义上的证券交易市场与具体意义上的证券交易市场。从服务职能角度看，又可以分为交易制度意义上的证券交易市场和融资功能上的证券交易市场。

(1)经济含义上的证券交易市场

第一，交易机制意义上的证券交易市场。

从抽象意义上看，证券交易市场表达了以供给和需求及其相互平衡为内容的交易机制。“市场是一种物品的买主和卖主相互作用，以决定其价格和数量的过程。”[17]“市场”是一个抽象的概念，它表达了一种经济组织模式，其核心内容是供给与需求相互作用下的价格形成机制。证券交易市场也就是证券买卖所形成的价格机制体系。对于证券价格发现机制而言，最为重要的问题就是交易机制。不同的证券交易机制决定了不同的价格发现方式。所谓交易机制(trading mechanism)，是指汇集与交易有关各方的指令以形成市场价格的规则的总和，其实质是市场价格的形成方式。[18]

证券交易组织机制还包含了交易制度、交易技术、交易对象、交易信息和交易主体等多种因素，因而，证券交易机制要比普通商品的交易机制复杂得多。证券交易机制可以具体化为若干因素，这些具体化因素都会对证券交易的公正性产生影响，因而需要证券法对其予以规范和调整。从广义的证券市场微观结构来看，将价格形成机制意义上的证券交易市场予以具体化，证券交易市场则具体表现为交易的品种、交易的参与者、交易场所的形成、交易规则的建立等方面。[19]

第二，市场组织形式意义上的证券交易市场。

与其他商品的交易组织形式一样，证券交易可以区分为协商式交易和拍卖式交易两种基本组织形式。交易组织形式是区分“场内”交易市场与“场外”交易市场的基本依据。在市场组织形式意义上，证券交易市场可以分为场内市场与场外市场、柜台交易市场与交易所市场。协商交易模式下的证券市场属于柜台交易市场或者场外市场，拍卖模式下的证券市场属于场内市场或者交易所市场。此外，还存在第三市场、第四市场等概念。第三市场是机构投资者在交易所之外通过做市商进行大额股票交易而形成的股票交易市场，第四市场则是对机构投资者在交易所直接进行交易形成的交易市场。第三市场、第四市场、柜台市场、场外交易市场等概念不但与证券价格发现机制相关，而且还与交易技术、交易主体、交易对象、交易设施、交易场所等证券交易的具体要素相关。

第三，融资功能意义上的证券交易市场。

从融资功能角度看，证券交易市场是满足企业和政府资金需求的一种融资机制。主板市场、二板市场、三板市场是以发行人的市场准入条件对证券交易市场的区分，是从证券发行人的角度对证券交易市场的区分。这种区分方式也具有明显的功能主义的特点，即以证券交易

---

[17] [美]保罗·A.萨缪尔森、威廉·D.诺德豪斯：《经济学》(第12版)(上册)，中国发展出版社1992年版，第71页。
[18] 姚秦：《债券市场微观结构与做市商制度：中国银行间市场的理论与实证》，复旦大学2006年博士学位论文，第19页。
[19] 万国华：《现代证券法》，清华大学出版社2010年版，第254页。

市场服务证券发行人的功能方式对证券市场进行区分。所谓的主板市场就是为发展已经较为成熟的大公司的股票提供上市和交易服务的交易市场。二板市场主要是为成长型的高技术企业提供融资和股票交易服务的市场类型。三板市场主要为中小型公司发行的股票提供交易服务的交易场所。这种分类模式基本没有考虑交易制度因素。主板市场、二板市场、三板市场概念的抽象程度很高,并且概念的重心在于对于证券交易市场经济功能的划分,与证券交易的组织形式的关系较远。

(2)法律制度意义上的证券交易市场

第一,"交易市场"即"交易场所":法学语境中的"交易市场"。

在法学语境中,证券市场被看做是证券的发行和交易的场所,证券交易市场往往指的就是证券交易场所。我国多数的法学著述中并不区分证券交易市场和证券交易场所,经常还对于二者进行混用,在没有特别说明的情况下,证券交易市场等同于证券交易场所。王保树教授主编的《中国商事法》明确指出证券交易市场就是证券交易场所。[20] 范健、王建文认为证券市场是股票、债券、投资基金份额以及证券衍生品种等各种有价证券发行和交易的场所。[21] 法律制度环境的不同,人们对于证券交易市场的认识也就有所不同。根据我国证券法的规定,证券交易应当在证券交易所或者国务院批准设立的证券交易场所进行,因此证券交易所和全国股份转让系统以外的其他提供证券交易服务活动的交易场所不能称为证券法意义上的"证券交易市场"。美国的法律规则和学术文献则主要是根据交易制度的不同将证券交易市场的整体结构分为"交易所市场"和"柜台交易市场",这种区分模式主要强调的是证券交易的组织形式以及交易场所的组织架构。在美国的法学著作中在使用证券交易市场(market)概念时,一般都要说明"市场"指的是证券进行交易的设施或者平台(facilities),该"市场"可以是一定的有形场所或者是电子信息系统。[22] 因此,美国学者实际上是从"场所"角度使用"市场"概念的。

我国还有的法律学者对证券市场作了广义与狭义的区分。狭义的证券市场指的就是证券发行、交易的场所,广义的证券市场除包含证券发行、交易场所外,还包括证券市场主体依托证券发行、交易场所所进行的以证券为对象的各种活动的总和,包括证券的发行、交易、经营、服务及监管等一系列活动。[23] 这种界定方式基本涵盖了证券法所规范调整的全部活动,这意味着证券市场就是证券法的调整对象。法律的调整是一个特定的概念,应当不能与证券市场的概念相互等同。实际上,在法律制度层面不能从抽象意义上来使用"证券市场"或者"证券交易市场"的概念。

第二,价格形成机制的法制化:实质意义上的证券交易市场。

从实质意义上看,证券交易市场就是一定的价格形成机制。经济意义上的证券价格形成机制是与交易场所和交易规则密切联系在一起的,证券的价格形成机制不能脱离一定的证券交易法律制度和证券交易具体规则而独立存在。证券交易的法律含义并不仅仅局限于证券

---

[20] 参见王保树主编:《中国商事法》,人民法院出版社2001年版,第368页。

[21] 范健、王建文:《证券法》,法律出版社2007年版,第7页。

[22] See Thomas Lee Hazen, David L. Ratner, *Securities Regulation in a Nutshell*, Thomas/West, 2006, p. 3; Thomas Lee Hazen, *Principles of Securities Regulation*, Thomson Reuters, 2009, p. 3.

[23] 万国华:《证券法学》,清华大学出版社2010年版,第82页。

的权利移转,而更重要的是需要在一定的价格形成制度下进行。价格形成机制不但体现为证券市场的运行模式,还在于通过一定的制度构建实现证券交易的公平、有序、效率等基本法律价值。证券法律规则对证券交易市场的规制是通过一定的证券交易场所来进行的,因此,在法律制度角度上证券交易市场表现为一定的证券交易场所。因而证券交易场所必须具有一定的价格形成机制,这种价格形成机制要受到证券法和证券监管规则的规制。采取何种价格形成机制决定了交易场所的组织形态及其法律地位。

价格形成机制与证券交易的公平性、交易市场的秩序密切相关。一般来说,场内交易市场以集中竞价交易制度为基本的交易制度,证券交易的透明度高,能够保证交易的公平性。场外交易场所的证券交易,则是由买卖双方自行协商确定,交易价格的确定不具有公平竞争的性质。[24] 一些学者认为,在证券二级市场上或者证券交易市场上进行的证券买卖或者转让活动是狭义上的证券交易,[25]但是没有强调证券交易在法定的证券交易场所进行。有的学者则强调证券交易应当在法定的证券交易场所进行,因而将证券交易场所以外的证券权利移转的行为排除在证券交易的范围之外。[26] 法律对于证券交易应当在法定的交易场所进行,坚持的是以秩序优先的制度价值,对于交易场所不加以限定的,坚持的是效率优先的制度价值。在美国证券交易法上,并未对证券商采取“专营”原则,在交易量不是很大的情况下证券交易所也并不需要强制履行注册义务,因此,对于证券交易场所采取的是自由主义的原则。

我国现行《证券法》第 39 条也强调证券交易应当在证券交易所或者国务院批准的其他证券交易场所转让,也将证券交易限定在证券交易场所之内。由于继承、共有财产分割、企业合并、强制执行等导致证券的权利发生变动的,不需要通过证券交易所以集中竞价方式交易。在法律要求证券交易应当在经批准设立的证券交易场所内进行的情况下,证券转让如果在法定的交易场所以外进行被作为违法行为对待。我国 1998 年颁布的《证券法》将证券交易限定为在证券交易所内进行,交易方式也限定为价格优先、时间优先的集中竞价方式。实际上在此之前,上海、深圳证券交易所成立后,股票、公司债券都必须在证券交易所挂牌交易。1996 年广州市越秀区法院审理的原告王东方诉被告国泰证券有限公司广州营业部私自转让上市证券案,是证券法颁布前我国法院认定在证券交易所以外进行上市公司股票转让因违法而无效的案例。原告在被告处开立了股票账户从事股票交易活动。1994 年 8 月 5 日至 9 月 12 日之间原告从被告处借款共 133 万元,用作买卖股票,并约定了利息。后来原告未能按约定归还被告借款,与被告达成了《关于转让股票的协议》,被告全部接收原告的“仪征化纤”股票 437,800股,以每股人民币 2.97 元抵偿原告的部分借款本金。1995 年 5 月 22 日被告将原告的“仪征化纤”股票全部抛售,成交价平均为每股 4.31 元。被告卖出股票所得收益超出原告借款的本金和利息部分共 469,432.67 元,原告起诉被告要求返还该部分款项。一审法院广州市越秀区法院判决认定借款协议无效而驳回原告的诉讼请求。二审法院广州市中级法院不但认定借款协议无效,而且认定证券经营机构在自己的营业场所与其代理的客户进行股票

---

[24] 王保树主编:《中国商事法》,人民法院出版社 2001 年版,第 387 页。

[25] 参见吴弘主编:《证券法》,法律出版社 2004 年版,第 24 页;李永军主编:《商法学》,中国政法大学出版社 2007 年版,第 298 页。

[26] 参见范健、王建文:《证券法》,法律出版社 2007 年版,第 151 页。

交易,违反了国家法规和证券交易所业务规则关于上市公司股票应当在证券交易所进行的规定,从而认定《关于转让股票的协议》无效。[27] 实际上《关于转让股票的协议》的法律属性应当为代物清偿协议,虽然发生股票权利变动的法律效果,但是该协议本身并非股票转让。

第三,证券市场体系意义上的证券交易市场。

在场外交易场所尚未形成的情况下,传统的柜台交易通过分散的做市商报价交易进行,这种交易模式在法律理论或者法律文本上被称为柜台交易市场。NASDAQ 市场建立以后,同一上市公司的证券可以同时在两个以上的证券交易场所进行交易,产生了证券交易场所之间交易竞争问题。电子信息网络被广泛引入证券交易领域后,大量的在证券交易所上市的证券被转移到交易所以外的交易系统进行交易,如何使客户的交易指令能够在不同证券交易市场中获得最佳交易机会的问题日益重要。美国证券交易法上首先确立全国统一交易市场体系的概念。这里的"交易市场"是从抽象意义上对交易市场概念的使用,指的是将各个证券交易场所、处于分散状态的证券商的证券价格形成机制联系在一起,通过一定法律规则的规制,实现全国范围内证券交易的一体化。因此,在全国统一交易市场体系意义下,证券交易市场的核心意义在于使证券交易指令能够获得最佳报价,从而实现交易的公正和效率。

(二)证券立法和监管规则对于证券交易场所的界定

1. 美国《证券交易法》关于交易场所的规定

美国 1934 年证券交易法对交易所(exchange)、交易设施(facilities)和全国性证券交易所(national securities exchanges)进行了分别界定。1934 年《证券交易法》第 3(a)(1)条对交易所(exchange)的界定是:任何创设、维系和提供将证券交易的买方和卖方集中在一起撮合交易或者是履行通常所理解的股票交易所的证券交易职能的交易场所或者交易设施的任何组织、行业协会或者一群人的组合,而不管是否其具有法人资格;也包括这些交易所所运营的任何交易场所或者交易设施。可见,《证券交易法》第 3(a)(1)条对交易所(exchange)的界定是十分广泛的,"交易所"(exchange)并不必须具备法律上的人格,可以是任何能够撮合交易的交易场所(market place)或者交易设施(market facilities)。即使是具有法律人格的主体,也并不必然需要具有法人资格,即所谓的"任何组织、行业协会或者一群人的组合"。实际上,纽交所在很长时间内就不具有法人资格,而仅仅是一个非法人的社团组织。美国《证券交易法》第 3(a)(2)条对交易设施(facilities)的解释是与交易所(exchange)紧密相联系的,指的是交易所的经营场所、与执行交易和报价相关的任何有形的或者无形的财产,不管该财产是否在交易所的营业场所,以及对该财产、营业场所或者服务的使用权利。根据美国《证券交易法》的规定,证券商不得在未注册为全国性证券交易所的交易场所从事交易活动,除非该交易所属于按照美国证券交易法规定豁免注册的交易所。[28]

在美国证券交易法上,"交易所"和"全国性证券交易所"是存在区别的两个概念。美国证券交易法第 6(b)条对于"全国性证券交易所"有着十分严格的要求。"全国性证券交易

[27] 吴弘主编:《证券法》,法律出版社 2004 年版,第 27 ~ 28 页。
[28] 15 U. S. C. A. § 78e.

所"应当是一个严密的组织体,这个组织体应当对其成员及其关联人有着较为严格的规制要求,保证其遵守交易所的规则。"全国性证券交易所"的组织机构和决策机构应当由会员以公平程序选举产生的人员和能够代表证券发行人和投资者的利益的人员组成。"全国性证券交易所"应当有能力防止证券欺诈行为和市场操纵行为,保证证券交易能够按照公正的原则进行。

2. SEC 监管规则对交易场所的规定

依据美国《证券交易法》的规定,1999 年 SEC 制定了 Rule 3b－16,该规则是关于电子信息网络和交易所管理的新规则。该规则对"交易所"进行了界定,即一个实体能够将买卖双方的交易指令集合在一起,并且建立了将这些指令进行撮合的固定规则的任何实体都属于"交易所"。[29] 根据 Rule 3b－16 的规定,仅仅为交易指令提供交易路由的实体,允许交易者输入能够与做市商的买卖报价进行的指令的任何实体,在自律监管组织注册进行做市活动的做市商,为做市商、其他证券商以及客户提供限价交易指令提供显示服务的任何实体,以及提供任何交叉配比活动的实体都不属于交易所。该规则特别强调电子信息网络和交易所应当运用公平、公开撮合方式进行买卖委托单的撮合,同时,还应当保证买卖双方知晓并且同意交易方式与交易条件。

3. 加拿大安大略省证券委员会对证券交易场所的界定

加拿大安大略省的证券委员会将证券交易场所界定为建立、维持一个能够将买卖双方的交易指令聚合在一起按照非任意性的规则进行交易的设施或者市场的一个人或者一个公司,包括证券交易所、报价和交易报告系统、另类交易系统以及为上市证券提供交易场所服务的非证券交易所会员的证券商。[30] 该监管规则对于证券交易场所的界定既采取了内涵界定方式对其交易场所的概念进行了界定,也对证券交易场所的具体表现形式进行了列举,系统而清晰地对证券交易场所进行了表达。很显然,交易场所的基本特征是对交易指令的撮合,而不在于其是否具有特定的组织形态。

4. 欧盟的《金融工具市场指令》对于交易场所的规定

欧盟的《金融工具市场指令》的一大基石就是交易场所自由化。[31]《金融工具市场指令》与以前的《投资服务指令》相比的重要区别是取消了"集中规则",这意味着中介机构可以在交易所以外开辟新的交易设施。[32] 因此,《金融工具市场指令》规定的证券交易场所不限于证券交易所,还包括多边交易设施和有组织交易设施。多边交易设施基本相当于美国监管规则规定的另类交易系统,有组织交易设施指的是投资公司创立的对客户交易指令进行内部撮合的系统。

5. 韩国《资本市场法》的规定

韩国资本市场法第 386 条将证券交易场所称为"金融投资商品交易市场",并进一步将交易场所分为有价证券市场、柯斯达克市场、衍生商品市场三种类型,这三种类型的交易场所均须由交易所予以开设。除了金融衍生品交易外,不准许证券商在交易所以外组织证券交易

---

[29] 17 C. F. R. §240. 3b－16(a)(1)－(2) (2000).

[30] 曾冠:《另类交易系统的界定》,载《网络法律评论》(第 7 卷),北京大学出版社 2006 年版,第 108 页,注 13。

[31] 卡雷尔・兰诺、皮耶罗・辛克格拉纳:《资本市场监管的再思考》,载《监管下的交易所:经济增长的强劲助推器》,中信出版社 2010 年版,第 101 页。

[32] 参见蔺捷:《欧盟证券交易场所规制探讨》,载《证券市场导报》2013 年 4 月号,第 28 页。

活动。

6. 我国台湾地区《证券交易法》的规定

台湾地区证券交易法第12条将证券交易所界定为有价证券集中交易市场，将证券交易所以外的证券交易界定为"证券商营业处所买卖"。其中，"证券商营业处所"属于分散的做市商报价交易，因此，台湾证券交易法并未直接对场外交易场所进行界定。

7. 中国证券法和证券监管规则关于证券交易场所的界定

我国《证券法》第39条使用了"证券交易场所"的概念，但是没有对其作出界定。《证券法》第102条规定，"证券交易所应当为组织公平的集中交易提供保障"，因此该条表达了证券交易场所的基本内涵，即证券交易场所应当能够提供实现证券公平交易的交易组织服务。国务院在《关于清理整顿各类交易场所切实防范金融风险的决定》(国发[2011]38号文件)中使用了"交易场所"的概念，并且对"交易场所"的概念进行了界定，认为"交易场所是为所有市场参与者提供平等、透明交易机会，进行有秩序交易的平台，具有较强的社会性和公开性，需要依法规范管理，确保安全运行"。该规范性文件将证券交易场所界定为一个"交易平台"，其核心职能在于组织证券交易活动，并且保证证券交易过程中的平等、透明和有序。

(三)证券交易场所的法律概念

证券交易场所的法律概念主要包含两个方面的根本特征，一是为证券交易提供一种价格形成机制，二是提供一种价格形成的规则，以保证证券交易的公正性。就表现形式而言，证券交易场所可以是一定的社团组织或者法人组织，也可以是普通的商业公司，或者是一定的交易设施。证券交易场所的法律概念可以界定为：为证券交易双方提供一定的证券价格形成机制，并且建立了保证交易公正性规则的交易组织和交易设施。

1. 证券交易场所是价格形成机制的提供者

证券立法和监管规则主要是采取列举方式对证券交易场所进行界定的。立法者和证券市场监管者并未对证券交易场所的外延作出统一的限定，总体上看，证券交易场所的外延处于开放状态，以便于能够包容那些新型的交易场所。美国证券交易法虽然对"交易所"和"全国证券交易所"进行了界定，但是，没有对"交易场所"作出统一规定。这意味着在"交易所"之外还有诸多类型的交易场所。在SEC的"报价执行与交易通道公开规则"中有"市场中心"(market centers)这样的概念，[33]交易所属于"市场中心"的一种类型。在美国证券法文献中对于证券交易场所的表述更是多种多样的，包括"交易市场"(trading market)、"交易场所"(marketplaces)、"交易平台"(trading platforms)等。交易电子化对于证券交易方式产生了深刻影响，交易场所的表现形式或者组织形态也因此呈现出多样性的特点，但是，交易场所的本质特征没有改变，即为证券交易提供一定的价格形成机制。按照美国证监会的界定，证券经纪商指的是将客户的指令传递到交易市场或者第三方，而其本身并不买入或者卖出该证券的公司。[34] 由于证券经纪商只是交易指令的传递者，不能提供价格形成机制，不属于证券交易

---

[33] Disclosure of Order Execution and Routing Practices, Release No. 34 – 43590; File No. S7 – 16 – 00.

[34] See Disclosure of Order Routing and Execution Practices, Exchange Act Release No. 43,084, 72. S. E. C. Docket (CCH) 2312 (July 28, 2000).

场所。

根据交易方式的不同，证券交易市场可以分为四种结构：自找市场、经纪市场、自营商市场和拍卖市场。[35] 拍卖市场采取的是竞价交易模式，即组织多个买者和买者参与竞争性交易，按照出价最优者获得交易机会的基本交易规则撮合交易。由于竞价交易以市场竞争要素来发现证券价格，市场机制在证券价格过程中的作用发挥得更为充分，有利于实现交易的公平性，交易效率也较高，因此，在价格发现功能方面，竞价交易比非竞价交易更具有优势。当然，"不能否认分散交易的市场价格发现功能，这是由于每个人对股权价值的感觉和判断是不一样的"。[36] 自找市场、经纪市场都采取的是一对一的协商交易模式，只不过经纪市场上有证券经纪人介入为证券交易双方搜寻交易对方，降低了证券交易双方的交易成本。自营商市场实行的是做市商双向报价交易模式，这种交易模式的效率明显高于一对一的协商交易模式，但是交易成本受自营商赚取差价多少的影响。

自找市场、经纪市场和自营商市场都属于协商交易模式。在协商交易模式下，证券定价直接由交易参与者完成，因而交易参与者具有很强的证券定价能力。在拍卖交易模式下，证券价格并非交易参与者直接决定，而是由市场拍卖机制形成。在传统交易技术条件下，协商交易主要形式是做市商报价交易。在引入电子交易技术后，协商交易的形式发生了重大变化，做市商报价和客户的订单路由都逐步实现了集中化，客户订单可以通过电子交易系统自动撮合。在交易实现电子化以后，电子交易系统可以发挥独立的证券交易组织功能，证券交易组织者可以是证券市场交易主体，也可以是交易设施。因此，不管是"交易所"还是证券商或者其他交易设施，只要为交易参与者提供一定的价格形成机制，都具有证券交易场所的本质特征。证券交易场所在提供价格形成机制过程中的主要职能是撮合交易或者执行交易，也包括能够为交易参与者提供交易价格。自动报价系统本身并不撮合交易，但是能够以更有效率的方式为做市商报价交易提供交易价格，因此也符合证券交易场所的本质特征。如果一定的证券市场服务者，如证券经纪商或者电子交易系统，只为交易参与者提供订单路由而不参与价格形成过程，则不属于证券交易场所。因此，证券交易场所应当界定为证券交易活动中能够提供集中报价、执行或者撮合交易的证券交易组织者。

参与证券交易活动的交易主体和交易设施的类型很多，但并不都向证券交易参与者提供价格形成机制。在证券交易所组建以后，证券商不再具有汇集订单的功能，证券商参与场内交易所证券交易的方式是通过获得交易席位方式进行的，并且在交易中只是担当了交易指令传递者的角色，而并不组织或者参与证券价格形成过程，因而证券商不再具有提供证券价格形成机制的职能。

在传统证券交易模式下，证券报价和交易订单的信息传递手段不发达，柜台交易市场是由分散于各地的证券商所的交易组织活动构成的，是一个分散交易、无集中统一监管的市场，并没有形成能够将买卖双方的交易指令进行集中并提供一种价格形成方式的交易场所。证券场外交易市场是可以与柜台交易市场等同的，与场内市场的集中统一交易相对应，共同构

---

[35] 朱锦清：《证券法学》，北京大学出版社 2004 年版，第 45 页。
[36] 参见刘俊海：《现代证券法》，法律出版社 2011 年版，第 148 页。

成了整个证券市场。柜台交易市场的特点是没有统一的交易场所，证券商分散于不同区域，在自己的营业场所向证券市场发布证券报价，并与交易相对方进行证券交易。做市商虽然直接与客户的指令进行交易，但是，交易双方都只与做市商发生交易，证券价格完全由做市商所控制，即证券价格由交易的一方所决定，没有形成集中统一的证券价格形成机制。

2. 交易场所应当建立维护交易公正性的规则

证券交易场所承担着维系公正、有效的市场交易和投资者保护的重要使命。交易场所不仅能够为交易当事人提供一种价格形成机制，还应当建立保证交易公正性的规则。这些交易规则包括报价显示规则、交易指令的传输规则、交易撮合规则、交易报告规则等。这些交易规则要能够使所有进入该交易场所的交易参与人受到公正的对待，尤其是获得交易机会以及最佳交易价格方面要公平对待所有的交易客户。交易场所自身可以建立这种交易规则，也可以由证券市场的自律性组织或者证券监管机构建立这样的规则。证券交易所或者具有公益法人属性的证券交易场所基于维护公共利益的目标，建立了维护证券交易秩序和交易公正性的规则。对于属于证券商、普通商业公司属性的交易场所，法律和证券监管机关的监管规则也要求其建立维护交易公正性的交易规则。

3. 证券交易场所可以是法律主体，也可以是“设施”

证券交易场所可以是具有一定人格的法律主体，也可以是不具有法律主体资格的交易设施。就场内交易场所而言，有形的交易大厅和统一的交易平台构成了非人格意义上的交易场所。与此同时，场内交易场所还具有很强的人格属性，其组织形式为社团组织，一般具有法人资格，也可以是非法人的社团组织。在拍卖式的交易模式中，证券商只有通过获得交易席位方式才能为客户完成代理交易，这使得场内交易场所构造了证券商与交易所之间的社团组织结构。而在协商式的交易模式中，交易场所只为交易参与者提供报价和执行交易服务，不需要具备这种社团组织结构，因而场外交易场所的人格性很弱，其组织形态可以是证券商，也可以是一定的电子交易系统。从事场外交易活动的电子交易系统虽然也是由证券商或者其他商业公司所运营，但是运营者的人格特征并不重要。

4. 证券交易场所组织形态具有多样化特点

在证券交易所尚未组建之前的证券市场上，证券商担当着证券价格形成机制提供者的角色。职业的证券交易商担负着订单汇集和证券报价的职能，证券商通过双向报价方式组织交易或者为交易双方提供协商交易的平台。但是，在证券交易所以外，证券商仍然以协商式的交易模式组织证券交易，即通过向市场提供报价的方式与客户直接进行交易。提供报价服务的证券商与普通交易者不同之处在于，证券商在交易活动始终处于价格制定者的地位。

在拍卖市场上，证券商不再是价格的确定者，而是由证券交易所提供拍卖交易机制，证券价格提供拍卖活动确定。证券交易所创立以后，建立了有形的交易场所和交易平台，将订单集中在交易所的交易平台上通过拍卖方式进行交易，建立了超越交易当事人和证券商的证券价格发现机制。场内交易所不仅仅具有提供证券价格形成机制的职能，而且还由于其社团化的组织结构获得了市场监管者的法律地位。证券交易所可以制定证券交易的基本规则，会员券商应当遵守这些规则，而且交易所还可以对违反交易规则的券商及其相关人员进行处罚。另外，由于能够提供可信赖的证券报价，场内交易所具备了提供证券上市服务的职能，证券交易所与证券发行人订立证券上市契约，证券发行人接受交易所在公司治理等方面的约束，证券上市制度因而得以建立。

交易电子化催生了新型的证券交易场所。首先，为做市商交易提供集中报价服务的自动报价系统建立了一种新的价格形成机制，将做市商的分散报价集中起来向市场传递，不但提高了报价效率，也改变了原有的做市商交易的价格形成方式。因而自动报价系统成为了独立于做市商之外的新型的证券交易场所。随着交易电子化水平的不断提供，自动报价系统还实现了客户订单的集中，并且还引入了交易指令的自动撮合系统，交易价格的可信赖程度和交易效率的进一步提高。自动报价系统的价格形成方式与场内交易场所有逐步接近的趋势。

在实现交易电子化之后，证券商可以通过电子信息网络将交易指令集中起来并进行撮合。这种撮合交易在本质上也是一种协商式交易，即交易价格仍然由交易双方确定。但是，证券商在此提供的并不仅仅是交易通道服务，而是建立了一种协商式的价格形成机制，并且应当制定交易规则保证公平对待所有的交易指令。因而电子交易系统通过对交易指令提供撮合交易服务而具有了证券交易场所的属性。

场外交易场所和场内交易场所的组织形态明显是不同的。场内交易场所的组织形态就是证券交易所。在场内交易模式下，证券交易指令集中在交易所提供的交易平台进行交易，交易所对参与交易的证券商进行统一监管，交易过程按照交易所制定的交易规则进行，因而证券价格的形成过程完全是在交易所的组织、监督下进行。在场外交易模式下，证券交易并不集中在统一或者固定的交易平台进行，组织和参与证券价格形成过程的交易场所呈多样化的特点。证券批发商、做市商、证券报价系统、证券发行人以及普通的商业公司都组织和参与场外交易市场的证券价格形成过程，使证券场外交易场所的组织形态呈现出多样化特点。

二、证券场外交易场所界定的学理标准及其法理分析

（一）场外交易场所界定的学理标准

学术界历来对于“场内”与“场外”证券交易场所的内涵和外延有着诸多争议。对于概念界定的标准和角度不同，也就会导致其内涵与外延出现巨大差异。关于场外交易场所的界定，经济学者与法律学者的理论视角既有相同之处，又存在着很大的不同。

1. 场外交易场所界定的经济学标准

证券交易市场是一个内涵非常丰富的概念，包含了价格形成机制、市场组织形式、交易制度等诸多内容，在经济意义上，交易场所属于构成场外交易机制的基本要素。因此，经济学者基本上都是从交易组织模式角度对“场内”与“场外”交易场所的概念进行界定。[37] 一般来说，经济学者将实行竞价交易制度的交易场所界定为场内交易场所，将实行做市商报价交易制度的交易场所界定为场外交易场所或者场外交易市场。也有的经济学者在交易制度之外，以市

[37] 参见林煊：《柜台市场理论与实践研究》，载《证券市场导报》1997年8月号，第6页。

场组织者与证券发行人关系的标准界定“场内”与“场外”交易场所，[38]打破了单一的交易制度标准模式。在交易实现电子化后，交易订单的路由方式以及集中程度也被作为判断“场内”与“场外”市场的重要依据。有经济学者认为，由于交易指令的集中路由方式占据主导地位，我国银行间债券市场更像场内市场，而非场外市场。[39] 总体上看，经济学者将证券集中交易模式界定为场内模式，将证券分散交易模式界定为场外模式。所谓证券集中交易模式，不但指的是集中竞价交易，也包括交易指令集中路由的报价交易方式。

2. 场外交易场所界定的法学标准

交易市场和交易场所二者之间具有着密切联系。在法律制度上交易市场与交易场所具有同一性。在法学理论上对场外交易场所进行界定时，虽然不能完全脱离证券的交易制度，但是，更主要关注的是证券交易的公正性和规范性，即证券交易是否在有效的监管下进行。因此，在界定“场内”与“场外”交易场所过程中，经济学标准和法学标准的理论视角是存在明显差异的。在证券法理论上，对于场外交易场所的界定，主要有以下四种模式。

（1）排除法模式：场外交易场所是证券交易所以外的交易场所

所谓排除法方式是指将证券交易所以外的证券交易市场均界定为证券场外交易市场。我国商法学界许多学者都持这种观点。这种观点认为证券场内交易市场是集中交易或者集中竞价交易的证券交易市场，只有证券交易所才具备证券场内交易市场的本质特征。证券交易所以外的证券交易市场不具备集中交易或者集中竞价交易的特征，都属于证券场外交易市场。[40] 美国也有学者持这种观点。美国学者 Poser 认为，柜台交易市场是剩余的证券市场，即证券交易所之外的证券交易市场。[41]

（2）上市职能标准

美国学者 Mark Borrelli 从是否具有上市职能来区分场内市场和柜台交易市场。Mark Borrelli 认为没有统一的上市标准也是柜台交易市场的重要特征，他认为一旦 NASDAQ 建立了自己的证券上市标准，则其就与柜台交易市场的其他部分发生了区别。[42] 但是，按照 Mark Borrelli 的观点，NASDAQ 建立了证券上市标准后还不能视为场内交易场所，仍然只是柜台交易市场的一部分，因为在当时 NASDAQ 的主要职能仍然是为做市商提供集中报价服务。我国也有法律学者主张以上市职能标准对“场内”与“场外”交易场所进行区分，即以交易场所与证券发行人的关系来确定是否属于“场内”与“场外”交易场所。场内交易场所与证券发行人签订上市协议，而在场外市场上则由做市商与证券发行人订立做市协议。[43]

（3）等同法模式：柜台市场即场外交易市场

我国法学界也有一部分学者将场外交易市场与柜台交易市场等同，认为场外交易市场，

---

[38] 参见蒋大兴：《场外交易市场的场内化》，载《法学》2013 年第 6 期，第 51 页；胡经生：《证券场外交易市场发展研究》，中国财政经济出版社 2010 年版，第 4 页。

[39] 金永军、赵敏、刘斌：《债券只适合场外交易吗》，载《证券市场导报》2011 年 7 月号，第 68 页。

[40] 王保树、范健、王建文、李永军、宋晓燕等学者均持这种观点。参见王保树主编：《中国商事法》，人民法院出版社 2001 年版，第 373 页；宋晓燕：《证券法律制度的经济分析》，法律出版社 2009 年版，第 150 页；范健、王建文：《证券法》，法律出版社 2007 年版，第 11～12 页；李永军：《商法学》，中国政法大学出版社 2007 年版，第 306 页。

[41] Poser, Restructuring the Stock Markets: A Critical Look at the SEC's National Market System, 56 *N. Y. U. L. REV.* 883 (1981).

[42] Mark Borrelli, Market Making at Electronic Age, 32 *Loy. U. Chi. L. J.* 815 (2001).

[43] 蒋大兴：《场外交易市场的场内化》，载《法学》2013 年第 6 期，第 51 页。

也就是柜台交易市场,或者称为店头市场。[44] 有的法律学者学者认为,场外交易市场就是分散的交易市场,没有固定的交易场所,对于交易参与人没有明确的成员资格要求,没有严格的市场监管制度,协商交易是其主要的交易方式,对于交易的证券也没有品种的限制,以未上市的股票和债券为主要交易对象,[45]这实际上也是对柜台交易市场的描述。美国法律学者一般以是否具有有形的交易场所和设施,以及是否具有较为严密的证券监管组织和监管制度将证券交易市场分为交易所市场和柜台交易市场。证券交易所市场是交易集中组织进行的证券交易市场,柜台交易市场则是分散于各地的证券自营商组织交易的市场。Joel Seligman 认为柜台交易市场的特点是没有交易所那样的证券交易平台,而是由做市商通过对证券进行做市所形成的证券市场。[46] 将柜台交易市场等同于场外交易市场,在传统的证券交易模式下是比较妥当的,因为柜台交易市场与场内交易市场实行完全不同的证券交易制度。

(4)证券商法律地位模式

美国著名证券法学者 Thomas Lee Hazen 以证券商在证券交易中所担当的角色对证券场内交易市场和柜台交易市场进行区分。Thomas Lee Hazen 认为,证券交易所是经纪人市场,证券商担当客户的经纪人(broker),将客户的指令提交到交易所的交易平台进行交易。柜台交易市场则是证券自营商的市场,证券自营商以做市商的角色与客户进行交易,即证券商本身就是证券交易的一方当事人,与客户进行交易。自营商并不向客户收取佣金,而是通过"差价"的方式获得收益。[47] Thomas Lee Hazen 还将柜台交易市场称为由分散的做市商体系运行的更加松散的市场组织。[48] 因此,柜台交易市场也就是由若干证券自营商组织证券交易的证券市场。有些学者也就将柜台交易市场称为"自营商的市场"(dealer' s markets),因为在柜台交易市场上,"证券自营商(或者称为做市商)竞相向客户提出买卖报价并与之进行交易,而不存在客户的交易指令直接进行撮合交易"。[49] 证券商法律地位模式与"等同法模式"的共同之处在于以证券交易制度对证券场外交易市场进行界定,但是,证券商法律地位模式更能够适应在交易电子化模式下场外交易市场的界定要求。因为在柜台交易市场实现了场内化的转变后,在很大程度上不再具备柜台交易市场的基本特征,但是其证券自营商组织交易的基本特征没有改变。

(二)场外交易场所界定标准的法理分析

1. 交易制度标准与"法理标准"的比较

以交易制度标准区分"场内"与"场外"交易场所,是一种制度经济学的分析方法,它强调的是某种交易制度对于证券交易的经济绩效的影响。在制度经济学上,制度被分为内在制度

---

[44] 参见彭真明:《资本市场法律问题研究》,第 263 页;曹婧:《析代办股份转让系统的法律定位和规制》、《论场外交易市场的意义及其制度构建》,载顾功耘主编:《场外交易市场法律制度构建》,北京大学出版社 2011 年版,第 76 页。

[45] 马太广、吴晔:《我国场外交易市场的法律地位和组织形式探究》,载顾功耘主编:《场外交易市场法律制度构建》,北京大学出版社 2011 年版,第 26 页。

[46] Joel Seligman, *The Future Of The National Market Syatem*, 10 J. Corp. L. 79(1984).

[47] Thomas Lee Hazen, *Securities Regulation in a nutshell*, Thomson Reuters, 2006, pp. 5 – 6.

[48] Thomas Lee Hazen, *principles of Securities Regulation*, Thomson Reruters, 2009, p. 3.

[49] William A. Klein John C. Coffee, JR. Frank Partony, *Bussiness Orgnization and Finance: Legal and Economic Principles*, 11 th ed., Foundation Press, 2010, p. 427.

与外在制度。内在制度主要包括习惯、伦理规范、商业习俗等，外在制度是自上而下强制执行的，最主要的就是法律制度。[50] 作为交易制度的设计者，证券交易所并不必然采取集中竞价交易制度，采取何种交易制度，商业习惯和价值观发挥着重要作用。经济学者林煊认为证券交易所采用何种交易模式受到公众的价值观、习惯、偏好以及国民的素质和性格的深刻影响，美国人基于积极进取、崇尚个性的价值观，使得纽交所采取拍卖式的集中竞价模式；而英国人在价值理念上较为保守，因此伦敦交易所采取了与普通商品一样的柜台交易制度。[51] 单纯从交易制度角度看，伦敦交易所完全属于柜台交易市场，具有柜台交易市场的做市商操纵报价、交易过程透明度低等缺点，因此，经济学者认为伦敦交易所"空间上的集中机制不能发挥该市场的优势，集中的柜台市场可以说是一种过渡形式"。[52] 但是，伦敦交易所将分散于各地的柜台交易商集中在证券交易所内，在一定程度上解决了分散的柜台交易市场中证券商分散于各地获得报价困难的问题。在法律上，伦敦交易所具有社团法人资格，有权制定证券的上市和交易规则，行使着对会员证券商的监督管理权，督促证券商和上市公司遵守交易所的规则，对于证券发行人的公司治理情况和信息披露活动进行监督。伦敦交易所的这些自律监管职能是分散的柜台交易市场上的做市商所无法达到的。

以交易制度标准对"场外"与"场内"交易场所进行区分，强调的是证券价格形成机制对于区分交易场所属性中的作用，基本没有考虑交易场所自身的职能。在柜台交易市场模式下，证券价格由做市商提供，在集中竞价模式下证券价格由交易指令以竞争方式形成，因此柜台交易市场被称为"报价驱动市场"，场内交易市场被称为"委托驱动市场"。综合法学理论上对于场外交易场所界定的四种模式，法律学者对于场外交易场所界定的核心标准在于交易场所的"监管严格程度"，即交易场所是否对交易活动和证券上市实施了有效监管。证券交易所根据证券法的规则而设立，具备严密的组织架构，建立了完整的市场监管体系，能够对交易所内的证券交易实行有效的监管。并且，交易所还具备进行集中交易的固定场所，为证券交易的监管提供了必要的交易设施。场外交易场所则不具备证券交易所的这些特征。场外交易场所的交易活动具有很强的"分散性"特点，证券交易主要由证券商进行组织。即使实现了证券报价的集中发布，但是，仍然没有证券交易所那样集中统一的交易平台，交易场所也并不对证券商的交易活动进行监管。

2. "场外"与"场内"交易场所的趋同：基于交易制度角度的区分

基于交易制度角度进行区分，传统证券交易模式下的场内交易场所和场外交易场所的界限是较为清晰的。在柜台交易市场上，没有集中统一的交易平台，证券商处于分散状态，在其营业场所向市场进行报价，并与客户的指令进行交易。伦敦证券交易所虽然使证券商实现了空间上的集中，但是，在交易过程中实行的是批发商和零售商的二级报价体制，批发商为零售商提供报价，零售商与客户进行交易。[53] 从交易组织模式上看，伦敦交易所与柜台交易市场是一致的。但是，交易电子化对于柜台市场的交易机制和组织形式产生了深刻影响，做市商交

---

[50] 柯武刚、史漫飞：《制度经济学：社会秩序与公共政策》，商务印书馆2000年版，第36~37页。
[51] 林煊：《柜台市场理论与实践研究》，载《证券市场导报》1997年8月号，第12~13页。
[52] 林煊：《柜台市场理论与实践研究》，载《证券市场导报》1997年8月号，第5页。
[53] 林煊：《柜台市场理论与实践研究》，载《证券市场导报》1997年8月号，第5页。

易实现了从分散报价到集中报价的转变，投资者交易指令的分散路由转向集中路由，交易集中化使得做市商交易实现了场所化。在交易电子化模式下，场外交易场所与场内交易场所出现了融合了趋势，二者的界限也日趋模糊。交易电子化改变了证券交易市场原有的交易方式，一方面使柜台交易市场上证券的分散交易向集中交易方向发展，另一方面使证券交易所的集中竞价交易转移至交易所以外进行分散化交易。交易电子化使得场外市场与场内市场出现同质化倾向，[54]因此以交易制度来区分场外市场与场内市场已经非常困难了。另外，各个国家（地区）的经济结构、价值观念对场外交易场所的组织形态也有着重要影响，采取证券交易组织方式标准对"场外"和"场内"交易场所进行区分，会出现二者界限难以厘清的尴尬局面。采取证券市场组织方式、证券上市标准对于场外交易场所进行界定，都会产生场外交易场所内涵和外延难以确定的情形。

3. 证券法理论上四种界定模式的比较

"排除法"模式对于证券交易市场（场所）区分的重心在证券交易场所的规范程度上，证券交易所作为法定的证券交易场所，其组织架构和市场职能是通过严格的法律规制建立起来的，而场外交易场所则缺乏这种"法定性"和"强制性"。持"排除法"模式观点的学者认为，证券交易所具有严密的组织，能够实施严格的管理。[55]"排除法"的逻辑模式是，只有证券交易所才能够实现集中交易，而集中交易是能够对证券交易活动实施有效监管的必要条件。对于场外交易场所而言，由于没有实行集中交易，缺乏严密的组织，无法对证券交易实施严格管理。所以，排除法模式虽然揭示了场外交易场所的非自律监管和非集中交易的基本特征，但是，却忽视了交易电子化对场外交易场所职能产生的重要影响。实际上，在交易电子化模式下，一些没有注册为证券交易所的交易场所也实现了交易的集中化，对于证券交易活动和证券发行人也实施了有效的监管。"等同法"模式从形式上看接近交易制度模式，从实质上看，该模式也强调柜台交易市场与交易所相比的主要特点是没有建立严格的监管规则，缺乏对市场的监管措施。因此，"等同法"模式与"排除法"模式具有很强的一致性。所不同的是，"等同法"模式将场外交易场所局限于柜台交易市场范围内，没有考虑到另类交易系统这种场外交易场所的形态。

"上市标准"模式从市场组织者与证券发行人关系的角度对场外交易场所进行界定。没有上市标准使得场外交易场所具有明显的开放性特点。由于没有上市门槛要求，因此在场外交易场所交易的证券种类繁多。类型繁多的债券、各种新型的证券衍生品种都在场外市场上进行交易。上市标准模式与排除法模式的共同之处在于都将证券交易场所的"监管严格"作为界定场内交易市场的基本特征。不过上市标准模式在界定场外交易场所的形式特征上更加灵活，即不管某个交易场所是否注册为证券交易所，如果具备证券上市职能，即被认定为场内交易场所，否则即为场外交易场所。但是，"上市职能"模式与"排除法"模式相比具有很强的复杂性，即如何界定"上市职能"是一个较为复杂的问题。

以市场组织者与证券发行人的关系作为依据对"场内"与"场外"交易场所进行区分，其

---

[54] 蒋大兴：《场外交易市场的场内化》，载《法学》2013年第6期，第51页。
[55] 范健、王建文：《证券法》，法律出版社2007年版，第11页。

重点在于对交易场所职能的考察,尤其是交易场所对于证券上市或者挂牌职能的考察。证券上市或者挂牌体现的是交易场所与证券发行人之间的法律关系。在这一法律关系中,交易场所为证券发行人提供证券交易服务,为证券发行人的证券提供具有可信赖性的价格,以吸引投资者参与交易;证券发行人需要遵守交易场所确定的上市标准或者挂牌要求,接受交易场所的监管。凡是建立上市标准的交易场所都建立了较为严格的市场监管制度,对于证券发行人提出了全面的合规要求,因此,建立上市标准的交易场所必然是有监管的市场。"排除法"标准的核心法理也在于将场内交易场所界定为监管严格的交易场所,即交易场所对证券交易参与人和证券发行人都实施了有效的监管活动,以维护证券交易市场的秩序。不过,"排除法"标准对于"市场组织者与证券发行人的关系"的解释过于严格,只承认证券交易所具有全面、完备的市场监管能力。"上市标准"模式对于"市场组织者与证券发行人的关系"的解释则更为宽松和务实。如果交易场所建立了自身的"上市标准",就意味着其对证券发行人设置了门槛,要求证券发行人及其证券要达到一定程度的经营、财务、公司治理方面的标准,证券发行人及其证券要具有相当的规范水准,并且在交易场所的监督下维持这种规范水准。另一方面,还表明交易场所向投资者作出了某种程度的保证,即在其交易场所上市的证券不存在欺诈,所形成的交易价格具有可信赖性。因此,确立场外交易场所的标准应为交易场所是否建立严格的市场监管制度。

做市商法律地位模式更接近交易制度标准。做市商的法律地位因交易制度的不同而不同,在报价交易模式下,证券商是交易一方主体,是证券交易的组织者和证券价格的确定者,在委托交易模式下,证券商只是受委托主体,不直接参加价格形成过程,证券商却是交易所的社员,具有在交易所的交易平台上进行交易的专属权利。并且,在传统柜台交易市场模式下,一般不存在集中统一的交易平台,交易市场没有实现场所化,证券商获得证券价格控制者的地位。自动报价技术使得柜台交易市场的做市商报价实现了集中化,自动报价系统具备了柜台交易市场上交易场所的法律属性,属于场外交易场所,但是,其所采取的基本交易制度仍然是做市商报价交易制度,没有改变做市商的价格控制者的地位。证券商法律地位模式虽然没有直接涉及"监管程度"这一内涵,但是,从证券商法律地位中可以推断出交易场所在证券交易活动中的职能,做市商报价交易所具有的"监管宽松"的特点也反映出了"监管程度"这一区分"场内"与"场外"交易场所的基本标准。另外,证券商法律地位模式的重要理论意义在于,它有助于把握交易场所的"上市职能"。对于一个交易指令由做市商掌握并且分散成交的交易场所,交易场所只起到集中报价作用,该交易场所也就只有"挂牌"职能,而不具有"上市"职能。

(三)"监管宽松":场外交易场所界定的法理标准

1. 赋予做市商交易自主权和价格控制者地位

在传统交易技术条件下,做市商以分散方式进行交易,证券报价完全由做市商控制,做市商在组织交易过程中居于垄断地位,对于投资者的交易指令具有控制权,也具有成交自主权。在这种交易模式下,证券报价信息由证券商所垄断,客户难以知晓市场上其他的报价信息,因此,交易效率和证券价格的可信赖性都比较低。报价服务系统将做市商的报价信息集中起来进行发布，使分散报价、订单分散路由、分散交易的柜台交易市场转变为集中报价、分散成交、成交信息集中反馈的交易机制，柜台市场的分散交易状态转变为具有统一交易平台的场所化交易模式。但是报价服务系统所提供的只是集中报价服务，客户订单和成交过程都仍然由做市商控制，做市商的证券价格控制者地位并没有改变。

在应用计算机信息网络技术以后，柜台交易市场实现了自动报价，做市商的分散报价模式趋向于集中化。客户能够通过自动报价系统了解所交易证券的所有的报价信息，可以选择最佳报价进行交易，单个的证券商无法再垄断证券报价。自动报价系统虽然不能直接撮合交易，但是，其所提供的证券报价具有可靠性、公正性，为证券的柜台交易提供了一种价格形成机制。因此，自动报价系统改善了原有的报价服务系统的交易服务职能，然而，做市商对于投资者的交易指令仍然具有控制权，并且享有成交自主权。当自动报价系统进一步实现客户订单指令的集中路由以后，做市商开始丧失对订单的控制权和成交自主权，自动报价系统具备了自主组织交易指令成交的能力，即实现了交易的集中化。从自动报价系统的发展过程来看，自动报价系统实现交易集中化以后，也就具备了上市职能，从而转变为场内的股票交易场所。因此，属于场外股票交易场所的自动报价系统在交易机制中仍然处于做市商分散报价、分散成交的状态，其柜台市场的本质属性没有改变。保留自动报价系统的柜台市场属性的重要意义在于，做市商能够对流动性较差的中小公司股票提供做市支持，以有利于这些股票的交易和对这些公司的融资提供支持。

2. 场外交易场所欠缺自律监管能力

场内交易场所是能够对证券交易和上市公司实施自律监管的交易场所。按照自律监管能力标准，证券交易所很显然属于场内交易场所，交易所以外的交易场所被认定为场外交易场所。“排除法”标准和“证券上市”标准都是围绕自律监管能力对场内交易场所进行界定。自律监管能力标准强调场内市场的“规范性”和“组织严密性”。场内交易场所将参与证券交易的证券商和上市证券的发行人均纳入其自律监管范围。参与证券交易的证券商成为场内交易场所的社员，场内交易场所按照社团法人的章程和内部治理规则对证券商实施有效监管，证券商的资格及其交易行为的合法性和正当性均在场内交易场所的监管范围之内。但是，由于场外交易分散进行，不存在像交易所一样的交易组织者和监管者，而是依赖做市商的双向报价活动维持市场的交易活动。在做市商报价服务系统这样的场外交易场所建立后，其职能也主要在于提供交易服务，基本不具有自律监管职能。这也使多数国家(地区)对于证券场外交易和场外交易场所持不信任态度。

证券交易所诞生以后便垄断了整个股票市场，股票场外交易在很大程度上丧失了存在的合法性。多数国家在证券交易所建立后不再承认场外股票交易的合法性，证券交易所的成立也就意味着股票柜台交易市场的关闭。这不仅仅是因为柜台交易市场本身存在各种缺点，更在于柜台交易市场在大多数国家失去了存在的必要性。在股票市场发展的早期，股票发行规模不是很大，股票种类也相对较少，证券交易所完全能够容纳所有的股票交易，股票柜台交易市场在很大程度上不再具备其存在的客观需求基础。债券具有货币现金特性，其流动性和价格发现功能不强，债券市场预期易趋同，风险同质性强，相互替代性大，订单流变化集中且易同向，不易成交；因此债券交易的频度和收益都较低，主要适合大宗交易，交易目的复杂，交易方式多样。[56] 很显然,国债、地方公债、公司债等债券产品则更适合于在场外市场进行交易。"从债券市场产生以来,场外市场就是债券交易的主流。在大多数国家,债券市场就意味着场外市场。"[57]因此,债券发行量较大的国家,就有承认证券场外市场合法性的现实需要。

证券市场的后起国家和地区也经历了类似的发展历程。我国台湾地区采取的是证券交易所成立后关闭柜台交易市场的做法。1949 年以后,台湾地区通过发行公债以解决政府的财政困难,从而逐步形成了债券市场。台湾当局还对国有企业实施了民营化改造,吸引民间资本参股国有企业,因而向民间资本发行了大量的股票,股票市场也开始形成。出于债券和股票流通的需要,证券柜台交易市场开始建立起来。但是,柜台交易市场的种种弊端很快地显现出来。由于"市场分散政府管理欠周,部分证券商蒙混操纵,弊端丛生,形成恶性投机"。[58]政府整顿证券市场的办法就是创办证券交易所,将场外证券交易统一归入到证券交易所之中。1961 年 2 月,"台湾证券交易所开业,分散于各地之交易全部纳入证券交易所集中交易,并严格禁止场外交易"。[59]

3. 放松管制与鼓励创新:场外交易场所设立的制度基础

证券交易所诞生以后,股票柜台交易在大多数证券市场发展较早的国家失去了生存空间,不过,美国的股票柜台交易市场则一直与交易所市场平行发展,并且很有生命力,这是由美国股票市场的特点决定的。首先,在证券市场发展较早的国家中,美国企业更倾向于以发行股票和债券的方式进行融资,而不是主要通过银行贷款进行融资。因而,在美国证券市场上股票发行的数量要远较其他国家为多。其次,纽约证券交易所向来以上市标准严格而著称,绝大多数发行股票的公司达不到纽交所的上市要求,这些公司的股票只能在柜台市场上进行交易。再者,美国主流社会的价值观和基本的法律理念对于柜台交易市场的存在和发展都有着深刻影响。在一个崇尚个体权利和自由的社会,证券商不仅仅通过成为证券交易所的会员参与证券交易,而且还在证券交易所以外自行组织证券的柜台买卖。柜台交易反映了证券市场个体与整体的关系。证券交易所是证券商集体合作的产物,反映的是证券市场的整体利益。

证券交易所经历从会员制到公司制的发展过程。在会员制模式下,会员向交易所缴纳会费,以及交易所作为集中竞价交易服务的提供者向会员证券公司收取的获取交易席位的费用和与证券交易有关的费用所形成的财产应当属于交易所所有。[60] 对于证券交易所的财产,会员虽然不直接享有权利,但是会员却可以享有开展经纪业务的独占性权利。成为会员也就意味着获得了将客户委托交易的指令传递到交易所的通道。证券交易所还具有自律性和互助性,有权制定自律规则,通过其组织机制对会员进行约束,能够对交易所内部事务和属于会员的共同事务进行管理,制定交易所的发展政策,协调交易所、会员和社会公共利益三者的利益关系[61]。会员制的证券交易所不仅仅代表全体会员的共同利益,还要考虑证券市场相关利益主体的整体利益。因此,会员制交易所在证券市场中主要扮演着履行公共职能的市场监管者

---

[56] 金永军、赵敏、刘斌:《债券只适合场外交易吗》,载《证券市场导报》2011 年 7 月号,第 64 页。
[57] 姚秦:《债券市场微观结构与做市商制度》,复旦大学 2006 年博士学位论文,第 36 页。
[58] 李开远:《证券交易法理论与实务》,五南图书出版股份有限公司 2011 年版,第 206 页。
[59] 李开远:《证券交易法理论与实务》,五南图书出版股份有限公司 2011 年版,第 206 页。
[60] 朱慈蕴:《论证券交易所与会员的法律关系》,载《法商研究》2001 年第 3 期,第 107 ~ 110 页。
[61] 朱慈蕴:《论证券交易所与会员的法律关系》,载《法商研究》2001 年第 3 期,第 110 ~ 111 页。

的角色。近几十年来证券交易所的“去互助化”已经成为一种趋势,证券交易所从非营利性组织演变为经营性的商业公司。于是,产生这样的问题:在以股东利益最大化为基本目标后,交易所还是否适合作为证券市场的监管者?去互助化后所产生的各种新的利益冲突是否要求更多的政府公权力监管的介入?[62]

由于场外交易场所采取的不是集中竞价交易制度,没有对所谓的交易通道的控制权,因而也就不具有证券交易所的紧密型组织结构。证券交易所虽然进行了公司化改革,交易所仍然掌握着对交易通道的控制权。纽约证券交易所实行公司化改革后,现有的会员的身份虽然置换为股东,但是其对场内交易通道的独占权仍然存在。场外交易场所实行的不是集中竞价交易制度,没有交易所的通道控制制度,其交易制度在本质上仍然是做市商的分散报价和分散交易。做市商与报价服务系统之间并不必然存在交易所组织结构中的社员与社团之间的关系,也不存在监管者与被监管者之间的关系。对于 NASDAQ 这样的已经交易所化的场外交易场所而言,仍然维持着分散报价结构。

日本证券交易法也效仿美国的做法,对于做市商的合法性采取了认可的态度,并且由证券商协会对做市商实施自律监管。1949 年,日本的东京、大阪、名古屋等证券交易所重新开业,大部分证券转入证券交易所进行交易,柜台交易市场的证券交易量锐减。但是,日本政府并没有采取关闭柜台交易市场的措施,而是允许那些不能在交易所交易的证券在柜台市场上继续进行交易,并且还借鉴了美国的做法,由证券业协会对柜台交易市场进行监管。很显然,证券商在日本证券法获得了场外交易场所的合法地位。1976 年日本效仿美国纳斯达克,设立了佳斯达克市场(JASDAQ),并于 1998 年修改了《证券交易法》,把佳斯达克市场定位是证券交易法规范下的一个柜台交易市场,并且明确了该市场与场内市场的平等竞争的法律地位。[63]

我国台湾地区的“证券交易法”修改后认可了证券商柜台交易的合法性,并且“证券交易法”并不对股票发行后的交易场所作出强制性规定,证券发行人有权选择交易场所。[64] 股票发行人可以选择在柜台买卖中心和兴柜市场两个交易所以外的交易场所挂牌交易。其中,柜台买卖中心已经从做市商报价交易服务场所转变为实行集中竞价交易制度的场内交易场所,兴柜市场则是典型的做市商报价服务交易场所。从法律地位上看,兴柜市场与台湾证券交易所、柜台买卖中心是平等的的交易场所,但是,并不存在公平竞争,在台湾证券交易所、柜台买卖中心上市和上柜的证券不能在兴柜市场进行交易。

交易电子化也使竞价交易市场出现分散化趋势。电子信息网络可以对交易指令进行撮合,能够为交易指令提供传输通道,交易当事人也可以通过电子信息网络进行议价交易。因此,电子信息网络的交易模式既包括竞价交易,也包括协商交易,“场内”和“场外”交易机制均可以在电子信息网络上实现。这样,竞价交易不限于在证券交易所的集中交易平台进行,电子信息网络可以在证券交易所以外实现竞价交易。由于电子信息网络可以以匿名、无中介方式撮合交易,与交易所内的竞价交易相比具有交易效率高、不暴露交易者的交易意图等优点。与自动报价系统对于柜台交易市场所发挥的交易集中化作用相反的是,电子信息网络则

---

[62] Stavros GadiniHowell E. Jackson, Markets as Regulators: a Survey, 80 *S. Cal. L. Rev.* 1239,(2007).
[63] 王骥、刘向明、项凯标:《掘进场外市场:经济转型浪潮下的资本宴席》,中国社会出版社 2013 年版,第 23 页。
[64] 蔡奕:《十字路口的中国证券法》,人民法院出版社 2009 年版,第 272 页。

使证券交易所的集中交易趋于分散化。总体上看,场外交易场所的设立和发展需要较为宽松的法律制度环境,为新型的交易组织模式提供必要的创新空间。

三、证券场外交易场所的界定及其类型

(一)证券场外交易场所的界定标准

将“监管宽松”作为界定场外交易场所的法理标准,其重要意义就在于发挥场外交易的优势。债券、证券衍生产品、中小公司的股票以及私募证券等类型的证券更适合于场外交易场所进行交易。法律和监管机关应当为场外交易场所提供更为宽松的监管环境,以适应场外交易场所的建立和运转。“监管宽松”这一法理标准可以进一步表述为“证券交易所以外的交易场所”这一“法律”标准,即“排除法”模式。以“排除法”模式将证券交易所以外以债券和证券衍生品为交易对象的交易场所完全界定为场外交易场所是没有问题的。但是,对于在证券交易所以股票为主要交易对象的交易场所,如果按照“排除法”标准完全界定为场外交易场所,则会使场外交易场所的范围过大。以“上市职能”标准对证券交易所以外以股票为主要交易对象的交易场所进行“场内”与“场外”的区分,则更为符合“监管宽松”这一法理标准。

1. 排除法标准:场外交易场所界定的基本标准

证券法理论和法律实践都很推崇证券交易场所履行监管职能。有学者认为,政府监管的强制性过高,民事诉讼的监管则失之于无序,证券交易场所的监管则是基于市场机能作出的,而且还具有权威性。[65] 证券交易所作为一个完善的自律主体,被法律和监管机构赋予了市场监管职能。在证券交易所被履行监管职责过程中,公众利益的代表者进入了交易所的治理结构,因此证券交易所承担着维护公共利益的任务。全国性证券交易所有效的自律监管是与其封闭的会员制结构紧密相联的。[66] 在全国性证券交易所发行股份而进行公司化改造后,其作为一个营利性主体是否还能够履行自律监管职责受到质疑。美国证券商协会创立自动报价系统使其自身成为一个交易场所的运营者,因而自动报价系统成为一个能够进行自律监管的场外交易场所。与证券交易所的公益性特点相比,场外交易场所的自利性特点更加突出。另类交易系统运营商以及证券报价服务公司都是营利主体,其从事证券交易组织活动的目的在于获得利润。场外交易场所缺乏场内交易所那样严密的组织安排,一般认为其自身难以实施自律监管。

证券交易所的监管活动包括对证券交易参与者的监管和对证券发行人的监管。证券法也赋予了证券交易所对证券市场实施监管的职责。证券交易所在组建过程中就需要在组织架构、人员配备和物质设施等具备实施市场监管的条件。对于场外交易场所而言,证券法则不作这样严格的要求。从境外证券交易立法经验来看,证券交易法也要求场外交易场所对证券交易活动实施一定程度的监管,如《美国分值股改革法》要求公告板市场(OTCBB)对于分

---

[65] 缪因知:《中国证券市场法治化的道路》,载《交大法学》2013 年第 4 期,第 61 页。
[66] 方流芳:《证券交易所的法律地位——“反思与国际惯例接轨”》,载《政法论坛》2007 年第 1 期,第 72 页。

值股交易的监管，其主要目的在于保护低价股投资者的利益，其监管职责也仅限于成交报告的披露等有限的几个方面。场外交易活动的主要监管者是自律组织和证券监管机构。

2. 上市职能标准：对做市商报价服务系统的进一步界定

具备上市职能的主要依据在于交易场所能够具备与交易所一样的职能，在交易服务方面能够提供集中交易平台，具有成交功能；在市场监管方面，能够实施对证券发行人的严格监管，并在集中交易和严格监管的基础上确立证券的上市标准。NASDAQ 作为全世界范围内最早的自动报价交易系统，主要为创新型中小公司的股票提供挂牌服务。随着交易电子化的日益深入，NASDAQ 逐步实现了交易指令的集中化和交易的自动撮合。为了能够与先进的电子信息网络展开竞争，NASDAQ 开发了新的交易系统超级蒙太奇（SuperMontage），该系统能够实现交易指令的集中路由和自动撮合交易，交易价格不再由做市商的报价所决定，而是由投资者、做市商共同参与以竞争方式形成的交易价格。NASDAQ 还制定了较为严格的上市标准，并且按照上市标准要求的不同进行了市场分层。为了能够对对证券交易的参与人及其交易活动实施有效的监管，美国证券商协会（NASD）于 1996 年 1 月 25 日在特拉华州注册成立了美国证券商协会监管公司（NASD Regulation, Inc.），代表纳斯达克股票市场有限责任公司履行监管职责。

NASDAQ 的场内化的发展路径对于欧洲和亚洲许多国家（地区）“创业板”市场的创立产生了深刻影响。一些欧洲国家以及亚洲的韩国、日本、新加坡、我国台湾地区等国家和地区效仿 NASDAQ 建立了二板市场。伦敦交易所另类投资市场、欧洲新市场、德国新市场、香港创业板市场、新加坡西斯达克市场都是由证券交易所设立的，属于证券交易所内部的一个市场层次，已经属于场内交易场所范畴。韩国科斯达克市场、日本佳斯达克市场、欧洲易斯达克市场、台湾证券柜台买卖中心虽然都是独立设立的创业板市场，但是，都采取了以集中竞价为主导的交易制度，在本质上属于场内交易场所。2005 年 1 月 27 日，韩国的柯斯达克被并入韩国交易所，成为韩国交易所的一个事业部。[67] 韩国资本市场法第 386 条以立法形式对于这种交易所化模式作了规定，并且明确规定“非交易所者不得开设前款规定的市场或者与其近似的设施，也不得利用近似的设施经营证券或者从事场内衍生商品的买卖”。

实际上，台湾地区的柜台买卖中心、未注册为证券交易所前的佳斯达克、未与韩国交易所合并前的柯斯达克以及采取新的“蒙太奇”交易系统但未注册为证券交易所前的 NASDAQ，在交易制度、股票上市标准，对股票发行人的信息披露要求和监管严格程度等方面与上市公司基本一致，都具备了“上市职能”，在上市职能方面与证券交易所无异。这些交易系统是否注册为证券交易所与该国家（地区）的证券法的制度构造、证券监管政策有着密切关系。

（二）证券场外交易场所的基本特征

1. 场外交易场所以“分散模式”组织证券交易

证券交易可以分为集中交易与非集中交易。[68] 集中交易被认为是集中竞价交易，非集中

---

[67] 蒋大兴：《论场外交易市场的场内化——非理性地方竞争对证券交易场所的负影响》，载《法学》2013 年第 6 期，第 53 页。

[68] 参见刘俊海：《现代证券法》，法律出版社 2011 年版，第 147 页。

交易是集中竞价交易以外的其他交易方式。[69] 非集中交易是场外交易场所的重要特点。非集中交易体现为"不通过集中的交易场所进行,而是当面或者是通过电话、电传、计算机、经纪人中介等方式分散达成交易"。[70] 自找市场、经纪市场、自营商市场上的交易都属于非集中交易,拍卖市场属于集中交易。竞价交易在证券交易过程中体现为指令驱动模式。在竞价交易过程中,多个买卖交易指令集中在一起通过拍卖规则进行交易。在没有采用自动交易系统之前,证券的竞价交易方式是由交易员在交易大厅内喊价,并与出价最高的买者成交。由于需要集中大量的买方和卖方,这种拍卖机制需要在统一的交易场所内完成。因此,这种交易的集中性使证券交易具有了场所的集中性。

在传统交易模式下,柜台交易市场难以实现证券交易在物理形态上的集中,场外交易处于"分散状态",没有集中的、统一的交易场所,做市商报价交易的这种分散性在自动报价系统建立后仍然存在。自动报价系统的集中报价、订单的集中传递功能都不能改变由做市商向市场报价这一柜台交易市场的本质,场外市场的价格形成机制还主要依赖做市商的分散报价和分散成交活动。尽管采取柜台交易模式的伦敦交易所,实现了市场在空间上的集中,在交易过程中仍然发挥证券批发商的报价核心作用,做市商从批发商那里获得报价后再与客户进行交易,因此物理空间上的集中并不能最终实现交易的集中。[71] 在交易实现电子化以后,做市商报价交易出现了集中化趋势,做市商的分散报价通过自动报价系统集中发布,客户指令也从由单个做市商控制状态转向由交易系统集中传递。就监管模式而言,场外交易场所的监管也逐步规范化,证券交易法已经把场外交易场所纳入法律监管的范围,场外交易场所的交易活动也受到了监管机构的监管规则和自律组织的自律规则的严格管制。因此,从监管方式看场外交易场所逐步向场内交易场所靠拢。尽管做市商报价交易发生了"交易集中化"的转变,但是,自动报价系统并不能取代做市商报价交易机制,做市商的分散成交模式并没有改变。并且,自动撮合交易机制并不适合那些流动性较差的股票,做市商交易仍然在这些类型的股票交易中发挥着主导作用。

场外市场采取电子信息网络(ECN)方式进行交易活动以后,交易指令可以通过计算机系统自动撮合成交,拍卖制的交易模式完全可以在证券交易所以外进行。一些场外交易场所逐渐采用电子信息网络进行撮合交易,大大提高了交易效率和报价的透明度,使这些场外交易场所的竞争力明显增强。应当注意的是,这些具有自动撮合交易功能的交易系统虽然也采取拍卖交易机制,即对市场上的一部分交易指令进行撮合交易,一般只发挥分散证券交易中心的作用,并不为全部证券提供价格形成机制,与场内的集中竞价交易模式有本质的区别。因此,ECN 虽然能够在一定范围内以竞价制组织交易,但是,ECN 只属于证券市场中的分散化的"交易中心",并不能向市场提供集中统一的证券价格。因此,ECN 只属于价格机制的竞争者,而不是价格形成机制中的主导者。

---

[69] 参见刘俊海:《现代证券法》,法律出版社 2011 年版,第 147~148 页。
[70] 汤欣:《论场外交易及场外交易市场》,载《法学家》2001 年第 4 期,第 66 页。
[71] 参见林煊:《柜台市场理论与实践研究》,载《证券市场导报》1997 年 8 月号,第 5 页。

2. 场外交易场所的"监管宽松"特点

证券法对于证券交易所的组织结构、运营模式和市场监管都有着严格要求。证券交易所具有证券市场服务者和市场监管者的双重角色。证券法要求证券交易所承担对于其成员和证券发行人的监管职责,以确保证券交易的公正,制止证券欺诈。证券场外交易场所的主要职能在于为证券交易提供服务,证券法并不要求其履行证券监管职能。场外交易场所和通过场外交易场所进行交易的证券市场主体,主要通过证券市场的自律监管组织(SRO)进行监管。技术进步是推动场外交易场所的形成和发展的主要动力,效率优先的追求使得证券业界对监管者提出了"放松监管"的要求。从美国、欧盟、日本和我国台湾地区的证券交易立法实践来看,对于场外交易场所的法律属性主要以证券商方式看待,而不要求其注册为证券交易所。

3. 做市商报价交易在价格形成机制中占据重要地位

在流动性相对较差的股票的交易、大额股票交易和债券交易方面,协商交易模式能够发挥其价格机制的优势。在发达的证券交易市场中,一对一的协商交易模式主要适用于大宗交易。对于大宗交易而言,一对一的协商交易模式的交易成本较低,并且不会引起证券价格的剧烈波动。做市商报价交易模式的重要优点是为交易不够活跃的证券提供定价机制以及为市场提供流动性。由于证券定价机制具有很强的复杂性,在传统的场外交易市场上,一对一的协商谈判模式不属于主要的证券交易组织形式。由于做市商在证券定价方面具有明显的优势,做市商报价交易成为场外市场的主要交易模式。电子信息网络引入证券交易后,大大提高了一对一的协商交易模式的交易效率,这种非报价驱动的协商交易模式在场外交易市场中被广泛采用。自动报价系统出现以后,做市商的一部分报价交易职能由自动报价系统完成,但是做市商交易的协商性本质并没有改变。

场外股票交易场所的价格形成机制主要是由做市商提供的。在做市商报价服务系统上,证券自营商向市场发出报价并与客户直接成交,在采用了自动报价系统以后,证券自营商的报价由自动报价系统集中向市场发布,甚至自动报价系统还能够实现对交易指令的集中传递,因此,柜台交易市场中的一部分价格形成机制由报价系统来完成。但是,证券的报价和成交仍然由做市商完成,做市商在柜台交易市场中始终处于中心地位。

ECN 建立的一个重要目标是参与柜台交易市场上的价格形成机制,与做市商的报价展开竞争。因此,做市商和 ECN 成为场外交易场所证券价格形成的主要力量。在债券交易中,ECN 的自动撮合机制吞噬了做市商很大部分的市场份额,做市商已经蜕变为"双边报价商"或者"流动性提供者"。[72] 但是,债券交易市场不能没有做市商的参与。在债券的电子交易平台上,做市商提出的报价对于维护市场的流动性是具有重要意义的。做市商电子交易平台通过股权安排的盈利模式、发行人利益补偿的盈利模式等方式对做市商利益进行补偿。

---

[72] 金永军:《做市商制度最新的演变趋势及启示》,载《证券市场导报》2010 年 10 月号,第 27 页。

论做市商的权利与义务
——以美国场外交易市场为研究视角

孟令星[*]

前　言

做市商在做市活动中的核心职能是为市场提供流动性,其做市收益主要来自买卖的价差,同时承担着维持库存、处理订单、应对做市风险和信息不对称而产生的成本。做市商在做市活动中趋于追求盈利目标,因而总是试图扩大价差以获取更高的交易收益,这导致做市商在做市活动中经常以实施欺诈交易、操纵市场等方式获取高额价差收益,严重侵害了投资者的权益。由此,监管规则对做市商的义务作了较为严格的规定,证券立法和法院的判例中还确立了做市商对于客户的信托义务;另外,由于做市商需要做市动力的支持,做市商还被赋予特殊权利,以及享受相应的优惠政策,因此,实现权利和义务的平衡是做市商权利义务构造的基本目标。

一、做市商权利和义务的基本法理

(一)做市商权利义务的法理依据

做市商在证券交易活动中担负着向市场提供流动性的重要使命,也承担着较高的交易成本和市场风险,为了确保做市商具有做市动力,法律和监管规则赋予做市商以特殊性权利,与此同时,做市商特殊性权利的范围与做市商的市场地位是密不可分的。交易技术的升级推动着做市商交易模式的变革,做市商交易模式经历从分散报价模式、自动报价交易模式到混合交易模式的发展历程,做市商的市场地位也随之发生变化。在此过程中,监管机构对于做市商在交易时间、信息获取、交易费用、分配订单流以及其他方面的优势也在不断进行着调整。此外,基于权利和义务对等的法则,做市商享有特殊权利的同时,监管机构也为其设定了严格的法律义务,以防止其滥用这种市场控制地位,损害投资者的正当权益。

---

* 清华大学法学院 2013 级商法专业博士生。

在对做市商权利义务的立法方面,美国《证券交易法》已经发展出较为成熟的法律制度,《证券交易法》关于做市商权利义务设定的制度基础是证券交易的公平性和正义性,以及在此基础上的投资者利益保护原则。证券立法和司法判例又进一步在做市商与投资者之间确立为信托关系,当然,做市商的权利义务的构造并不仅仅局限于信托关系,还包括证券交易市场上公共政策和基本法律原则所调整的其他法律关系。信托关系的权利义务构造是对做市商与客户之间利益的具体调节,但是,从整个证券交易市场的角度来看,还需要考虑证券发行人、证券商和投资者的整体利益。

(二)权利义务的平衡:基于做市商与客户利益关系的考量

做市商作为证券市场流动性的提供者和交易组织者,比经纪商面临着更大的市场风险,承担着更高的交易成本,交易市场出现的任何一次股价的迅速上涨或者下跌行情都可能使做市商遭受巨大损失,进而可能成为整个交易市场的损失,市场的整体利益会因此受到伤害。很显然,完全将做市商置于如同经纪商一样的法律地位并不合理,做市商对于私人投资者承担过重的义务会打击其为市场提供流动性的积极性,因而,维持做市商权利义务的平衡关系是至关重要的,也是做市商监管的一项重要任务,这是保障做市商具有做市积极性的重要基础。[①] 同时,平衡做市商的交易义务和特权也是证券市场监管框架的重要组成部分,在这一点上,美国证监会(SEC)、自律监管组织都承认这种平衡的重要性,美国联邦法院在诸多判例中也对这种平衡性给予了相当认可。[②] 另外,美国证券交易法规定,投资者在做市商违反义务的情况下具有诉权,而投资者诉权的行使对做市商可以形成有力的制约。相反,投资者私人诉权的行使也可能对市场流动性产生不利影响,关于这方面,法院的裁决需要同时考量既可以有效制约做市商,又能维护市场流动性,可见,投资者私人诉权的实现也是基于这两方面因素平衡的基础之上的。

做市商的这种权利义务平衡关系不仅仅体现在做市商和投资者之间,还包括做市商与证券发行人之间的关系。做市商从投资者那里获得的交易收益并不能完全弥补其做市成本,为了保证做市商能够向市场提供流动性,证券发行人往往为做市商提供某种形式的补贴。不过,美国证监会(SEC)和证券商协会(NASD)都禁止证券发行人给予做市商提供任何形式的补贴,认为这种做法会造成不公平的后果。但是,交易场所仍然倾向于准许小盘股的证券发行人为做市商提供补贴,这种补贴包括股票增发、股票拆分、股份回购过程中做市商以低价方式获得股份,从而增加做市商的库存股水平,有利于做市商做市能力的提高。通过对美国证券交易市场做市商的补贴实践研究表明,给予做市商一定数量的补贴的确能提高做市商的做市质量,这种补贴制度对于流动性较差的股票更显得尤为重要。我国股转公司准许挂牌公司与做市商之间就股份发行、证券资产管理计划达成协议,做市商可以基于这种协议安排获得某种收益,股转公司的这一举措对于提高市场的流动性,增强做市商的做市动力以及提振投资者信心都大有裨益。

---

① 卫薇:《中国银行间外汇市场交易机制的改进——竞价制和做市商制的比较研究》,复旦大学2009年硕士学位论文,第18页。
② See e. g. , Chiarella v. United States, 445 U. S. 222,234 (1980).

（三）做市商权利义务安排中的政策导向考量：以我国股转系统做市商权利义务的构造为例

做市商权利义务的安排应当发挥培育做市商做市服务能力的政策功能，包括在战略导向、专业能力等方面促进做市商做市服务能力的提高。从我国股转系统做市商的业务情况来看，许多做市商致力于挂牌公司的争夺上，使其提供做市服务的企业数量大幅增加，但在实际的做市活动中，交易量却是十分有限。由此可见，有些做市商为市场提供流动性的职能发挥得并不好，而是将经营目标放在持有挂牌公司股票或者以自营方式盈利方面，很显然，做市商的这一表现反映出宏观层次上的利益冲突问题，既做市商的牟利行为与其为市场提供流动性方面的冲突，做市商通过持股或者自营业务模式获取了经济利益，导致其做市交易动力不强，淡化了其为股票提供报价以及为市场提供流动性的责任与义务，背离了做市商做市业务的本质。

股转系统主要做市商的周交易量和做市企业数量③

券商名称	周交易量（万股）	周交易量排名	做市企业数量	做市企业数量排名
中信证券	110.02	1	100	13
中泰证券	90.61	2	203	1
东方证券	87.02	3	89	19
国信证券	79.71	4	129	8
国泰君安	67.71	7	118	11
银河证券	24.14	12	37	42

从表格中可以看出，在周交易量排名靠前的大部分券商的做市企业数量排名并不靠前，尤其是像东方证券，其做市企业的数量并不是很多，但是，其周交易量却是很高的，这说明东方证券很好地发挥了做市服务职能。而许多做市企业数量较多的证券商，其周交易量并没有进入前20名，这表明其在履行做市服务职能方面还很欠缺。虽然做市商除了为市场提供流动性服务外，还肩负着为市场推荐和培育优质上市资源的重要职能，但是，为市场提供流动性是做市商的首要任务，也是其能够为市场推荐和培育优质上市资源的前提。从我国股转系统做市商的业务情况可以看出，股转公司的做市规则还有待进一步完善，比如股转公司对于做市商做市的初始库存股数量作了规定，既做市商取得挂牌公司的股票数量应不低于其总股本的5%或者不低于100万股，但没有对库存股的上限作出规定。因此，为了敦促做市商为市场交易服务，我国股转系统还需要在做市商库存股数量、做市企业数量和做市股票交易量等方面作出规定，以此强化做市商履行做市义务。

③ 表中的周交易量是2015年11月23日至27日的交易量，做市企业数量是2015年年底的数据。

二、做市商的权利

(一)做市商权利的法理分析

赋予做市商以特殊权利的目的就在于鼓励其积极从事做市行为,以使做市商能够更好地发挥其为市场提供流动性的职能,同时还保障做市商能够应对各种潜在的交易风险。做市商的权利在法律属性方面与私法上的权利有着很大的不同,私法上的权利直接指向一定的利益,并且与义务形成直接的对应关系,而做市商的权利并不是基于与客户的约定而产生的,而是由交易规则直接赋予的,证券交易所或者其他自律性组织,为了保证双向报价交易的有序进行,赋予做市商以交易特权。但是,做市商的这些特权是基于一定的交易模式或者交易技术而存在的,或者说做市商的这些交易特权是一定交易模式的产物。随着交易模式的改进和交易技术的升级,做市商的交易特权呈不断减少的趋势。

做市商的权利可以分为两个方面,一个是基于履行做市职能而享有的交易特权,另一个是基于公共政策而享有的政策优惠。交易特权是交易场所基于履行做市职能的需要赋予做市商的特殊权利,旨在对做市商做市交易予以激励;再者,做市商在做市活动中需要负担较高的交易成本和市场风险,因此从证券市场整体角度考虑应当给予做市商必要的政策优惠。加之做市商的做市活动不仅仅与自身利益和投资者利益紧密相关,对于满足公司的融资需要、证券交易市场的发展乃至经济发展都有着深远的影响,基于以上考虑,应当赋予做市商适当的交易特权及获得优惠政策的权利。

从我国银行间债券市场上做市商的做市效果来看,由于缺乏对做市商做市优惠政策的支持,做市商做市缺乏动力。④ 另外,我国股转系统做市商的做市能力也明显不足,主要缺乏做市的资金实力。做市商在做市过程中需要有足够的库存股,但从我国新三板整体来看,股转系统的做市商投入的做市资金总体上不足200亿元,单就资金规模方面尚无法满足做市的需要。⑤ 但是,做市商的做市风险却是很高的,当股价走高的时候,市场会有大量的卖出订单,做市商必须买入,库存必然会大量增加,导致当日收盘时的持仓量高于持仓比例,而按照规定,第二天收盘时必须降到限定的比例之下,做市商又不得将股票低价售出,做市商必然会因此遭受巨大损失。⑥ 因而,赋予做市商以交易特权对于保障做市商的做市动力具有重要意义。

(二)做市商交易特权的市场功能及意义

为了便于做市商进行做市活动以及促使其为市场提供流动性,赋予做市商以交易特权是十分必要的,尤其是对于低价股股票的做市而言,这种交易特权更显得尤为重要。这些交易特权主要体现在做市商确保做市交易时间和交易位置方面具有优势,例如,赋予做市商可以提

---

④ 姚秦、傅东升:《做市商稳定了市场了吗——来自中国银行间债券市场的证据》,载《上海金融》2006年第11期,第44页。

⑤ 刘烜宏:《做市商困境重重,如何寻找下一个做市商》,载http://mt.sohu.com/20160113/n434384284.shtml,2016年3月28日访问。

⑥ 刘烜宏:《做市商困境重重,如何寻找下一个做市商》,载http://mt.sohu.com/20160113/n434384284.shtml,2016年3月28日访问。

前获得即将交易的指令,这样做市商的交易指令就能够在更短的时间内生效,或者使其报价优先于非做市商的报价。

交易特权对于做市商履行做市职能具有十分重要的意义,不过做市商的交易特权与做市商的做市模式直接相关,不同交易模式下做市商的交易特权存在很大的差异。在传统交易模式下,自律监管规则倾向于维护做市商的市场控制地位,认可做市商的交易优先权。做市商自动报价交易系统引入订单驱动模式后,做市商交易进入了混合交易模式,混合交易模式下由于市场主体的数量与市场环境均发生了很大的变化,导致做市商的生存环境与市场功能也随之发生变化。由此可见,对于做市商交易特权的给予与否以及给予方式及程度需要由具体的市场环境来决定,并且需要综合做市商本身的做市水平及其市场职能等相关因素进行全面论证与考量。

(三)交易特权的微观分类及各自的功用特征

1. 分散做市模式下做市商的交易特权

(1)交易指令的控制权

在传统交易模式下,做市商报价交易与竞价交易的明显不同在于,做市商之间存在一个内部的报价市场。做市商根据内部报价市场上其他做市商的报价再向投资者提出报价,投资者根据做市商的报价向市场发出交易指令。同时,做市商还通过与经纪商合作等方式掌握投资者的交易指令,因此,做市商对于交易指令具有控制权。做市商通过对订单指令流的控制权实现对交易的控制,以获取差价收益。基于对交易指令的控制,做市商掌控了大部分证券的交易,监管规则对于做市商这种交易自主权给予保护,做市商因此获得了市场垄断地位。证券法为了维护做市商的做市动力,赋予做市商对于交易指令的控制权,但当做市商的交易控制权严重影响到交易的公平性时,就需要对其进行法律规制。

(2)交易优先权

做市商的交易优先权首先来自做市商所具有的获取信息的优势,在传统做市商做市交易模式下,做市商能够获取其他做市商的报价,掌握了做市商的内部报价,做市商内部报价系统只能由做市商使用。做市商通过该系统发布报价,也就是说,只有做市商才能获取该内部报价信息。此外,做市商还掌握着客户的定价订单。这些订单信息并不向投资者公开,当客户的定价订单优于做市商的报价时,做市商并不向市场进行披露,投资者并不了解其他做市商的报价,做市商仍然按照自己的报价与投资者进行交易。这种情形在1994年以前的纳斯达克(NASDAQ)市场上非常普遍,美国证券商协会(NASD)的交易规则也并不禁止做市商的这种交易行为。[⑦] 因此说,做市商的交易优先权是基于自律监管规则的认可而确立的。从美国做市商监管实践来看,证监会和自律监管组织赋予了做市商在交易时间、交易信息、交易费用、交易订单流的分配等方面具有优先性质的权利。

2. 混合交易模式下做市商的交易特权

交易特权发挥了激励做市商做市交易的作用,但是,也为做市商操纵价差提供了便利。

---

⑦ 林建:《大交易场:美国证券市场风云实录》,机械工业出版社2008年版,第91页。

在实践中做市商经常利用这种交易特权,在交易中扩大价差,尤其是做市商之间相互串通操纵价差,谋取不正当利益,因而做市商的交易特权也一直倍受诟病。电子信息网络(ECN)具有以高效率方式自动撮合订单的优势,与做市商展开对客户订单的竞争,美国证监会(SEC)依据《证券交易法》规定的公平竞争原则于1996年通过订单处理规则,取消了做市商对订单的控制权,电子信息网络因此获得了与做市商争夺交易指令的权利。根据订单处理规则的要求,尽管做市商对于客户指令有优先交易的权利,但是,当做市商不能与客户指令成交时,或者当市场上出现优于做市商的报价时,做市商应当将客户的指令传递到市场上使之在最佳价格水平上成交,可见,在混合交易模式下做市商的交易特权受到了限制,甚至被取消。

3. 高频交易与做市商的交易特权

高频交易是交易电子化发展的产物,电子信息网络(ECN)能够实现对订单的自动撮合,开创了自动交易技术,运用更为先进的计算机硬件和软件、互联网、计算机算法等多项技术,能够以更高的速度和频率完成股票交易。[⑧] 证券商之所以采取高频交易技术,就是为了能够比竞争对手更快地抢到交易订单,获得更多的交易机会。高频交易商拥有更快的交易技术,也就具备了获取交易信息的优势,能够早于做市商获得订单信息,因而也就在交易中处于优势地位,尤其是当监管规则要求做市商以更小的单位进行报价时,价差大为缩小,高频交易商的优势就更加明显。此外,高频交易商拥有更快的交易速度和超强的信息获取能力,经常采取十分不利于做市商的掠夺式交易策略,而且做市商需要履行法定的交易义务,而高频交易商恰好可以利用这些法定义务对做市商施加限制,抢先实现交易,做市商可能因此会被挤出市场。在这种情况下,赋予做市商一定的交易特权可以有效维护其做市地位,使做市商不至于被挤出做市交易市场,使交易市场出现必要市场角色空缺。

4. 小盘股交易中的做市商交易特权

对于低价股股票的做市而言,赋予交易特权就显得更加重要,这些交易特权主要体现在确保做市商在交易时间和交易位置方面具有优势,例如,赋予做市商可以提前获得即将交易指令的权利,以使做市商的交易指令能够在更短的时间内生效。为了缩小价差,美国证监会(SEC)要求做市商以十进制方式进行报价,这种报价方式大大缩小了做市商价差的空间,但这种做法对于小盘股却产生了十分消极的影响。美国证券实务界的观点是,十进制的报价方式对于小盘股票的流动性起到了相反的作用,[⑨]因而,赋予小盘股做市商一些交易特权是必要的。此外,由于美国的证券市场具有分散化的特点,交易所、电子信息网络或者自动报价系统都只是一个交易平台,证券商有义务使客户的订单在能够为其提供最佳报价的平台上进行交易,对此,有学者主张为了便于做市商为小盘股股票提供做市服务,应当为小盘股提供特定的交易场所,赋予做市商以交易特权,而不必承担统一市场体系下的诸多法定交易义务,这样可以为小盘股提供更好的生存与发展空间。

(四)做市商所享有的政策优惠

在场外交易市场尚处初级阶段的情况下,市场流动性是很不稳定且难以保证的,此时,做

---

⑧ 林建:《透视高频交易》,机械工业出版社2015年版,第2页。

⑨ See e. g. , John D' Antona Jr. , *SEC To Study Tick Size for Small Caps*, TRADERS MAG. , May 2012, at 18.

市商的做市活动还需要额外优惠政策的支持,以降低其做市成本以及增强其做市能力。但严格来说,这并不属于做市商的权利。

1. 融资融券和卖空的政策优惠

为了确保能够连续与客户的订单进行交易,做市商必须拥有足够的证券库存与客户进行交易,如果只准许做市商以现有的资金和证券进行交易,必然会有损做市商的做市效率,也会大大损伤做市商的做市动力。另外,卖空交易本身具有稳定市场价格,发现股票真实价格的作用,卖空交易与现货交易相结合可以增加股票的供给弹性。[10] 当证券市场上交易活跃,投资者大量买进时,做市商难免出现库存不足不能应对交易的情况,如果监管规则赋予做市商以做空权,将会从实质上提高做市商抵抗库存风险的能力,并能起到稳定市场的作用。从各国的做市商监管经验来看,监管规则大都准许做市商享有以低成本方式进行融资融券,准许做市商以卖空发生从事做市交易活动。

2. 获得补贴及相关优惠政策

在美国证券法中,做市商是否能够获得补贴存在较大的争论,做市商的补贴主要来自证券发行人及其附属公司,证券发行人给予做市商补贴的做法持续了几十年,该补贴是发行人对做市商提供做市支持所给予的报酬,该行为近年来受到了监管层的质疑,因为发行人给予做市商补贴的做法会导致利益冲突,做市商获得补贴后会影响其报价行为的公正性。1997 年美国证监会(SEC)通过了证券商协会(NASD)的一项规定,该规定明确禁止发行人给予做市商以任何形式的补贴,2007 年成立的美国金融监管局(FRINA)也坚持这一做法。但是,补贴政策对于证券市场也并非完全没有积极价值,证券交易场所在这方面的立场与前述三者截然相反,对于给予做市商补贴的权利持积极支持态度。这些交易场所认为这补贴政策有利于发挥做市商的优势职能,在几十年的场外交易市场发展中功不可没,全盘否定的做法显然唐突和过于激进。

我国银行间债券市场的做市商具有在一级市场上购买债券的便利;做市商也有获得补贴并在交易手续费方面享受一定的优惠;一些交易场所给予做市商交易收费折扣的优惠,税务部门则给予做市商印花税减免优惠。在市场管理方面,银行间债券市场做市商考核制度对于对国债和政策性金融债进行全关键期限报价的,可以在评价中获得加分,并将双边报价点击成交量列入评价标准体系之中,以此促进各做市商增加双边报价的报价量,这些措施在市场实践中对提高做市商的做市积极性起到至关重要的作用。[11]

三、做市商的义务

与普通证券商相比,做市商的优势地位非常明显,客户在与之交易过程中也处于弱势的处境,因而,监管规则对于做市商义务的规定相较于普通证券商更为严格,部分国家和地区的证券立法和法院的判例还确立了做市商的信托义务。

---

[10] 谷世英:《美国 OTCBB 做市商制度探析》,载《商业研究》2011 年第 11 期,第 158 页。
[11] 马图南:《完善做市商考核机制,加强做市商支持力度》,载《金融时报》2015 年 6 月 24 日第 7 版。

(一)做市商对客户的信托责任

1. 做市商信托责任的理论基础

从信托法理论上看,信义义务的内容主要包括忠实义务和注意义务。信义义务起源于信托法,在证券中介交易行为中被广泛适用,信义义务反映了当事人之间的一种不对等的法律关系,信义义务人有权通过其行为改变对方的法律地位或者权益,受益人或者委托人必须接受自身法律地位或者权益被改变的法律后果,但却无法直接控制信义义务人的行为。[12] 在很长时间内监管机构和法院都认为做市商的法律地位不同于经纪商,不需要对客户承担信托义务,而根据信托法理论,信托义务应当建立在当事人双方之间很高的信任或者信赖的基础上,一方当事人依赖于另一方的专业能力,具有专业能力的一方当事人应当基于委托人的最佳利益行事。[13] 对此,有学者认为基于做市商做市行为的专业性以及投资者对其存在的依赖程度看,认定做市商对客户承担忠实义务在理论上并不充分。[14] 但是,随着做市商欺诈交易行为的增多,投资者遭受损害的情况越来越普遍,人们开始重新审视做市商的信托义务问题,尤其是当做市商还同时担当经纪人或者投资顾问角色时,确立其信托义务就显得十分必要,做市商的信托义务就是在这种背景下确立起来的。

在 Duker & Duker 案件中,[15]美国证监会(SEC)明确了做市商的信托责任,SEC 的态度表明,如果做市商破坏其与客户之间的信任关系或者从交易中获取了远超过在正常通知客户情况下的交易利润,该交易就不属于正当交易。[16] 此外,SEC 还对做市商正当交易的具体标准作出了明确要求,包括两个方面,一方面是客户必须收到关于交易的全面报告,另一方面是交易必须与市场上的最佳交易价格相对应,由此可见,SEC 的这一要求很显然表达了做市商的信托责任。美国法院对于信托义务的确立最初针对的只是专家做市商,在 Mkt. St. Ltd. Partners v. Englander Capital Corp. 一案中,法院认为,专家做市商的信托义务即使与经纪商不完全相同,也是十分相似的。因为专家做市商为投资者执行订单并获取佣金收入,因而就是代理人,需要对委托人承担信托义务。做市商信托义务的目的之一是避免产生不利于其客户利益的交易,[17]这主要是因为专家做市商既担任代理人,也担当委托人,这种身份上的特殊性使公众和法院均倾向于将专家做市商置于受托人地位。在其他诉讼案件中,法院对于指控纽约证券交易所专家做市商是“公共投资者的受托人”的诉讼请求部分给予了支持,还有些情况并不认为做市商肩负“公共投资者的受托人”角色,如在美国诉亨特(United States v. Hunt)刑事案件中,法院就裁定做市商的受托义务仅局限于有限情形之中,即只有在做市商同意作为委托人的私人交易工具的情况下。[18] 通过以上案例不难发现,监管机构和法院都坚持做市商

---

[12] 郭俊芳:《证券公司利益冲突的法律规制》,法律出版社 2015 年版,第 143 页。

[13] Stanislav Dolgopolov, A Two-Sided Loyalty?: Exploring the Boundries of Fiduciary Duties of Market Makers, 12 *U. C. Davis Bus. L. J.* 31 2011 - 2012, 34.

[14] Thomas Lee Hazen, Are Existing Stock Broker StandardsSufficient? Principles, Rules, and Fiduciary Duties, 2010 *COLUM. BUS. L. REV.* 710, 724.

[15] 36 6 S. E. C. 386 (1939).

[16] Federal Regulation of Over-The-Counterbrokers and Dealers in Securities, 59 *Harv. L. Rev.* 1237 1945 - 1946, 1247.

[17] Mkt. St. Ltd. Partners v. Englander Capital Corp., No. 92 Civ. 7434 (LMM), 1993 U. S. Dist. LEXIS 8065, at 3 - 8 (S. D. N. Y. June 14, 1993). at 32 - 33.

[18] United States v. Hunt, No. 05 Cr. 395 (DAB), 2006 U. S. Dist. LEXIS 64887, at 12 (S. D. N. Y. Sept. 6, 2006).

的信托义务是在特定情形下才存在的，对于做市商信义义务的表述也是模糊的，原因是这种做法对市场发展的整体现状给予了充分的考量，有利于降低做市商做市的责任风险，从而有效避免由于权利义务失衡导致的剧烈市场波动。

自从美国金融危机中暴露出金融衍生品做市商以隐藏交易信息等欺诈交易方式损害投资者利益的问题，美国国会在立法上更倾向于在与散户投资者的交易中确立做市商的信托义务，以保护散户投资者的利益。2010 年美国国会通过的《华尔街改革与个人投资者保护法案》第 913 条规定：经纪商、自营商、证券投资咨询公司等金融中介机构由于具有专业优势，个人投资者对其具有合理信赖，因此应当对个人投资者承担信义义务。[19]

2. 做市商的忠实义务

做市商的信托义务很大程度上都表现为忠实义务，忠实义务是一种消极的不作为义务，目的在于防止信义义务人因为谋取自身利益而妨碍受益人利益的实现。[20] 做市商同时担当经纪商角色时，忠实义务就更加明显，出于获取价差收益的考虑，做市商可能执行与客户的订单交易而怠于履行执行最佳报价义务，做市商与客户的利益冲突就此显现出来。为了防止做市商与客户利益冲突的发生，美国金融监管局（FRINA）制定规则禁止"抢先交易"，即做市商不得先于客户交易指令进行交易，[21]同时还要求做市商负有提供可信赖报价的义务，即该报价是必须在没有欺诈或者操纵市场的情况下报出的，[22]如果客户根据做市商的报价向市场提出订单，做市商却不与客户成交，做市商即违反了忠实义务。[23]

做市商是否承担忠实义务与做市商提供做市服务的交易市场的市场结构有着密切关系，做市商在一个分散化、多中心的交易市场体系中从事做市交易活动所需要履行的对客户的忠实义务与其在某个特定的为中小公司提供挂牌交易服务的交易场所进行的做市活动是有很大区别的。有学者认为，在电子化交易水平日益提高的情况下，订单的传递和成交都以自动化方式进行，交易速度十分迅速，证券市场因而日益呈现民主化或者分散化的特征，做市商在此市场环境下进行做市活动，其交易行为的代理属性日益下降，在此情况下探讨做市商的信托责任已丧失实际意义。[24] 的确，在证券交易自动化水平越来越高的交易市场环境中，做市商与客户的委托关系日渐模糊，做市商在一般情况下不需要对客户履行忠实义务。但是，在专门为中小公司提供交易服务的交易系统，如美国的柜台市场集团、我国台湾地区的兴柜市场和我国的股转系统，强调做市商对于客户的忠实义务仍然是十分必要的。在这些交易市场上，投资者对其所投资的股票知之甚少，股票交易价格风险很高，做市商仍然处于市场控制地位。因此，基于投资者保护的需要和证券法的公平、公正原则，仍需要确立做市商对于客户的忠实义务。

---

[19] H. R. 4173, 111th Cong. § 913 (g), Dodd-Frank Wall Street Reform and Consumer Protection Act.

[20] 郭俊芳：《证券公司利益冲突的法律规制》，法律出版社 2015 年版，第 145 页。

[21] See Exch. Act Rel. No. 34 - 34279, 59 Fed. Reg. 34, 383 (SEC July, 1994).

[22] Thomas Lee Hazen, *Principles of Securities Regulation*, 3rd Edition, 2009 Thomson Reuters, p. 351.

[23] Thomas Lee Hazen, Principles of Securities Regulation, 3rd Edition, 2009 Thomson Reuters, p. 353.

[24] Stanislav Dolgopolov, A Two-Sided Loyalty?: Exploring the Boundries of Fiduciary Duties of Market Makers, 12 *U. C. Davis Bus. L. J.* 31 2011 - 2012, 64.

（二）连续报价和强制成交的义务

为了确保做市商能够向市场持续不断地提供流动性，自律监管组织规则都对做市商强制履行连续报价和强制成交义务作出了明确规定，即对于客户以做市商提出的报价买入或者卖出证券的，做市商有义务买入或者卖出。做市商在向市场进行双向报价时，需要面对众多投资者依照该报价所提出的买卖订单，做市商应当具备足够的资金实力和证券库存与客户的订单进行交易，为此，美国证监会（SEC）的规则 15c3 - 1(a)(4)对做市商履行连续报价和强制成交义务的资金实力作出了详备的强制性规定。[25] 相比之下，就我国的银行间债券市场而言，做市商义务的规定还很不完善，落实也不到位，因而导致做市商不能执行强制做市义务的现象频频发生，使双边报价失去应有意义，[26]如遇到股票价格发生剧烈波动时，做市商甚至会逃避该义务，可见，没有完善的法律监管做基础，做市商趋利避害的市场主体本性是一贯的、危险的，只有在监管规则的严格要求之下，才能够督促其履行连续报价和强制成交义务。

（三）遵守价差限额的义务

美国证券商协会（NASD）对做市商的报价变动单位作出了明确的规定，即应当以 1/2、1/4、1/8 美元为单位进行报价，[27]不过，该规定在实践中并没有真正发挥对价差的抑制作用。从美国场外交易市场做市商交易情况来看，做市商经常违反证券商协会的规定，所获取的每股价差收益也远高于证券商协会规定的水平。此后，证券商协会又制定了“5%”规则，该规则并不针对每股价差作出要求，而是要求做市商获取的价差收益不得超过交易总价值的 5%，该规则也被我国股转公司制定的《股票转让细则》所采纳。不过在执法实践中，美国证券商协会和证监会（SEC）在处理大量关于价差的案件中也并没有严格以“5%”作为衡量价差正当性的标准，而是标准把握在价差收益 5% ~ 10%，超过部分被认为是不公平的，[28]可见做市商的报价价差限额义务也是具有一定弹性的。

（四）做市商的身份披露义务

1937 年美国证监会（SEC）颁布的场外交易市场规则要求证券商应当向客户公开其身份是经纪商或者自营商，如果作为经纪商出现，应当披露中介收入的来源和数额，交易的日期和时间以及交易对方当事人。此外，美国证监会制定的 Rule X - 15 和 RuleC Ⅰ - 4 要求交易商将证券交易情况向客户进行报告，否则就构成了违反证券交易法的欺诈交易行为。据此观点，对于在交易过程中做市商向客户披露交易情况是保护投资者的最低要求。[29] 同时，根据 Rule X - 15 和 RuleC Ⅰ - 4 的规定，向客户提供书面报告尚不足以形成对客户的全面保护，该书面报告还应当符合证券商就交易情况与客户所达成的协议。

做市商的身份披露义务指的是做市商应当向市场披露自己在做市交易中的支配地位。

---

[25] Thomas Lee Hazen, *Principles of Securities Regulation*, 3rd Edition, 2009 Thomson Reuters, p. 350.

[26] 姚秦、傅东升：《做市商稳定了市场了吗——来自中国银行间债券市场的证据》，载《上海金融》2006 年第 11 期，第 44 页。

[27] Thomas Lee Hazen, David L. Ratner, *Securities Regulation in a Nutshell*, 2006 Thomas/West, p. 220.

[28] Thomas Lee Hazen, David L. Ratner, *Securities Regulation in a nutshell*, 2006 Thomas/West, p. 195.

[29] E. g., Charles Hughes & Co., Inc. v. SEC, 139 F. (2d) 434 (C. C. A. 2d, X943), cert. denied, 321 U. S. 786 (1944).

在 SEC v. First Jersey[30] 一案中，法院认定：做市商如果是独家或者具有市场支配地位的做市商，该做市商对某一证券向散户投资者以持续增长的价格反复买入或者再卖出的，如果该做市商未向投资者披露自己具有市场支配地位这一客观情况，这种交易行为就违反了反欺诈的法律规定。对此，美国证监会（SEC）也制定了做市商披露其身份的规则，如 Rule 10b－10 明确规定证券商在为客户进行证券交易或者劝诱客户进行某一证券的交易时，如果没有披露其是否担任该交易的代理人、是否在交易中担当做市商或者交易一方的角色，则该行为会被认定为属于违法行为。[31] 在司法实践中，法院在对做市商是否因其未履行披露真实身份义务而应当承担民事责任的认定标准更为严格，甚至并不会因为做市商遵守了 Rule 10b－10 规定的身份披露义务而豁免其民事责任，如在 Ettinger v. Merrill Lynch, Pierce, Fenner & Smith, Inc. 一案中，法院就认为如果做市商没有披露其在交易所获取的超额加价，即使其履行了 Rule 10b－10 规定的身份披露义务，也并不能免除其因欺诈而应当承担的民事责任，[32]由此看出，对于投资者权益保护的重视与对做市商义务监管之严格是美国证券立法的核心价值取向，也由此奠定了交易市场公平有序、繁荣发展的基础。

结　语

做市商权利义务构造的目标在于保证做市交易的公平和效率，为了鼓励做市商为市场提供流动性，做市商获得了交易特权和获得补贴的权利。另外，为了督促做市商为市场提供流动性，监管规则为做市商设定了连续报价和强制成交的义务，但实践中做市商还是经常滥用交易优势和交易特权，以欺诈交易和操纵市场方式获取不正当的价差收益。为了保护投资者权益，监管机构对于做市商的义务作出了更为细致和严苛的规定。同时，随着交易技术的升级和统一证券市场体系的形成，做市商的交易特权逐渐在被弱化，乃至被取消，证券发行人对于做市商的补贴也被禁止。总体上，强化做市商的义务成为做市商监管的一种趋势，为了加强对投资者的保护，做市商对于客户的信托义务也大都以法律形式被确立下来，但本文对此持相对保守的观点，毕竟做市商承担过重的义务会影响其为市场提供流动性的积极性，因而必须在做市商的权利和义务之间保持微妙的平衡。

---

[30] 101 F. 3d 1450(2d Cir. ,1996).

[31] Thomas Lee Hazen, *Principles of Securities Regulation*, 3rd Edition, 2009 Thomson Reuters, p. 352.

[32] 835 F. 2d Cir. ,1987.

"安全港规则"研究
——以有限合伙制私募股权基金治理为视角

陈　翔*

一、"安全港规则"的缘起与演进

一切有权力的人都容易滥用权力,这是万古不变的一条经验,有权力的人使用权力一直到遇有界限的地方才休止。[①] 在有限合伙制度的诞生之初及之后相当长的一段时间内,有限合伙人的权限非常有限。在有限合伙制度的实践中,人们慢慢意识到,如过度放任普通合伙人的核心地位而不加以监督限制,势必引发普通合伙人的道德风险而对有限合伙人的权益造成损害。随着这种担心越来越受到关注,有限合伙人适当参与合伙事务的呼声也越来越高。但是如果贸然扩大有限合伙人权限,将对承担着无限责任的普通合伙人的权限形成极大冲击,使普通合伙人无法对自身承担无限责任的可能性及后果进行掌握和预判。同时,有限合伙人参与合伙事务,可能诱使个别有限合伙人的道德风险,利用其有限责任来规避其参与合伙事务的责任,致使有限合伙人合伙制度的权利义务体系框架严重扭曲。

(一)美国经验

为了解决上述问题,美国最早在其有限合伙制度中设计了"安全港规则",意在保障普通合伙人对合伙事务的主导执行权的基础上,合理扩大有限合伙人参与合伙事务的权限,使其不会因适度参与合伙事务而承担责任。"安全港规则"是美国风险投资特别是私募股权基金发展到一定程度的产物,随着行业规模的扩张,其范围呈现不断扩张的趋势。

1916 年,《统一有限合伙法》订立之初严格按照"控制规则"限制有限合伙人参与合伙事务的管理。控制规则,是指如果有限合伙人参与了合伙事务的控制,则有可能不受有限责任的保护。[②] "控制规则"创立以来,随着美国有限合伙立法的不断演进而削弱。

1976 年,《统一有限合伙法》首次引入了"安全港条款",规定有限合伙人在该条款范围内行事,不会被认为对合伙实施了控制,并引入"信赖检验规则"对有限合伙人的有限责任做进

---

* 清华大学法学院 2010 级博士生。

① [法]孟德斯鸠:《论法的精神》,张雁琛译,商务印书馆 1995 年版,第 104 页。

② 甘培忠、李科珍:《论风险投资有限合伙人"执行合伙事务"行为暨权利之边界》,载《法学评论》2012 年第 2 期,第 33 页。

一步扩大。《统一有限合伙法》虽然对"安全港条款"的内容进行了列举,但其也明确指出了"安全港条款"并没有穷尽有限合伙人参与合伙事务的所有情形。[③]

1985 年,《统一有限合伙法》在随后的修订中,进一步扩充了"安全港条款"的内容,形成"安全港规则",并用"信赖检验规则"取代"控制规则",进一步降低有限合伙人因参与合伙事务而导致无限责任否认的概率,逐渐放宽了有限合伙人参与合伙事务权限。

2001 年,《统一有限合伙法》彻底废止了"控制规则",引入"责任规避条款",但这种显得过于激进的做法使许多州处于观望态度。目前,美国大多数州采纳《统一有限合伙法》(1985 年),仍坚持"安全港规则",只有少部分州采纳《统一有限合伙法》(2001 年)的相关规定。

(二)中国实践

我国《合伙企业法》引入有限合伙制度的时间较晚,对于有限合伙人参与合伙事务的立法考量方面持谨慎态度,该法虽然设置了"安全港规则"和"信赖检验规则",但基于有限合伙制私募股权基金治理架构的一元主导性、治理形式的高度封闭性、治理依据的高度自治性、治理过程的固定周期性和治理模式的双重委托代理性等现状,有限合伙人仍然缺乏适度参与基金治理的有效途径,也无法对普通合伙人的经营管理行为进行及时、有效的监督,具体表现为:

第一,立法的导向上过于保守,不符有限合伙制私募股权基金的发展规律。我国《合伙企业法》一方面限制有限合伙人参与合伙事务执行,另一方面参考美国有限合伙立法中的"安全港规则",明确了有限合伙人的八种行为不视为执行合伙事务。[④] 但从《合伙企业法》的"安全港规则"来看,既没有《统一有限合伙法》(2001 年)的责任规避条款,也没有《统一有限合伙法》(1985 年)的内容全面,更多体现了严格限制有限合伙人参与合伙事务的立法意图,使有限合伙人的参与更多停留在知情和维护自身利益上,并没有体现引导和规范有限合伙人参与基金治理的意图。

第二,表述上具有一定的模糊性,为法律的精确适用带来不便。基于《统一有限合伙法》(1976 年)"安全港条款"列举加兜底的表述方式,有限合伙人并不因为仅仅从事其中列举行为或与其他类似列举行为就当然构成参与对合伙经营的控制。换言之,即列举行为之外的行为,也不当然构成对合伙经营的控制。而我国《合伙企业法》并未设置兜底条款,也未对合伙事务的边界进行明确,这使有限合伙人参与基金治理的广度和深度存在很大的不确定性,给私募股权基金行业的实践带来了不少困扰,也不利于有限合伙人依法保护自身权益。

第三,规则的覆盖面过于狭窄,不能满足行业快速发展的需要。例如,有限合伙人通过投资顾问委员会介入基金治理的权利没有得到确认。自 20 世纪 90 年代以来,私募股权基金治理实践中,有限合伙人应普通合伙人邀请,可以参加有限合伙人咨询委员会,使其更加积极的

---

③ Joseph A. McCathery, Theo Raaijmakers and Erik P. M. Vermeulen, *The Governance of Close Corporations and Partnership: US and European Perspective*, Oxford University Press, 1st ed. 2004, p. 171.

④ 《合伙企业法》第 68 条规定:"有限合伙人不执行合伙事务,不得对外代表有限合伙企业。有限合伙人的下列行为,不视为执行合伙事务:(一)参与决定普通合伙人入伙、退伙;(二)对企业的经营管理提出建议;(三)参与选择承办有限合伙企业审计业务的会计师事务所;(四)获取经审计的有限合伙企业财务会计报告;(五)对涉及自身利益的情况,查阅有限合伙企业财务会计账簿等财务资料;(六)在有限合伙企业中的利益受到侵害时,向有责任的合伙人主张权利或者提起诉讼;(七)执行事务合伙人怠于行使权利时,督促其行使权利或者为了本企业的利益以自己的名义提起诉讼;(八)依法为本企业提供担保。"

介入私募股权基金治理。有限合伙人咨询委员会在私募基金有限合伙中并不担任宽泛的管理责任，它的正式职责由有限合伙协议规定，并且大致上局限于审核和批准存在利益冲突的交易、被投资公司的估值方法等事项。另外，有限合伙人咨询委员会可以与普通合伙人就基金运营中涉及审计师、合规、基金费用的分担、团队发展、基金管理企业的新业务方案等事项进行讨论。但是，我国《合伙企业法》并没有涵盖上述行业最新发张趋势的具体规则，显然不能满足行业快速发展的需要。

二、“安全港规则”的法理基础与制度价值

（一）法理基础

“安全港规则”的核心在于平衡合伙人间特别是有限合伙人与普通合伙人间关于合伙企业治理的权力界限和责任承担，其作用一方面是保护有限合伙人在享有有限责任的前提下可以适度参与合伙事务，另一方面是保护普通合伙人对合伙事务的主导执行权。

在有限合伙制度特别是私募股权基金最发达的美国，其有限合伙制度的历次演进，都紧紧围绕着“有限合伙人参与合伙事务的限度及其有限责任否定”这个核心。美国《统一有限合伙法》的扬弃及其“安全港规则”的嬗变，就是是有限责任不断扩张的历程。“安全港规则”表征了有限合伙内部治理的发展规律和趋势，彰显了普通合伙人与有限合伙人关于合伙企业治理权的博弈。透过有限合伙的立法史不难发现，有限责任在有限合伙中的适用呈现扩张趋势，适用的条件越来越宽松，适用的范围越来越大，有限合伙人从单纯的资本提供者逐渐过渡到合伙企业治理的参与者。[⑤]

“安全港规则”是对有限合伙制度的修正，是对有限合伙企业合伙人间的权利义务的静态调整。“安全港规则”是法律对社会经济基础的反应，反映了不同合伙人群体间的社会地位的变化。“安全港规则”的产生与发展是生产力作用于上层建筑的一个表现，法律作为社会上层建筑，其演变深受经济基础的影响。从立法层面上讲，有限责任则是多种利益考量下的一种制度选择，是效率价值优于公平价值的选择。[⑥] 还以美国为例，《统一有限合伙法》历次关于“安全港归责”的修订不断扩展“安全港归责”内容的背后原因复杂，一方面是美国有限责任公司（LLC）、有限责任有限合伙（LLLP）等代表进步生产力的新型商业组织体的出现，进一步扩展有限责任的适用，对美国有限合伙制度中有限责任的扩大差生了较大影响。另一方面，私募股权基金的投资规模逐渐扩大背景下，导致了投资过于集中的风险逐渐上升、大型管理人的内部代理问题、大型机构投资者的内部代理问题等一系列基金治理困境，因此，以机构投资者为代表的有限合伙人参与合伙事务的积极性不断高涨，要求进一步扩大有限合伙人适当参与合伙事务管理的权利。

⑤ 袁碧华：《论有限责任的扩张》，法律出版社 2009 年版，第 61 页。
⑥ 甘培忠、李科珍：《论风险投资有限合伙人“执行合伙事务”行为暨权利之边界》，载《法学评论》2012 年第 2 期，第 35 页。

（二）制度价值

“安全港规则”基于上述法理基础，体现出以下制度价值：

第一，平衡合伙人权责的应然选择。我国《合伙企业法》规定，普通合伙人对合伙资企业的债务承担连带责任，以彰显其对自身的经营管理行为负责，有限合伙人不参与合伙事务的执行，仅以其出资额为限对合伙企业的债务承担责任。[⑦] 在上述规定的理想模式下，普通合伙人与有限合伙人的权利与义务达成一种平衡状态。但是在合伙制私募股权基金的实践中，普通合伙人已经不是传统有限合伙制度创立时的自然人，其无限责任已经通过公司法人或其他法人形式趋向有限化。另外，有限合伙制私募股权基金的投资标的和非负债经营的运营方式也使普通合伙人承担无限责任的几率大大降低，上述情形致使得有限合伙制度的权责体系从根本上发生了变化，破坏了该制度的内在平衡。为了使有限合伙制私募股权基金的权责体系重新达到平衡状态，其途径无外乎两种：一是增加有限合伙人的权利，二是适当加重普通合伙人的义务或限制其相关权利（或权力）。如果通过限制普通合伙人的相关权利或加重普通合伙人的义务，会对私募股权基金等高风险投资行业的发展形成抑制和消极作用，不利于提升普通合伙人的从业热情，所以增加有限合伙人有限度参与合伙事务的权利，成为平衡高风险行业中有限合伙制度权责体系的有效途径和必然选择。因此，基于我国的现实国情，在有限合伙制私募股权基金的治理领域，合理拓展有限合伙人的合伙事务参与权，是平衡合伙人权责的应然选择。[⑧]

第二，防范合伙风险的内在要求。《合伙企业法》虽然规定了普通合伙人的对外责任，但未就其对有限合伙人的责任进行详细规定。普通合伙人的偿债能力不健全也放大了有限合伙人的风险。在有限合伙制私募股权基金领域，作为普通合伙人的专业管理人往往不止从事一家基金的管理，在同时管理多家基金的同时，可能均承担无限连带责任。[⑨] 普通合伙人在存在过错条件下对债权人和有限合伙人利益造成损失的，如果普通合伙人是公司法人，其有限的财产价值很可能无法弥补造成的损失。在公司进行破产清算后，普通合伙人宣告消灭。有限合伙人和债权人的损失就永远无法挽回。如果普通合伙人是自然人，由于我国没有个人破产法，个人信用制度和财产制度也处于初建阶段，个人转移资产相对容易，一旦出现普通合伙人恶意转移资产情况，对有限合伙人而言，就意味着不可挽回的损失。另外，我国专业的基金管理人才明显匮乏。这跟私募股权基金在我国发端较晚有一定关系，再加上有限合伙制私募股权基金对普通合伙人的要求苛刻，因此能够达到合格基金管理人（普通合伙人）较为稀缺。实践中，许多基金管理人都是从金融机构、投行或律师事务所、会计师事务所等机构转行而来，而成熟的私募基金管理人往往成为众多基金管理公司的挖角对象，特别是市场认可度高的私募基金管理人更是“抢手”。基于这种供求关系的不平衡，使普通合伙人在基金运营和治

---

⑦ 《合伙企业法》第 2 条规定：“本法所称合伙企业，是指自然人、法人和其他组织依照本法在中国境内设立的普通合伙企业和有限合伙企业。普通合伙企业由普通合伙人组成，合伙人对合伙企业债务承担无限连带责任。本法对普通合伙人承担责任的形式有特别规定的，从其规定。有限合伙企业由普通合伙人和有限合伙人组成，普通合伙人对合伙企业债务承担无限连带责任，有限合伙人以其认缴的出资额为限对合伙企业债务承担责任。”

⑧ 甘培忠、李科珍：《论风险投资有限合伙人“执行合伙事务”行为暨权利之边界》，载《法学评论》2012 年第 2 期，第 40 页。

⑨ 高琳：《有限合伙制私募股权基金法律缺位探析》，华东政法大学 2011 年硕士学位论文。

理时较为强势,容易引发道德风险。

第三,保障基金运作的有力支持。有限合伙人作为有限合伙制私募股权基金最重要的资金提供方,在基金中拥有重大利益,而往往有限合伙人中不乏具备广泛信息资源和丰富项目经验的机构投资者以及个人投资者,理所当然地有意愿、有能力提供各种咨询、建议或支持,以提升有限合伙的运作水平和经营业绩。因此,有限合伙人在法律规定的特定范围内可以参与到基金运作中,不但不会对基金管理人执行合伙事务产生不恰当的干预,反而有助于保障基金的运作,创造更多的财富。

第四,强化合伙人间沟通交流的重要途径。有限合伙制私募股权基金运营期间,一般而言资产配置结构具有期限长、流动性低的特点,并由普通合伙人掌握投资和处置的决策权,普通合伙人与有限合伙人之间的沟通交流渠道有限,有限合伙人之间的沟通交流更少。这种沟通上的匮乏一方面不利于合伙人就重大事项的讨论,另一方面影响合伙人间的纠纷的及时有效处理。尽管合伙协议能够提供这样的框架,但在基金的长期运作中,仍然会有许多情况是合伙协议无法预料并穷举的,有限合伙人适度参与的合伙事务权,可以大幅降低合伙人间的信息不对称性。

三、我国"安全港规则"的扩张与完善

(一)扩张限度

着眼于我国有限合伙制私募股权基金发展的实际,由于合格基金投资人(有限合伙人)准入门槛的缺失,相应的义务责任体系还亟待完善的前提下,如贸然扩大有限合伙人权限,会对基金运营和治理造成重大影响,有限合伙人可能会过度干涉基金的管理,控制甚至取代了普通合伙人,这与"专家理财"的私募股权基金运作理念相违背。另外,即使建立了"刺破有限合伙面纱规则",直接追究有关合伙人无限连带责任,但是,对具备何种条件方能适用这一规则以及在举证责任的分配等争点,理论界与实务界目前都尚未形成统一认识。因此,现阶段,从行业的运作特点来看,对"安全港规则"的扩张是限度的。

一方面,坚持适度参与原则,适当行使参与权。适度参与是基于有限合伙制私募股权基金行业的特殊性,要保持普通合伙人对基金的主导管理权,在不干扰或不妨碍普通合伙人对基金进行正常的管理前提下,赋予有限合伙人适度的权限,以促进基金内部治理的效率提升,降低合伙人之间的信息不对称,促进合伙人关系的和谐稳定。有限合伙人的参与权一般通过咨询委员会和有限合伙人表决权来实现。咨询委员会成员一般由有限合伙人代表组成,其职责是为筛选和做出投资决策提供建议和咨询,通常普通合伙人遇到问题时,向该领域的委员个别咨询,某些情况下咨询委员会有权就项目估值等特定事项进行表决。合伙协议也可以赋予全部或部分有限合伙人合伙事项表决权,表决方式可以是一人一票,也可以依据其他方

法。[10] 实践中,上述两种方式往往被交替使用。

另一方面,坚持适度监督的原则,适当行使监督权。监督的限度取决于预定的目标,有效监督和必要监督强调的是有限合伙人的监督应当有限度,达到制约普通合伙人违背信义义务和实施机会主义机会的风险即可,不能因为过度行使有限合伙人的监督权而影响到普通合伙人对合伙企业的正常经营管理。有限合伙人(咨询委员会)最核心的监督权是否决和批准存在利益冲突的交易。为解决有限合伙制私募股权基金普通合伙人的道德风险,实践中有限合伙人通过在合伙协议中设定限制性条款对普通合伙人的行为进行约束和限制。受到限制的行为多数涉及两类合伙人之间的利益冲突,但也并非绝对不能突破,在取得有限合伙人多数同意情况下该等限制可以被豁免。例如,普通合伙人将风险资本投资于自己持股的企业,必须事先经有限合伙人批准。又如,筹集时间不同的基金共同投资问题,此类共同投资可能导致普通合伙人机会主义行为,当风险投资机构募集的第一只基金投资的企业遇到困难,此时普通合伙人可能会将第二只基金的资金也投入该亏损企业,试图挽救其先前的投资。合伙协议往往规定这类投资必须征得大多数或绝大多数有限合伙人(或咨询委员会)的同意。[11]

(二)完善路径

在坚持适度参与原则,适当行使参与权以及坚持适度监督原则,适当行使监督权的基础上,针对在我国有限合伙制私募股权基金治理过程中“安全港规则”适用存在的不足,笔者提出以下具体的完善路径:

第一,修正现有立法中的绝对禁止条款,赋予合伙人意思自治的空间。结合美国立法和实践的经验,修改我国《合伙企业法》中关于有限合伙人执行合伙事务的绝对性禁止条款,[12]准予有限合伙人可以通过协商,拥有适当的参与有限合伙制私募股权基金事务的权利。同时,对有限合伙人外代表基金的授权标准、适用情形和构成要件等加以明确,进而明确规定有限合伙人因参与基金事务或外代表基金,而承担无限责任的条款和免责条款。除行使表决权外,有限合伙人还可以通过更为柔性的方式参与基金事务。合伙协议可以约定,就从项目公司退出变现、改变投资结构等与投资业务相关事项,普通合伙人要事先听取有限合伙人(咨询委员会)的建议。此外,在普通合伙人薪酬、普通合伙人选聘等治理相关领域,有限合伙人(咨询委员会)同样可以透过合伙协议有所作为。

第二,扩充“安全港规则”的内容,允许有限合伙人分类别、分层次介入基金事务。按照合伙事务是否影响普通合伙人对基金经营管理主导权的标准,可以将有限合伙制私募股权基金的合伙事务分为三个类别:(1)有关基金自身非投资事务决策权,如合伙人入伙、退伙、普通合伙人的更换、利润分配、年度审计和合伙的解散等事项;(2)投资事务管理权,如项目的尽职调查、投资决策、对外融资等;(3)基金日常事务管理权,如工商管理、档案管理等。对于上述三类合伙事务,第一类从法理上本就属于有限合伙人和普通合伙人的共有权利,《合伙企业法》

---

[10] William A. Sahlman, *The Structure and Governance of Venture Capital Organizations*, Journal of Financial Economic, p. 493 (1990).

[11] Paul Gompers & Josh Lerner, *The Venture Capital Cycle*, MIT Press, pp. 29, 57 (2000).

[12] 《合伙企业法》第68条第1款规定:“有限合伙人不执行合伙事务,不得对外代表有限合伙企业。”

已对此进行了确认。[13] 而第三类，普通合伙人的专业优势并不在于此，不符合人尽其用的管理原则，且这些事项不会为基金及普通合伙人带来外部责任，完全可以交由有限合伙人与普通合伙人进行协商确定，法律不宜干涉。只有第二类，才是属于普通合伙人专业范围内的事项，应当归为普通合伙人的专属执行范围，明确普通合伙人具有主导权和决策权，有限合伙人可以参与，但是须经普通合伙人明确授权。在具体条款设置上，根据上述分类对"安全港规则"的内容实行功能性概括，即分为有关基金自身非投资事项、投资事务和基金日常事务三类，在保障普通合伙人对基金投资事务管理决策权的前提下，适当扩展有限合伙人参与基金事务的权限。

第三，增加兜底条款，延展"安全港规则"的涵摄范畴。美国《统一合伙法》(1985 年)明确规定，"安全港规则"并没有完全列举出有限合伙人可以实施的全部行为，这与其判例法传统有关。个案法官可以对制定法进行解释"安全港规则"，不可能也不必一一列举并穷尽有限合伙人可以实施的行为。[14] 有限合伙制私募股权基金治理是动态的，其中包含的未知因素较多，"安全港规则"也不可能做到一一列举、面面俱到。因此，可以考虑在"安全港规则"中加入兜底条款，即于《合伙企业法》第 68 条第 2 款补充规定"其他不视为执行合伙事务的行为"，对之前 8 项未尽事项进行兜底，甚至可以考虑对"其他不视为执行合伙事务的具体行为"实行特殊实质性审核。当然，加入上述兜底条款的前提，是保障普通合伙人对基金运营管理的主导执行权，同时，与基金事务参与权相关的自由竞业权以及同基金进行交易的权利应受到限制。合伙人可以在法律规定的范围内，根据个案情况在合伙协议中作出具体安排。[15]

---

[13] 《合伙企业法》第 43 条第 1 款规定："新合伙人入伙，除合伙协议另有约定外，应当经全体合伙人一致同意，并依法订立书面入伙协议。"

[14] 1985 RULPA Section 303(c).

[15] 《合伙企业法》第 70 条规定："有限合伙人可以同本有限合伙企业进行交易；但是，合伙协议另有约定的除外。"第 71 条规定："有限合伙人可以自营或者同他人合作经营与本有限合伙企业相竞争的业务；但是，合伙协议另有约定的除外。"

德国支票法

(1933 年 8 月 14 日)

王峙焯　译*

第一章　支票的出票和形式

第一条

支票须记载下列事项:

(1)“支票”一词,载于票据主文中,并以票据文本所使用的用语表明;

(2)无条件支付一定金额的委托;

(3)支付者(付款人)之名称;

(4)付款地;

(5)出票日及出票地;

(6)出票人(出票人)签名。

第二条

票据上如欠缺上条所指任一要件,均不被视为支票,但下列各款规定之情况除外。

(1)如无特别记载,付款人名称旁所记载之地点视为付款地,如付款人名称旁所记载地点有多处,以第一处为付款地。

(2)如未记载付款地又无其他记载,以付款人营业场所为支票付款地。支票如未记载出票地,出票人名称旁所记载之地点视为出票地。

第三条

支票须有出票人可处分之款项之银行为付款人,且须符合出票人以支票处分款项之明示或默示协议,但出票人不按此规定而签发之票据仍有支票效力。

第四条

支票不得承兑。支票上的承兑记载视为无记载。

第五条

支票得付给:确定之人,不论是否载有“可付指定人”之明示条款;确定之人,并载有“不

* 法学博士,东北师范大学政法学院副教授,硕士生导师。

可付指定人”或同义条款;持票人。

签发予确定之人并有“或付持票人”或任何同义记载之支票,视为来人支票。未记载受款人之支票视为来人支票。

第六条

支票得:

(1)以出票人本人为受款人;

(2)为第三人签发;

(3)支票不得以出票人本人为付款人,但如两营业场所属同一出票人,则一营业场所得对另一营业场所签发支票。

第七条

支票上任何关于利息之规定,均视为无记载。

第八条

支票得在第三人之住所付款,此住所得位于付款人之住所所在地或其他地点,但该第三人须为银行。

第九条

支票金额以大写及数字记载,二者不一致时,以大写为准。支票金额多次以大写或数字记载,所载金额不一致时,以最小之金额为准。

第十条

如支票上载有无承担支票义务的人之签名、伪造之签名、虚拟之人之签名,或因其他理由不能使签名人或被代签人承担义务之签名,不影响其他签名的有效性。

第十一条

无权代理而以代理人名义在支票上签名之人,一切票据责任有其本人承担;如该人付款,即与其所声称之被代理人具有同样权利;此规则亦适用于越权代理。

第十二条

出票人负有保证支票支付的义务。任何免除出票人保证付款之责任之声明,均视为无记载。

第十三条

出票时填写不完全之支票,如不按已达成之协议补全,不得以不遵守协议为理由而对抗持票人,但持票人取得支票时有恶意或重大过失者除外。

第二章　转　　让

第十四条

(1)付给确定之人之支票,不论是否载有“可付指定人”条款,均得背书转让;

(2)如付给确定之人之支票上有“不可付指定人”或同义记载,该票仅得按普通债权让与方式移转,并仅产生该让与之效力;

(3)支票得背书转让予出票人或支票上其他共同债务人,彼等亦得再背书转让。

第十五条

(1)背书不得附有条件,任何的附记条件均视为无记载;

(2)部分背书无效;

(3)付款人之背书亦无效;

(4)对持票人所作之背书之效力与空白背书同;

(5)对付款人所作之背书,仅产生受领证书之效力,但付款人有若干营业场所而背书系对非付款营业场所作出者除外。

第十六条

(1)背书须写于支票或其黏单(附页)上,并由背书人签名;

(2)背书无须指明被背书人,或仅有背书人之签名(空白背书);如属后者,背书须写于支票背面或其黏单上方有效。

第十七条

(1)背书转让支票上一切权利;

(2)如为空白背书,持票人得:

①在背书上填写本人或他人的姓名;

②在支票上再行空白背书或记名背书;

③不填空白及不作背书而将支票转让予第三人。

第十八条

(1)背书人保证付款,但另有规定者除外;

(2)背书人得禁止再背书;在此情况下,对禁止后再经背书而取得支票之人不保证付款。

第十九条

支票之持有人如以背书之连续证明其对支票之权利,即使最后背书为空白背书,亦应视为该支票之正当持票人;在此情况下,已涂销之背书视为无记载;如在空白背书后又接另一背书,后一背书人视为该空白背书之被背书人。

第二十条

来人支票之背书人应依追索权之规定负责,但该票据并不因此转为指示式支票。

第二十一条

如支票的前持有人丧失支票,不问其丧失原因,取得支票的持票人,亦不论其为来人支票或可背书支票,且持票人根据第十九条所指方式证明其权利,则无义务将支票返还该人,但取得时有恶意或重大过失者除外。

第二十二条

因支票而被诉之人,不得以基于其与出票人或前手持票人间之个人关系的抗辩对抗持票人,但持票人在取得支票时明知其行为有损债务人者除外。

第二十三条

(1)背书上记载"应收账款""为托收""委托代理"或其他表明单纯委托的语句,持票人得行使支票上之一切权利,但仅持票人仅在再次背书全权委托背书后,才得继续转让支票;

(2)支票的债务人仅得向持票人提出持票人有权向背书人提出抗辩;

(3)代理背书所作之委托并不因受任人之死亡或嗣后无行为能力而终止。

第二十四条

(1)在作出拒绝证书或同类声明后,又或在提示期限届满后之背书,仅产生普通债权让与之效力;

(2)未载明日期之背书,被视为在做成拒绝证书或具有同类类似含义的证明前或提示期限届满前在支票上做成,但有相反证明者除外。

第三章 保 证

第二十五条

(1)支票得以担保方式保证全部或部分支票金额的支付;

(2)此种保证由除付款人外第三人甚或在支票上签名之人,均得作出。

第二十六条

(1)保证应在支票或其黏单上作出;

(2)保证得以"与保证同"或任何其他同义词语表示,并由保证人签名;

(3)仅有保证人在票面上签名,亦视为保证成立,但出票人签名除外;

(4)保证须载明被保证人名称,如未载明,视为为出票人保证。

第二十七条

(1)保证人承担之责任与被保证人同;

(2)即使被保证之债务因手续不符而无效,保证人之担保仍然有效,但担保方式有瑕疵者除外;

(3)保证人对支票付款后,取得被保证人及向被保证人就支票负有责任之人之票据权利。

第四章 提示及付款

第二十八条

(1)支票限于见票即付,任何相反记载视为无记载;

(2)如支票于所载出票日前提示付款,应于提示日付款。

第二十九条

(1)在同一国家出票及付款之支票,须于八日内提示付款;

(2)在不同国家出票及付款之支票,视乎出票地与付款地是否位于同一洲,须分别于二十日或七十日内提示付款;

(3)出票国在欧洲而应在地中海沿岸国家付款的支票,抑或出票国在地中海沿岸国家而在欧洲某个国家支付的支票,应视为在同一洲出票及付款;

(4)上指期限,应自支票上所载之出票日起算。

第三十条

如支票出票地与付款地之日历不同,应以付款地日历之相应日期为出票日。

第三十一条

(1)向票据交换所提示支票,视为提示付款;

(2)联邦司法部有权决定何类结构可视为结算机构和具备何种要件才得办理交付手续。

第三十二条

(1)支票之废止,仅于提示期限届满后方产生效力;

(2)对于未废止的支票,付款人即使于提示期限届满后亦得付款。

第三十三条

出票人于签发支票后死亡或丧失行为能力,不影响该支票之效力。

第三十四条

(1)付款人得在付款时要求持票人交付已付讫的支票;

(2)持票人不得拒绝部分付款;

(3)如属部分付款,付款人得要求在支票上载明已部分付款的批语,并得向付款人出具收据。

第三十五条

付款人支付可背书之支票时,应负责核对背书之连续是否符合规定,但无须核对背书人签名之真伪。

第三十六条

(1)支票使用付款地非流通货币,支票金额得以当地货币按提示期限内付款日之汇率支付,如不在提示日付款,持票人得自行选择,要求按提示日或付款日之汇率以付款国之货币支付;

(2)外币的币值按付款地之惯例决定,但出票人亦得规定按支票上载明之汇率折算该应付金额;

(3)上述规则不适用于出票人已规定须以某一指定货币(以外币作实际支付之条款)支付之情况;

(4)支票金额之货币在出票国及付款国为同名异价之货币,以付款地之货币为准。

第五章　划线支票及转账支票

第三十七条(已删除)

第三十八条(已删除)

第三十八 a 条

在国外出票的划线支票,在国内也作为划线支票处理。

第三十九条

(1)支票正面载明“转账”或同义词语,支票出票人及持票人即得禁止用现金支付票据金额;

(2)在上述情况下,付款人仅得以记账方式结算支票(结算、转账、抵销),记帐结算的效力等同于支票之支付;

(3)“转账”一词即使被涂销,亦视为未涂销;

(4)如违反上述规定办理业务的付款人对由此造成的损失承担赔偿责任,但赔偿责任以票面金额为限。

第六章　因拒绝付款之追索权

第四十条

如在期限内提示支票而不获付款,持票人得向背书人、出票人及其他共同债务人行使追索权,但须有下列任一证明:

(1)公开证明(拒绝证书);

(2)付款人在支票上以书面作成载明日期之声明,声明应载明支票提示日期;

(3)票据交换所记载附有日期之声明,认定该支票已于期限内提示而未获付款。

第四十一条

(1)拒绝证书或同类声明应于提示期限届满前作出;

(2)如在提示期限的最后一日提示支票,则拒绝证书或同类声明得于其后第一个工作日作出。

第四十二条

(1)在作成拒绝证书或具有类似含义的证明后的四个营业日内,或在载明“不负担费用”批语的情况下,在提示后的次日,持票人应将拒绝付款的事实通知其直接前手、支票持票人和出票。每名背书人须在接到通知后的两个营业日内将所获悉的通知内容告知其直接前手,并通知其前手通知人的姓名、地址;并继续依次通知,直至出票人;期限从收到上述通知时起算。

(2)如按上款规定的办法通知一名在支票上签名的人,则须将同样的通知内容在同一期限内通知其保证人。

(3)如背书人未写明其地址或其地址无法辨认,则仅通知该背书人的直接前手即可。

(4)通知内容得以任何形式传递,也得仅将支票退回。

(5)有通知义务的人须证明其在上述规定的期限内已发出通知;仅将有关通知的函件在限期内投邮,即被视为未逾期。

(6)任何延迟发出通知的人,不丧失其追索权;但应对其过失可能造成的损失负责,其数额至多不得超过支票金额。

第四十三条

(1)出票人、背书人或保证人得于票据上记载“不支付”“免作拒绝证书”或其他同义条款并签名,以免除持票人为行使追索权而必须作出拒绝证书或同类声明之责任。

(2)该条款并不免除持票人于规定期限内提示支票或发出必要通知之责任,不遵守期限之举证责任,由对抗持票人之人承担。

(3)该条款如由出票人记载,对所有在支票上签名之人均产生效力;如由背书人或保证人记载,则仅对该背书人或保证人产生效力;如持票人无视出票人所记载之规定而作出拒绝证书或同类声明,有关费用由其承担;如该条款由背书人或保证人记载,作出拒绝证书之人或提出同类声明之人得就其费用向所有在支票上签名之人要求偿还。

第四十四条

(1)所有支票债务人作为连带债务人对持票人负责;

(2)持票人不得按照上述人等承担义务的顺序而向其中任何一人或数人或全体行使追索权;

(3)每名支付支票票款的支票债务人享有同样权利;

(4)持票人不因已向一名支票债务人行使追索权而丧失其向其他支票债务人追索的权利,也不丧失其对被追索的人的各后手支票债务人追索的权利。

第四十五条

在追索过程中,持票人得请求:

(1)支票金额,如支票未被付款;

(2)从提示日起算的6%的利息,国内出票、国内付款的支票的利率较《德国民法典》第二百四十七条规定的贴现率要高2%,但不低于6%;

(3)拒绝证书或具有类似含义的证明和通知的费用,以及其他费用;

(4)酬金,其金额在无特别约定的情况下为支票金额的3%,并在任何情况下均不得超过该项标准。

第四十六条

任何支付支票票款的人得向其前手支票持票人请求:

(1)已支付的全部金额;

(2)从支付支票票款日起算的已付金额的6%的利息,国内出票、国内付款的支票的利率较《德国民法典》第二百四十七条规定的贴现率要高2%,但不低于6%;

(3)支付的费用;

(4)按第四十五条第四款规定计算的酬金。

第四十七条

(1)每名被追索或得被追索的支票债务人,得在支付被追索的金额时,可以要求向其交付支票连同拒绝证书或具有类似含义的证明和向之出具付讫收据的权利;

(2)每名支付支票票款的背书人得注销其背书及其后手背书人的背书。

第四十八条

(1)如因不可克服之原因(任何国家法律规定或其他不可抗力的情况)而无法在提示期限内提示支票或及时作出拒绝证书或同类声明,此期限应予以延长;

(2)持票人有义务将不可抗力之情况立即通知其前手持票人,将通知内容详载于支票或其黏单上,并载明日期及签名,除此之外,适用第四十二条之规定;

(3)不可抗力之情况终止后,持票人应立即将支票提示付款,并于必要时作出拒绝证书或同类声明;

(4)自持票人将不可抗力之情况通知其前手背书人之日起,如超过十五日而不可抗力之情况仍延续时,即使提示期限尚未届满,持票人亦得行使追索权,无须作出提示、拒绝证书或同类声明;

(5)仅涉及持票人本人或受持票人委托提示支票、作成拒绝证书或具有类似含义的证明的人的个人原因,不得视为不可抗力情事。

第七章　一式多本支票

第四十九条

凡并非出票给持票人的支票和并非在出票国付款的支票,在出票国海外领地付款的支票和国外或海外领地出票而在国内付款的支票,在一国的海外领地出票和付款的支票或在一国的海外领地出票而在同一国家的另一海外领地付款的支票,得以一式多本的形式出票。此类有誊本的票据本文中须载有编号,否则每一誊本支票均得被视为单独的支票。

第五十条

(1)如某一誊本已被付款,则所有誊本的权利均消灭,即使誊本上未载明在某一誊本已付款时其他各誊本均失效的批语;

(2)如背书人向数人转让一式多本支票,则背书人及其后手支票债务人对所有载有其签名而尚未交付的所有誊本负责。

第八章　变　　造

第五十一条

支票文义如有变造,则签名在变造之后者,依变造后文义负责,签名在变造之前者,依原有文义负责。

第九章　时　　效

第五十二条

(1)持票人对背书人、出票人及其他支票债务人的诉讼时效期间,自规定之提示期限届满日起六个月完成;

(2)须对支票作出清偿之共同债务人之一对其他债务人之诉讼时效期间,自其作出清偿之日或被诉之日起六个月完成。

第五十三条

时效中断,仅对中断事由之起因者产生效力。

第十章　一般规定

第五十四条

就本法而言,银行须是:

(1)根据各有关商业活动的正式规章从事吸收资金并为他人结算付款提供服务的公共机

构、国家监督的机构和在信用合作社登记注册的信用合作社，以及在官方监督下的储蓄所，这些储蓄所须遵守根据州法律为其制定的有效的监督规定；

（2）在商业登记处注册的专门从事银行业务活动的公司，本法所谓“银行”，包括法律上视同银行之人或机构。

第五十五条

（1）支票提示付款和作成拒绝证书仅得在营业日而不得在星期六办理；

（2）凡涉及支票的事项，特别是提示支票、作成拒绝证书或具有类似含义的证明，须在期限内办理，但期限的最后一日是法定假日或星期六，则该期限顺延至次一营业日；计算期限时，期限中的假日不另行计算；

（3）此外，《票据法》第七十九条至第八十七条的规定同样适用于支票的提示和拒绝证书。

第五十六条

在计算办法规定的期限时，期限的起始日不计算在内。

第五十七条

不论是法定的或是司法上准许的宽限日，均不予适用。

第十一章　补充规定

第五十八条

（1）如出票人的赔偿责任，由于支票未及时提示或超过法定有效期而被免除时，则只要出票人有可能从持票人的损失中获得利益，仍然对支票的持票人负有义务；

（2）此项请求权在支票出票后一年内有效。

第五十九条

（1）通过公示催告程序得宣告丧失的或毁灭的支票无效；公告期限至少两个月；如合法权利人在宣告无效前提供担保，在该程序开始后，该人得在支票到期时向支票的出票人提出付款要求。

（2）丧失的或毁灭的拒绝证书得以一份关于作成拒绝证书的证明替代；但须由经证实的原始证书的副本保管部门出具证明；证明中须载明拒绝证书的的内容和根据第五十五条第三款连同《票据法》第八十五条第二款规定的批语内容。

第十二章　法律有效范围

第六十条

（1）任何人承担支票债务的能力，由其所属的州法律决定；如该州的法律宣布以另一州的法律为准，则须适用另一州的法律；

（2）根据上述法律，无行为能力人承担支票上的债务，如按其他州的法律，该人具有行为能力并在该州领域内在支票上签名，则其签名仍然有效并应承担责任；本规定不适用于在国外承担支票债务的本国人。

第六十一条

(1)由支票付款地所在国的法律决定具有支付支票票款能力的人;

(2)如根据该项法律,由于付款人的个人原因而使支票失效,在国家法律未规定此类原因将导致失效的国家,在支票上签名的人所应承担的义务,仍然有效。

第六十二条

(1)支票记载的形式以记载签名地所在州的法律为准;但也得遵循付款地法律所规定的形式。

(2)如支票上的批注按某地的法律在形式上有缺陷因而是无效的,但第二次的批注按该批注所在地法律为有效者,则第一次批注的缺陷不影响第二次批注的效力。

(3)如支票记载符合本国法律的形式要求时,一名本国人在国外所作的支票记载在国内对另一名本国人有效。

第六十三条

支票记载的效力以记载签名地所在国的法律为准。

第六十四条

就所有支票债务人而言,行使追索权的期限以支票出票地的法律为准。

第六十五条

支票付款所在州的法律须规定:

(1)支票是否应见票即付或是否得见票后定期付款,和支票上指明的迟于实际出票日的出票日期有何作用;

(2)提示日期;

(3)是否得予承兑、保付、保兑支票或是否得予支票以签证,以及此类批语有何作用;

(4)持票人是否得要求部分付款以及持票人是否须接受部分付款;

(5)是否得在支票上划线或写上"只可转账"的批语或加注一具有类似含义的词语,以及划线、汇划转账指示或一具有类似含义的词语有何作用;

(6)持票人是否有要求担保的特别权利以及此项权利有何内容;

(7)出票人是否得撤销支票或在付款时提出撤销要求;

(8)在支票丧失或被窃的情况下应采取的措施;

(9)为维护对背书人、出票人和其他支票债务人的追索权,是否有必要作成拒绝证书或具有类似含义的证明。

第六十六条

拒绝证书的形式和作成拒绝证书的期限以及行使或维护支票权利所需的其他处理形式,以须作成拒绝证书或进行处理的地点的所在州的法律为准。

图书在版编目(CIP)数据

商事法论集·第28卷/朱慈蕴主编.—北京:法律出版社,2016.6

ISBN 978-7-5118-9590-5

Ⅰ.①商… Ⅱ.①朱… Ⅲ.①商法—世界—文集 Ⅳ.①D912.290.4-53

中国版本图书馆CIP数据核字(2016)第122989号

商事法论集·第28卷 | 朱慈蕴 主编 | 责任编辑 李峰沄 装帧设计 李 瞻

开本 787毫米×1092毫米 1/16
印张 11.5 **字数** 259千
版本 2016年6月第1版
印次 2016年6月第1次印刷
出版 法律出版社
编辑统筹 学术·对外出版分社
总发行 中国法律图书有限公司
经销 新华书店
印刷 北京京华虎彩印刷有限公司
责任印制 陶 松

法律出版社/北京市丰台区莲花池西里7号(100073)
电子邮件/info@lawpress.com.cn
销售热线/010-63939792/9779
网址/www.lawpress.com.cn
咨询电话/010-63939796

中国法律图书有限公司/北京市丰台区莲花池西里7号(100073)
全国各地中法图分、子公司电话:
第一法律书店/010-63939781/9782
西安分公司/029-85388843
重庆公司/023-65382816/2908
上海公司/021-62071010/1636
北京分公司/010-62534456
深圳公司/0755-83072995

书号:ISBN 978-7-5118-9590-5
定价:48.00元
(如有缺页或倒装,中国法律图书有限公司负责退换)

图书在版编目（CIP）数据